勝者なき戦争

イアン・J・ビッカートン
高田馨里［訳］

世界戦争の二〇〇年

The Illusion of Victory: The True Costs of War

大月書店

THE ILLUSION OF VICTORY: THE TRUE COSTS OF WAR
IAN J. BICKERTON

二つの世界戦争を生き抜いた私の両親、イメルダとジャックに捧げる

謝辞

本書の執筆にあたって、私は非常に多くの学恩を受けた。『アメリカと戦争1775–2007――「意図せざる結果」の歴史』の共著者ケネス・J・ヘイガンは、アメリカ外交史や軍事史について深い知見を示し、私の考えがともすれば飛躍しそうになるのを、軌道に戻してくれた。オーストラリアの文芸批評家ブルース・クラニース・ロスは、第二次世界大戦のもたらした影響に関する私の見解に辛抱強く耳を傾け、有益なアドバイスをしてくれた。ロイヤル・メルボルン工科大学の歴史研究者ジョー・シラクーザは、長期の一次史料調査に基づいた、戦争に関する洞察を提供してくれた。

勝利の報酬が短期的であり犠牲を払う価値もないという考え以外に、研究者はこの本からなんら新しい見解を見出すことはないかもしれないが、しかし本書が示す情報の多くは、これまで忘れ去られてきたか、ほとんど言及されてこなかったものである。新しい知見の多くは、私の友人であり同僚のマックス・ハーコートによる。世界の歴史に関する彼の膨大な知識は驚くべきものであった。彼は、本書で紹介したさまざまな出来事についての詳細を説明する上で大いに貢献してくれた。ジュディ・エイチンは、戦勝による暫定的な領土変更線を描き、当時の複雑な状況を示す地図を作成するという素晴らしい仕事をしてくれた。

そして私の出版計画を快く引き受けてくれたメルボルン大学出版局のフン・リン・コン、また編集作業にあたってくれたサリー・ヒースとスーザン・キーオにとくに感謝したい。彼らは時間を費やし、意義深いコメントを与えてくれた。しかし、いうまでもなく、本書で示した見解のすべては筆者のものであり、いかなる誤謬や欠落に関する責任も、私自身にある。

妻のジェニファー・キャサリンは、有益かつ建設的な批判を私に加え、いつもの辛抱強さをもって私の執筆に耐えてくれた。ジェニーの名を挙げることによって、私は、さらなる詳細さをもって戦争における勝利と（そして敗北の）社会的・心理的犠牲とは何かを探究したいという思いにかられるが、それは今後の課題として取り組む予定である。

目次

序文

「我等なぜ死せるか問ぅ者あれば、答ぅべし、我等の父たち虚言なせば」
R・キプリング『戦場墓碑』より「誰もが行く道」（高山宏訳）

本書では、戦争関連のほとんどの書物が結論部としている終戦の時点から議論を始めたい。本書の目的は、特定の戦争の原因や、終戦直後から始まる歴史を見つめ、戦争が勝者と敗者にもたらした長期的影響を探究することである。一連のケーススタディを通じて、結果として勝利した国が戦争によって達成しようとしたことは何か、またそれらの国々がどのように勝利を意味づけたのかを検証する。戦争を終結させた講和条約や休戦協定において設定された条件を検討し、条約の内容がどの程度、堅持されたのか、さらに期待された目的が達成されたのか否かを考察するため、終戦からおおよそ四半世紀後の地政学的状況を確認し、勝利の意義を再検討したい。それらの国々の制度に、勝利もしくは敗北がもたらした衝撃もまた、比較考察の対象となる。

私は、戦争そのものがもたらす興奮や熱情、勝利による多幸感、敗北による絶望に関心を抱いているわけではない。また私は、英雄的行為を称賛するわけでも、愚直で臆病な者たちを批判するつもりもない。むしろ、終戦から四半世紀後という、一定の期間をおいたパースペクティヴから戦争を分析したい。四半世紀が経過しても、死者たちへの追悼は終わることがなく、また負傷した者たちは苦しみ続けているにちがいない。戦争による破壊は、従軍した兵士やその家族にとって鮮烈な記憶である。そしてより重要なのは、戦争当事国の双方が被った戦争の「犠牲（cost）」を概算するためには、四半世紀という期間が必要だということだ。そのとき我々は、誰が勝利し、誰が敗北したのかを見極めることは非常に難しいという、どうしようもない悲劇的な結論に達するだろう。戦争によって作り出された国境の調整や体制変革は、もはや存続していない。経済的な犠牲や利益、インフラストラクチャーへの破壊行為も、生活を再建し刷新しようと決意した世代によって埋め合わされてきたのである。その一世代後には、戦争の原因や戦争の結果がどのようなものであろうとも、勝利のすべては、ほとんど無益だったことは明確になる。戦争で獲得したものは、その損失によって帳消しにされるのだ。

本書は、実証に基づく説明的な歴史叙述よりも、歴史解釈を重視する。解釈を中心とするという試みは、アメリカ海軍大学校教授ケネス・J・ヘイガンとの共著で、アメリカ合衆国が関与した戦争の歴史を探究した『アメリカと戦争 1775-2007 ――「意図せざる結果」の歴史』において設定したものである。アメリカ合衆国の遂行してきた戦争が、つねに意図せざる結果を生んできたことを我々は指摘した。世界史上のさまざまな戦争の結果について検証することは、『アメリカと戦争 1775-2007』の内容を発展させるものであり、もし戦争の勝利によってもたらされた利益というものがあるならば、それが何かを問うことは、我々にとって必然的な課題である。過去二〇〇年の間に行われた主要な五つの戦争が当事国にもたらした影響に関して、これらの戦争が終結した後に誕生した世代の目で見るならば、誰が勝者であり、誰が敗者であるのかを決定することは難しいのではないだろうか。勝者の得た報酬はすでに目立たなくなっており、敗者への懲罰もはっきりとしない。ほとんどすべての事例において、勝利と敗北の意味は、ぼんやりと曖昧なものになっている。

私自身、戦争に対する自らの見解を明らかにする必要があるだろう。一九三八年生まれの私は、戦争について考えたり、それを行ったりすることがぞっとするようなものであることを目の当たりにしてきた。私は、戦争に対する恐怖と不安を抱いて育ってきた世代なのだ。第二次世界大戦期に過ごした幼少の日々は、物心のついた私にとって最初の、そして最も長期的に影を落としている記憶であり、戦争とその日々の戦況がおもな話題であった。「ピッグ＝アイアン・ボブ」*や、「ブリスベン・ライン」**は、私の家でもよく耳にした言葉であり、東条やヒトラーは恐ろしい名前だった。実際、私の家族が暮らしていた南オーストラリアの比較的安全とされたポート・オーガスタという町でさえ、すべての住民が恐怖にかられていた。教科書の隅や歩道に鉤十字や旭日旗を落書きすることは固く禁じられており、家々の窓は日本軍による空爆を恐れて光を遮断し、すべての家庭にガスマスクが配られていた。私のような幼い子どもは、駐留米軍——とくに道端で出会うような水兵たち——と話すことを禁じられていたし、もちろん見知らぬ人間は避けなければならなかった。

私の父親は戦争には行かなかった。父は、コモンウェルス鉄道の円形機関車車庫の職長であり、機関車の修理やポート・オーガスタ始発の北西を結ぶ路線の維持に努め、その職務は戦争努力に不可欠だとみなされていた。私はいくつかの点で、父は自分が戦場に行かなかったことを後悔していたので

＊　当時のオーストラリア産業大臣ロバート・メンジースのあだ名。日本に銑鉄（pig-iron）を輸出することに抗議した労働者に対して強硬な姿勢をとったため、このように呼ばれた（ボブはロバートの短縮形）。
＊＊　日本軍からの攻撃を想定し、人口密集地域であるブリスベンより南の南東部地域を守るために設定された防衛線。

はないかと考えている。父は、北アフリカの砂漠やニューギニアのジャングルで戦った友人たちに非常に大きな同情を覚えていただろう。しかし父は、日本の捕虜収容所からポート・オーガスタに帰還したオーストラリア軍の兵士の中に自分がいなかったことに安堵を覚えたにちがいなかった。父は末弟と再会したが、彼は衰弱し、片足を失っていた。ヨーロッパでの勝利が宣言され、人々が喜びと安堵で夢中になって通りで踊っている最中、次は共産主義者が打倒されるまで戦いを続けなければならないと父がいったことを、今でも思い出す。そのとき父が何を考えていたのか、私には理解できなかった。戦争は終結し、ナチスは敗北した。私は、父やその友人たちがおかしくなってしまったのではないかと思った。大学生になって国防軍事訓練に召集されたとき（私は軍事召集された最後の世代だ）*、良心的徴兵忌避の権利に基づいて召集を拒絶するには私はあまりにも臆病であったが、しかしそうすべきだったのだとずっと考えてきた。大学生大隊に所属していたときは、戦争が起こった場合には、航空機の機種認識や地図読解法の訓練が、実際の戦闘から遠くにいる私を守ってくれるだろうと考え、自分自身を欺いていた。このように自分にとっての戦争の記憶を呼び起こすたび、自分がつねに戦争に反対してきたこと、さらに、戦争とは人類が共通に抱く平和という目的に対する裏切りであり、想像力の完全な欠如であるとみなしてきたことを思い起こさせてくれるのだ。

本書では、戦争、とくに戦争を始めることが、その目的の達成を不可能にするような、リスクの高い行為であることを論じていく。我々が勝利について語るとき、それをどのように意味づけるのか、また戦争を引き起こした国の指導者たちが主張する利益とは何かを注意深く検証する必要がある。戦争に訴えることが、かつてないほど支持されるように見受けられる、我々の生きるこの時代において、この問いは、次のような結論を導くことになる。つまり、ほとんどの事例が示すように、勝利がそれに見合った好ましい結果を生むことはなく、戦争の犠牲はあまりにも大きすぎると。

我々が見出す現実は、戦争による犠牲には過去においても、また現在においてさえ、払うに見合う価値はないということである。戦争の破壊の爪痕は、正確に数値化されることはないだろう。しかし、近代の戦争が、(おもに市民の)犠牲者を増大させ、また巨大な破壊を生み出してきたことは、明白な数値として表れている。戦争は、降伏式典や紙吹雪が舞うパレードによって終わることは決してない。戦争とは、すべてが曖昧な混乱の中で終わるものであり、獲得したものよりも失われたものを認めることのほうが、はるかに容易なのである。終戦から四半世紀後、勝者が求めたはずの結果は、予想も期待もしない方法で解消され、戦闘を通じて得られた明白な政治的利益は、勝利という認識が意味をなさなくなるほどに、短期で失われてしまう。この問題こそ、私が本書で取り組んだものである。本書が、読者諸氏にとって戦争を新しい角度から考えることを促すものになっているとしたら、本書はまさしくその目的を果たしたことになるだろう。

＊ 朝鮮戦争勃発後の一九五一年、オーストラリアでは兵役法が成立し、一八歳以上のすべての男子は三カ月の軍事訓練の後、二年間の予備役につくことを義務づけられた。これは一九五九年に廃止されたが、ヴェトナム情勢が悪化した一九六四年に復活した(ただし、このときはすべての男子が対象ではなく、選抜制であった)。

序章　勝利の仮面

「戦争を勝利に導く人物が、価値ある平和をもたらすことはめったになく、
価値ある平和を生み出せる人物が、戦争に勝利することは決してない」
ロンドンのチャーチル博物館・戦時司令室に掲げられた
ウィンストン・チャーチルの言葉

我々は、どのような意味で戦争における勝利を理解しているだろうか。勝利とは、敵軍の敗北なのか、領土獲得なのか、敵国の政治体制・経済・インフラストラクチャーの破壊なのか、敵国を占領することなのか、その社会の破壊なのか、体制変革なのか、もしくは単に国家の戦術的、政治的、軍事的、戦略的な目的や熱望の部分的な実現にすぎないのだろうか。あるいは勝利とは、抗戦しようという敵の意志を挫いたときのみ実現するのだろうか。より端的にいうなら、時間の経過は勝利の意味を変化させ、その意義を失わせるのだろうか。どの時点で勝利が達成されたのだといえるのだろうか。どのようにしたら我々は勝利を評価することができるのだろうか。

こうした問いは、目新しいものではない。戦争に勝利したとしても、その見返りや報酬は、実際には戦争のもたらす物理的、心理的、経済的な破壊を超えることはないという意味で、古代ギリシア人

は「ピュロスの勝利」*という言葉を作り出した。これは、「いま一度ローマに勝利すれば、我々は滅亡するだろう」とピュロスが述べたものだが、つまり多大な犠牲を払った勝利とは、結果的な敗北を意味するということだ。この格言はまた、国が戦争に勝利したとしても平和を損なう可能性があることを示している。しかしこれは、戦争を引き起こした主戦論者ではなく、むしろ平和をもたらすことに失敗した調停者への批判とも受け取れよう。現実には、戦争は、終結直後の時点でも四半世紀後の時点でも、勝者に失望をもたらしてきたのである。

私が、戦争終結から四半世紀後の時期を考察の対象に選んだのは、戦争を開始した政治指導者を含む、戦争を生き抜いた人々の多くが、戦中だけでなく、戦前・戦後に起こった出来事について鮮明な記憶を有しているからである。戦争は、少なくとも一世代にわたり共同体に暮らす人々の精神と肉体に影響し、その共同体を形作る。戦争の遺産も、従軍した人々、非戦闘員として戦争を経験した人々の記憶の中に、さらに彼らの人生を通じて存在し続ける。しかし半世紀後では、勝利の有益な評価を行うには、あまりにも時間が経ちすぎている。というのも、出来事を形成する変数があまりに増えてしまうため、戦争そのものへと直接、遡ることのできる要素を見分けるのが困難になるからだ。

『アメリカと戦争 1775–2007――「意図せざる結果」の歴史』において、ケネス・J・ヘイガンと私は、戦争が意図せざる結果を生み出すということを明示した。一九世紀の軍事戦略家カール・フォン・クラウゼヴィッツが一八三二年の著作『戦争論』で指摘したように、戦争は、暴力の段階を規制することも封じ込めることもできないという性質をもつ。戦争の開始が「意図せざる結果」を生み出すのならば、その勝利も同様に不確定で予想できない結果を作り出すのではないかという仮説と議論を発展させたものが本書である。こうした仮説は、今まで体系的に検証されてこなかったが、戦争の性質と効力とを考える際、念頭におくべき重要さをもつ。私がここで検証するすべての戦争は、勝利（そして敗北）が一過性のものであるという性質と意味合いをもつことを示すだろう。そして本書は、勝利とは、決して約束された希望を実現するものではないと結論づけるだろう。

勝利をとりまく言葉は、勝利がつねに晴れ晴れとしたものであることを連想させる。勝利に関する最も有名なイメージは、翼を広げたギリシアの戦いの女神「サモトラケのニケ」であろう。パリのルーヴル美術館に展示されている紀元前二世紀に制作された大理石のニケ像は、その頭部や腕は失われているものの、行動と勝利の観念を伝える驚くべき彫刻である。古代ローマ人たちは平和の女神としてヴィクトーリア（ニケ）を信仰しており、微笑んだ彼女の姿はコインや建造物、そしてチャリオット（戦闘用馬車）に乗った姿でベルリンのブランデンブルク門さえをも彩っている。しかし勝利の笑顔は、偽りであり、それは仮面にほかならない。これから考察するように、数えきれないほど多くの軍人や民間人にとって、勝利の顔は、結局、敗北の顔と同様、「死に顔」であり続けている。古代中国では、より現実的な見方が優勢だった。勝利を収めた将軍はつねに皇帝の左側、つまり喪を意味する側に立っていた。** これは、戦争において勝者が存在しないことを示している。一九世紀と二〇世紀のほとんど戦勝は伝統的に、君主や支配者を護持し、賛美することを意味した。

＊　「割に合わない勝利」の意。古代ギリシア時代、戦術の天才といわれたエペイロス王ピュロスはローマ軍を破ったものの、その際に多大な犠牲を払うことになった。

＊＊　『老子』第三一章に「吉事の場合は左側を上位とし、凶事の場合は右側を上位とする。副将軍は左側に位置し、上将軍は右側に位置する。喪礼のきまりによって位置するということである。大勢の人を殺すので、悲哀の気持ちで戦に臨み、戦に勝っても、喪礼のきまりによって位置するのだ」とある（蜂屋邦夫訳注、岩波文庫、二〇〇八年、一四六―一五〇頁）

どの期間を通じて、イギリス帝国の臣民は、君主に対し「勝利に満ち、幸福で、栄光あれ」と祈りを捧げた。ある計算によれば、イギリス政府が宣戦布告した一〇〇以上の戦争において、臣民は単に祈っただけではなく、それを実現するために実際に戦いに駆り出された。フランス人にとっては、ナポレオン戦争の勝利と最終的な敗北という浮き沈みののち、勝利とはあまりはっきりとしない何か、つまり「フランス国家」の栄光というプライドを意味するようになった。プロイセン時代以後のドイツ人は、二〇世紀前半の二つの壊滅的な敗北まで、フランス人以上の軍事的成功によって、フランス人と同様に曖昧でありながら強力な思想とともに戦った。つまり勝利とは、「父なる祖国」の偉大さを証明するものだったのである。アメリカ人は、自分たちは神とともにあり、自由のために戦っていると信じ、二〇世紀の半ばまで勝利を重ねてきた。しかしそれ以降は、アメリカ人が神を忘却したか、あるいは彼らの戦いがもたらした凄まじい破壊に衝撃を受けた神が彼らを見捨てたのか、もはや戦争に勝利することができなくなった。

一九世紀と二〇世紀の戦争は、諸国家が領土の継承権や国土の保全を追求したがために、国境線や領土をめぐって行われてきた。これらの多くは帝国主義戦争だった。「戦利品は勝者に属す」とは、広く知られている格言であり、誰が勝利したのかを語ることはたいていの場合、難しいことではなかった。勝者とはその領土を所有できる者であり、敗者とはその領土を放棄した者だからだ。勝者の戦利品はしかし、我々が生きる二一世紀において、もっと曖昧なものとなった。

いまやイギリス人は、君主の存続と幸福を称えているにすぎない。フランス人とドイツ人は、統合ヨーロッパの指導国となり、その結果、一世紀前のナショナリストの思想はすでに意味をもたず、戦争を導くことはない。冷戦終結後しばらくして、アメリカ人は再び、自分たちのイメージ通りに世界を形作るのは、神に与えられた使命であると信じるようになった。しかし周知のように、戦場での勝利は、必ずしも戦争における勝利を意味しない。近代の歴史において、戦場で勝利したものの、戦争には敗北した司令官の例は枚挙にいとまがない。ナポレオン、南北戦争における南軍司令官ロバート・E・リー、第一次・第二次大戦時のドイツ軍参謀などである。戦争における勝利は、敵が敗北を受け入れることを必要条件とする。これは、ただ単に敵が、いわゆる勝者の当面における軍事的優越を認識するだけでなく、自らの目的を短期的にも長期的にも達成することが不可能であると認めざるをえない状況の創出を必要とする。さらに、敵がその名誉を維持することができ、そして敗北を受け入れることになんら恥じ入ることはないと確信できる状況が必要である。もしこれらの条件が満たされず、戦後処理において治安維持と防衛のためにさらなる占領軍の存在を必要とするような場合、戦争に勝利したということはできないだろう。

戦争における勝利は、何を達成するのだろうか。戦争に敗北することは最悪の事態であるというのは自明の理であろう。しかし、戦争に勝利したと、どのように判断するのか。戦争指導者は次のようにいうだろう。勝者が国家を再建し、国境を引き直すか、復元または拡張することができると。不満を取り除き国家の栄光を回復することができると。残忍な独裁者を追放し、安定した国民選挙を通じて指導者を選ぶことが可能になると。そしてナチズムやファシズム、無神論的共産主義やテロリズムといった有害なイデオロギーの広がりを防ぐことができると。過去の数世紀において、勝利は自由、平等、博愛の提唱と呼応し、さまざまなイデオロギーの拡大を食い止めたのだと。「正戦」における勝利は、未来の戦争を回避し、平和と安寧が広がる国際環境を創出することを約束するものであると。

二〇世紀の勝利がもたらした結果の最も明白な事例は、第二次世界大戦に敗北したドイツと日本の劇的な変化である。一九四五年の時点で壊滅的な状況にあったドイツは、一九七〇年代までにヨーロッパ随一の経済大国となった。さらに劇的だったのは、日本が原爆投下によって廃墟と化したヒロシマ・ナガサキから復活し、二〇世紀末には世界有数の経済大国になったことだ。これら二つの敗戦国の速やかな復興が示しているのは、先進工業国の物質的インフラは、普通教育、社会的統合、技術水準、社会の組織化能力といった社会的インフラに比べれば重要ではないということである。一九四五年五月、都市の多くが廃墟と化していたドイツは、ファシズムと軍国主義が出現する以前に、すでに経験を重ねていた議会政治へと速やかに立ち返った。イギリスの歴史家エリック・ホブズボームが『二〇世紀の歴史――極端な時代』で指摘しているように、ドイツでは敗北からわずかの期間で、一九三三年以前に存在した政党のすべてが、それらの古き支持者らとともに完全復活したのであった。西ドイツでは、連合国の占領当局が共産党を排除する方法を模索し、東ドイツではソ連当局がキリスト教民主同盟などの右派政党を排除しようとした。

勝利した連合国側は、こうした展開が第二次世界大戦の積極的な結果を示していると主張してきた。彼らはまた、西ドイツは一九四五年に敗北したというよりも「解放された」のであり、たとえ全土でなくとも三〇年もの占領と莫大な経済援助によって、ヒトラーを支持してきた国家からヨーロッパのモデル国家に変容したのだという見解を支持している。しかし、第二次世界大戦の終結から六五年以上を経てもなお、アメリカ合衆国は、大戦当時の計画に沿って、いまだドイツに大規模な地上兵力を、日本に海軍・空軍基地を保持し続けている。この文脈においては、勝利は、敗戦国に対する永続的占領を必要とするものだといえる。

勝利（victory）とは、勝ち取ること（winning）と同義であるとみなされてきたし、勝利宣言によって戦闘が終了するという想定が存在してきた。しかし、一九四五年以降の戦争で、よくても勝敗は、曖昧な休戦か、事実上の敗北という帰結に直面したアメリカ合衆国は、この予期しなかった新しい経験に対処すべく、勝利の定義を変更してきた。たとえば、近年のイラク戦争では、ジョージ・W・ブッシュ大統領は二〇〇三年五月一日に大規模な戦闘作戦は終了、米軍はその使命を達成し、米軍と同盟諸国が敵を「圧倒（prevail）」したと宣言した。ブッシュはその後、この勝利はテロとの戦争における一つにすぎず、「われわれは最終的な勝利の日をいまだ迎えていない」としながらも、アメリカ合衆国がイラクで「勝利」を達成したことは疑いないと強調した。だがブッシュ政権は、アメリカ人の集合的記憶の中で生き続けてきた勝利と降伏のあるべき姿、つまり、公的な講和宣言で野蛮な戦争が終わるという期待に警告を発したのである。

イラク戦争の最中、アメリカ市民に幾度となく発せられたのは、「テロとの戦争」とはより広範囲にわたる戦争だという警告だった。ブッシュ政権にとってイラク戦争は、「テロとの戦争」と分かちがたく結びついており、この二つの戦争における勝利の概念は、保留されつつも、再定義され、また据え置かれてきた。二〇〇一年九月一一日、サウジアラビア国籍のオサマ・ビン・ラディン率いるイスラム過激派が引き起こした、ニューヨークとワシントンに対する破壊的かつショッキングな奇襲攻撃に対処するため、ジョージ・W・ブッシュとイギリス首相トニー・ブレアは「テロとの戦争」を宣言した。ブッシュ大統領が断言したように、その目的は「完全なる勝利」であった。しかし、ある特定の概念に基づいて勝利を評価することができるのだろうか？「完全なる勝利」とは何を意味するのか？それは事件を起こした「テロリスト」とその指導者すべての死を意味するのか？あるいは反米的な考えが駆逐されたときに達成されるのだろうか？アメリカ合衆国が何でも思い通りにできるということが唯一の答えなのか？　テロやテロリストを完全に排除できるという考えは、夢想にすぎない。不幸にも、アメリカ政府は、近年の戦争の失敗から教訓を得ることはなかったようだ。戦争行為の本質的な目的が、抗おうとする敵の意志を挫くことであるならば、イラクやアフガニスタンにおける戦争は、武力行使の長期化を回避できなかった点で、失敗だったといえよう。この二つの戦争における破壊、とくに民間人に向けられた暴力行為は、アメリカ合衆国や同盟諸国に対する怒りや敵意を減じるどころか増大させてきたのである。

本書では、戦争を考察するにあたって、開戦時に掲げた目的が果たされることはないという教訓にもかかわらず、なぜ勝利がそれほどまでに価値あるものとされるのかを問う。勝利は疑いなく、国内政治にとっては好都合だ。外交問題のためだけでなく、国内的な理由によっても戦争は行われてきた。勝利は、国内における一体感を作り出し、少数民族集団をメインストリームに組み込んだり同化を強制したりするのに都合がよいのである。勝利はまた、愛国心を刺激する。勝利したかどうかがはっきりしない戦争は、これらの点で不都合であり、国民の反戦感情を拡大させることはなかったとしても、民族集団を分離させ、不和を生じさせることにつながりやすい。このような状況は、イラク戦争においてはっきりと見てとれる。二〇〇一年九月一一日に起こったアメリカ合衆国に対する未曾有の攻撃の後、ブッシュ大統領は、アメリカ合衆国があらゆる事態をコントロールしていること、そして犯人に対し頑強な直接行動をとる用意があることをアメリカ国民に証明しなければならなかった。サダム・フセインとイラクは、添え物にすぎなかったのである。トニー・ブレアもまた、イギリス国内で同様の圧力を感じていた。

しかし、勝利を得た戦争がつねに、指導者にとって望ましいものとは限らない。アメリカ大統領ジエイムズ・ポークは、一八四六～一八四八年のアメリカ＝メキシコ戦争で勝利を収めた後に離職した。リンカン大統領にとって勝利の代償は、彼自身の暗殺にほかならなかった。イギリス首相ウィンストン・チャーチルは、第二次世界大戦で連合国が勝利した後、選挙で敗北を喫した。戦争に直接、帰することはできないかもしれないが、ウッドロウ・ウィルソン大統領は、国際連盟設立を推進しながらも脳卒中に倒れ、フランクリン・D・ローズヴェルト大統領は、第二次世界大戦終結を見ることなく急逝したのだった。

陸軍大将や海軍提督、そして二〇世紀以降においては空軍司令官も、明らかに勝利から恩恵を得てきたといえる。彼らは、名誉と称賛を得て、感謝する大衆や国民によって政治家としての道が開かれる。しかし、兵士のほうは、男女を問わず、勝利をもぎ取った部隊に参加していなかったことによって恥や不名誉を感じることがあったとしても、報酬を受けることはめったにない。しかし、勝利はまた、英雄物語を作り出す。勇気と自己犠牲をたたえる、いにしえの叙事詩と現在の戦争を結び付け、固有の望ましい価値観を崇めるような、一致団結した民族・国家の語りを創出するのである。そのような神話的な語りは、勝利した国民国家の将来の方向性についての解決策を創出し、ヴィジョンを具体化することに役立つ。

もちろん同様のプロセスの多くは、敗戦国にも見られる。戦争の英雄への称賛や英雄神話の創出は戦争の勝敗にかかわらない。戦闘への参加だけで十分なのだ。戦勝国と同様、敗戦国もまた戦争の英霊たちを弔う。戦勝国と同様、戦時における残虐行為を認めたがらず、正式に謝罪するまでに時間を必要とする。たとえば、真珠湾攻撃を率いた山本五十六提督や神風特攻隊の生みの親である大西瀧治郎海軍中将など、一方の側では戦犯とみなされている人々が、他方の側ではその他の戦死者たちともに戦功による栄誉を与えられている。*

戦争は、戦勝国の経済にとって有益であるという人がいるかもしれないが、もっと大きな問題は、戦争は国家を破綻させるか、あるいは経済的苦境を生み出し、人口の大部分を悲惨な状況に追いやるということだ。もちろん、武器弾薬その他の軍需品生産にたずさわる者は、戦争に勝利しようがしまいが戦争から利益を得る。しかし、長期的視点に立って戦争を分析する本書では、おのずとまったく異なるパースペクティヴから勝利の効力——効力のなさ——を論じることになる。これは、従来ほとんど考察されてこなかった問題である。

我々はまた、敗戦国が経済不況や政治不安に必然的に陥るわけではないことを思い出す必要がある。たとえば日本は、一九三〇年代初めに日中戦争を開始し、最終的に敗北し、中国から撤退した。第二次世界大戦におけるアジアの戦線で「敗北」したにもかかわらず、敗戦から四半世紀後に、日本は東アジアにおいて政治的に最も安定し繁栄する最強の経済大国となった。戦勝国である中国では、日本を打倒した後に再び激しい内戦が起き、その経済復興はきわめて遅く、順調とはいえなかった。皮肉にも、中国の戦時同盟国だったアメリカ合衆国とイギリスは、中国内戦の勝者である毛沢東——ファシスト・ドイツおよび日本と戦ったソヴィエト連邦との結びつきが強い——が率いる中国共産党に背を向けた。米英両国は、武力行使による内戦終結を拒否したのである。自分たちも同様の方法を用いて日本軍を打倒したにもかかわらず。

第二次世界大戦後の朝鮮半島とヴェトナムについても、同じことがいえる。朝鮮半島、そしてヴェトナムの人々も、占領軍であった日本軍を駆逐するために連合国を支援したが、しかし四半世紀後、南北朝鮮は敗戦国に見られるあらゆる徴候を示していた。すなわち、政治不安、経済的困窮と従属である。南北朝鮮は、短期間にもかかわらず極度に被害の大きかった朝鮮戦争以後、分断されたままである。北朝鮮がソ連と中国に支援を受け、韓国はアメリカと国連軍によって援助を受けたように、南北朝鮮は、冷戦における超大国の代理戦争を戦ったのである。第二次世界大戦期、連合国と協力して日本と戦ったヴェトナムの民族主義者は、戦後すぐに連合国、とりわけ旧宗主国のフランスから攻撃を受け、再び植民統治下におかれた。それゆえ、ヴェトナムは独立を達成するため、初めはフランスと、次にアメリカ合衆国と戦い、ようやく一九七五年に統一を達成した。しかしこの勝利は、限定的な報酬しかもたらさなかった。独立後、二〇年から三〇年かけて、ヴェトナムの共産主義経済システムは徐々に崩壊へと向かうことになったのである。

南北朝鮮もヴェトナムも、連合国がかつての敵国日本に与えたような経済的支援や、軍事的・政治的な保護を得ることはなかった。おそらくドイツ以外に、日本ほど「負けて勝つ」という定理が当てはまる国はないだろう。歴史的には、ドイツも敗戦の瓦礫の中から日本と同様のパターンで再生し、一九四五年以降の国民的物語を定義し直した。そして、かなりの程度、第二次世界大戦以前の政治的・軍事的な影響力を回復させたのである。

勝利は、少なくとも部分的には、戦争を導いた状況と、その指導者の掲げる目的によって定義される。それゆえ攻撃を受けた国家にとっては、その領土が恒久的に占領されることをなんとか回避することが勝利になるといえる。第一次世界大戦勃発時に参戦を拒否し、一九一七年まで派兵することが

＊ 本書の原文に「江田島に山本五十六・大西瀧治郎の石碑が存在する」との記述があるが、江田島の海上自衛隊第一技科学校広報係に問い合わせたところ、そうした石碑は存在せず、また建立された記録もないということから、著者の了解を得てこの箇所を削除した。

なかったアメリカ人は、戦争に勝利したと宣言したときに、勝利に新たな意味を与えた。明白な勝者がいなくとも、戦闘終結の同意がある場合、それは両陣営にとって、一つの勝利とみなされることがある。一般的には勝者が勝利の条件を決定するが、勝利がもたらすものは何か、何が見返りとなるべきか、しかしそれにともなっていかなる代償を払うことになるのかに関しては決定することはできない。第二次世界大戦は、六年にわたる破壊的な世界戦争であったにもかかわらず、前大戦で高まった反共イデオロギーにほとんど変化をもたらすことはなく、領土や地政学的な問題の解決にもあまり成功しなかった。第二次世界大戦は、表向きには、イギリス帝国・アメリカ合衆国とその連合国の安全保障と将来の繁栄にとって脅威とみなされた、ヨーロッパとアジアにおけるナチス、ファシスト、そして日本の軍国主義的膨張主義者の野望を封じ込めるために戦われた。しかしイタリア、ドイツ、日本が敗北した直後に、連合国を構成した主要国は、互いに対する戦前の疑念と敵意を復活させた。米英両国、その他いくつかの同盟国にとって、ソ連共産主義はファシズム以上の脅威として現れた。国家社会主義はさまざまな外観を装いながら、不穏な反ユダヤ主義を内包していたにもかかわらず、少なくともスターリニズムの暴力的な無神論より、はるかに多数のヨーロッパのキリスト教徒に訴えるものをもっていた。アメリカ合衆国に率いられた中小の連合国は、ソ連による戦後ヨーロッパ計画を膨張主義的とみなして拒絶した。また、毛沢東率いる中国共産党軍も、東アジアと東南アジアの安定にとって脅威とみなされた。西ドイツと日本は、共産主義と対決する資本主義世界の橋頭堡として、冷戦の進展により恩恵を受けたのである。

第二次世界大戦の終結は、戦勝国にも敗戦国にも平和をもたらすことはなかった。以後、四半世紀以上の間、世界は、我々が冷戦として記憶するイデオロギー的な抗争と(核)軍拡によって固定されることになった。冷戦は、世界の多くの人々に、悲惨、欠乏、恐怖をもたらした。アメリカ人は、一九四一年にヘンリー・ルースが『ライフ』で唱えた「アメリカの世紀」が到来するという約束が実現することを期待した。「パクス・アメリカーナ」の恩恵は、アメリカ合衆国の軍事力と経済力の圧倒的優位によって実現されることになった。軍事的な関与とその経費がもたらした結果は、六〇年経った現在も残っている。しかし、ソ連は崩壊したものの、アメリカの民主的な経済制度は国内で圧迫され、アメリカ政府は、徐々に主張を強めつつある覚醒した中国の経済的挑戦に直面している。さらに、既述のように、アメリカ政府は自らが「テロとの戦争」と宣言した、死活にかかわるグローバルな闘争を続けている。

ソ連では、第二次世界大戦の勝利がもたらした影響は四半世紀以上続くことになった。スターリンは、勝利によってソ連の西部国境での安全保障体制を構築できると信じていたが、しかしそれははかない夢だった。五〇年後のベルリンの壁崩壊、ドイツ統一、一九九一年のソ連邦崩壊とワルシャワ条約機構の解体にともなって、ソ連邦を構成していた各共和国は政治的に混乱し、民族紛争や内戦状態に陥り、飢餓に瀕することになった。他方、統一ドイツは、経済的には強大に、政治的には安定して復活した。西ヨーロッパはかつての対抗心を放棄し、ヨーロッパ統合という構想を抱くにいたったが、東欧は現在も従来からの分裂状態を解決してはいない。また、アフリカやアジア、大陸ヨーロッパの辺境では、小規模ながら大量死をもたらす地域紛争が継続するか、新たに勃発し、同時に宗教的少数派や少数民族が、かつてのヨーロッパやアジアの支配者からの独立を求めてきた。

敗戦国が焼け野原から繁栄する国家へと復活を遂げ、戦勝国が永続的な安全保障上の不安とともに軍事化し、地域紛争の解決を目指した軍隊による武力行使が継続し、新たに大規模な戦闘が生み出されるという危機的状況は、第二次世界大戦後に独自の現象ではない。これらは、多くの人々が最初の「近代」戦争とみなしてきた、一七九三年から一八一五年に行われた英仏戦争とナポレオン戦争以降、一九世紀から二〇世紀の戦争の終結後に、すべてとは言えないまでもほとんどの場合に起こった特徴的な現象である。一八一五年から現在にいたるまで、主要な戦争の終結後には、いつも決まって敗戦国が復活して再び権力を要求し、戦勝国の安全保障体制と経済的優位が揺らぐことになったのである。

勝利を定義する

イギリスの戦史家ブライアン・ボンドは、「戦争における勝利と敗北の問題に注目した歴史家は、これまでほとんどいないのではないか」と指摘している。(1) その著書『戦史に学ぶ勝利の追求』においてボンドは、戦争が導く講和の内容を考慮することなく、戦場での軍事作戦の成功を検証することは、一種の歴史的なポルノグラフィにほかならないと述べている。彼は、戦争関連の研究が、戦後の勝利をとりまく諸問題に、あまりにも注意を払ってこなかったと結論づけている。(2) きわめて少数の文献のみが、「勝利」という索引項目を設定しているにすぎない。これは奇妙なことである。なぜなら戦争における勝利は、戦争当事国の姿勢に、即座に影響を与えるのみならず、戦勝国とともに敗戦国の戦後の運命や将来の見通しを左右するからだ。

勝利をどのようなものとして定義するかに難しさの一端がある。勝利を評価することは、勝利を測定する方法が曖昧であるがゆえに困難である。戦勝国が戦後すぐに直面する中心的な問題は、以下のようなものであろう。敗北した敵国をどのように扱うのが最良の方針だろうか？　近い将来、再び問題を起こさせないために、敵をどの程度、弱体化させるべきか？　勝者と同じく生存に関心を抱く敵を、どのように講和によって懐柔するべきか？　多くの点で、勝利とは主観的なものである。勝利とは、宣言された目的を達成するか、もしくは戦争によって失われた生命や投入された経費を正当化するための計算でしかないといえるだろう。

カール・フォン・クラウゼヴィッツは、戦争における勝利の明確な定義はこれまで存在してこなかったと考えていた。彼は、勝利という用語が、単純に戦闘や小競り合いにおける敵の敗走の意味で使われるのみならず、相手国の軍事的・経済的能力の徹底的な破壊、つまり当時は存在していなかった無条件降伏を要求するようなケースにおいても使用されることを指摘していた。つまり、勝利とは、結果のいかんにかかわらず、部分的な目的の達成から全面的勝利までを含む幅広いものなのだ。

クラウゼヴィッツ自身は、国家がその政治目的を達成する状況を勝利とみなしていた。彼のいう勝利は、つねに敵国の軍事的敗北と軍隊の解体、そして「敵国の完全なる敗北を確実にする」世論形成を含んでいた。彼にとって勝利とは、国家の政治目的が敵国の破壊を必然的に必要としないにもかかわらず、「敵国の物理的能力と精神力の破壊」を意味した。一九世紀のヨーロッパにおいて、クラウゼヴィッツの定義する勝利とは、敵国の領土的、政治的、軍事的な崩壊、さらに社会秩序の破壊にほかならなかった。結局、勝利に関するいかなる評価も、講和を達成し、それを維持する当事国の能力にかかっているのだとクラウゼヴィッツは結論づけている(3)。これを成し遂げるために、講和交渉は、当事国の政治目的を反映させねばならなかった。

軍事理論家たちは、時間の経過を考慮して勝利の意味を評価することが重要だと長いあいだ考えてきた。勝利の最も重要な特徴が、公正で永続的な平和を創出する能力であることについては、おそらく誰もが同意するだろう。コロラド大学の歴史研究者フレッド・アンダーソンが指摘するように、もし平和が保たれることがないならば、「戦争における決定的な勝利という事実こそが、現存する軍事力は制限されるべきでも縮小されるべきでもないという思い違いを助長するにちがいない」[4]。マキャヴェリは、一五一三年に発表した、最善の統治に関する政治論文『君主論』において、戦争は、それが「永続的な勝利」を生み出す限りにおいて評価されるべきだと述べている[5]。彼はまた、勝利の代償は、しばしばその利益を超えて重くのしかかるものであり、あらゆる勝利は、かなりの程度、損失を生むと警告している。勝利を永続的なものにするためには、二つの要件を満たさなければならないとマキャヴェリは論じている[6]。一つ目は、敗戦国が、敗北という事実を受け入れなければならず、軍事力や熟練した外交、あるいは国際的なプロパガンダのいずれによっても、敗北という評価を覆す機会は存在しないということを認識する必要があるということである。二つ目は、敗戦国は、遅かれ早かれ新たな国際秩序の中で戦勝国のパートナーとして扱われなければならず、敗戦国の新政府は、国民に敗北を納得させなければならないということである。しかし問題は、勝利を評価するにふさわしいタイミングとは一体いつなのか、ということだ。

恒久的な平和を構築する責務は、戦争を計画し、戦い、勝利するという実務の中心的な要素でなければならない。一般に、これは戦勝国側の責務とされるが、しかし敗戦国も必然的に交渉の一端を担うべきである。スタンフォード大学で国際関係論を研究するカレヴィ・J・ホルスティは、講和の目的の一つは、戦争を導いた原因を解決すること、そして将来的な見通しにおいて当事国が再び武力行使に頼ることのない戦後条件を作り出すことであると強調する。講和は、勝敗を明確にし、戦争の結果を明記し、法制化する[7]。しかし、敗戦国の場合、講和で示された敗北に対して戦後に何が起こるというのだろうか。それから四半世紀後の講和を結んだ諸国を考察した場合、一体、誰が勝者だったといえるだろうか。永続的な平和が何を意味するのかについても議論の余地がある。永続的な平和とは、終戦直後の新たな戦争勃発の可能性を明確に排除するものだろうし、従軍したほとんどの人間は、同じ相手と二度も戦いたくはないだろう[8]。戦勝国側が、戦後処理に最大の影響力を行使するゆえ、その後の道筋を作り出すのが常である。認識すべき重要なことは、講和条約こそが、本質的に避けがたい、戦争の中心的な特徴をなしているということだ。戦争なくして講和はありえず、講和なき戦争終結も存在しないといえる。その世代にとって十分と思われたはずの講和が失敗してきたという、本書の検討対象となる事実は、戦争における勝利が、いつのまにか失われて不確かなものとなり、勝利で獲得したはずのものがあらゆるケースにおいて四半世紀のうちに失われることを暗示している。

勝利には、基本的には二つの内容が存在している。一つは戦場における勝利であり、もう一つは戦略的な勝利である。後者は、軍事的勝利を強固なものとし、安定した国際秩序をもたらす国家間の政治的和解という結果をもたらす。戦略的勝利は、戦勝国が敵対的で軍事的な抑止行動によって敵国の情報の出入りを完全に統制する状態を必然的にともなうものである。さらに戦勝国は、敗戦国内部の安定的な政治的自決、経済再建、社会正義を達成し、国内的にも対外的にも無条件の外交上の敬意を受けることができる。また、戦略的勝利の形態の一つとしては、一九四五年以降、東側陣営と西側陣営の間で存在したような、要するに実際の戦闘が行われないだけの講和を作り出すものもある。連合国は、敗戦国に戦略的勝利を押し付けることに成功したものの、連合国内部の意見は分裂していた。連合第二次世界大戦終結から四〇年間、ヨーロッパでは戦争は存在しなかったが、政治的和解も、安定した政治秩序も存在しなかった。この状況は、誤解によって導かれたのだろうか、それとも平和とは、そもそも創出することが不可能なのだろうか？

スターリンは、ソ連が勝利した場合に生じる問題として、安全保障と講和は、領土獲得次第であると考えていた。一方のアメリカ合衆国は、同様の問題をより概念的な条件、つまり原則や条約、制度と関連させて考えていた[9]。対立する二つの超大国の対照的なイデオロギーと文化は、戦後の調整が進むにつれ、その相違を際立たせた。両国ともに、自らのグローバルな権威を押し付けることを望み、互いに疑念を抱いた。アメリカ合衆国は民主主義と門戸開放経済体制の拡大を求めた。ソ連は、安全保障に関わる勢力圏に厳密な統制を課そうとした。両陣営は、それぞれの絶対的な条件において世界を眺め、互いを敵としてのみならず邪悪なものとみなすようになった。戦略的勝利とは、たとえ不可能でないとしてもきわめて実現が困難なものであり、最終的な戦略的勝利は、一九九一年のソ連邦崩壊によってようやくもたらされたのであった。

戦場での勝利は、持続的な、恒久的な平和を導くことはない。戦場での勝利はほとんどの場合、戦闘の短期的停止程度の、わずかな政治的機会を勝利者に与えるにすぎない。戦場で勝敗を決した戦争は、これまで存在してこなかったといえる。アメリカの軍事史家ロバート・マンデルは、戦争に関連する研究のほとんどが軍事専門家である男性によってなされてきたために、戦争政策は、あまりにも軍事目的に占有されてきたし、戦争は、国家の政策目的に対する一つの手段というよりも、戦争自体が一つの目的であるとみなされてきたのだということを説得的に論じている。結果的に、戦争における古典的な過ちとは、軍事的勝利を政治的勝利と取り違え、勝利は銃撃が止んだときに保証されるわけではないという事実を無視してきたことだとマンデルは主張する[10]。

勝利を見据えた指導者は、自国に有利で永続的な講和条約を結ぶため、必要な政治支配を維持し、軍事的な勝利の達成の先へと進んでいかなければならない。[11] マンデルは、アメリカ海軍大学校教授で軍事戦略が専門のトマス・G・マンケンの意見を引用している。イラク戦争についての研究を著したマンケンは、「兵士たちも政治家も、戦争は、政治目的を達成するために戦われているという考えを最後まで失ってはならない」が、しかし「戦場での勝利は、持続する講和の材料としてはあまりに不十分である」と述べている。[12] こうした議論は、これまでもなされてきたものである。たとえば第一次世界大戦期、ドイツ人は戦場において決定的な敗北を喫したが、しかし政治指導者は軍事的敗北の事実を国民にまったく伝えなかった。著名な軍事史家マイケル・ハワードは、ドイツ国民が情報を知らされなかった結果、一九一九年のパリ講和会議で提示された「戦争犯罪」条項を受け入れられなかったのだと考えている。

こうした意見には、一つの真実を構成する要素が存在しているかもしれない。戦勝国は、講和条件をまとめあげる際に重要な役割を演じるが、交渉者らが参加する各会議は、陰謀や取引を生むか、分裂をもたらすような表面的な催しとなることが多い。軍事力と同様、参加者の個性と情熱が、講和を達成する上で重要な要素となる場合もある。講和会議の結果は、外相たちや主催者が、過度に注意深いか、あまりにも欲深いか、非常に不誠実か、それとも正直であるか、もしくは不当に利己的か否かに左右されることもある。

しかし、一九一九年のヴェルサイユ講和会議に参加した交渉者をその後の条約侵害ゆえに批判することは、軍事的成功と外交の失敗を不正確に強調することになる。ヴェトナム症候群もこのヴァリエーションの一つであろう。ヴェトナム戦争でアメリカが敗北した後、アメリカ軍人の多くが、戦争は政治家ではなく軍司令部に委ねられるべきであるという主張を行った。しかし実際の軍事行動に続く交渉では、武力行使の再発を回避するために、紛争を導いた目的と意図こそを熟慮するべきである。戦争とは特定の野心や希望を達成するために戦われ、条約とは戦争によって生み出された軍事的帰結によって具体化されるものである。しかし、軍事的勝利と政治的敗北の間に線引きをする必要があるというのは、間違っている。望んだ政治目的が達成されなければ、有意義な軍事的勝利など存在するはずもなく、条約は、敵意を導く政治目的と野望を反映するものとなる。再びクラウゼヴィッツを参照しよう。このプロイセン軍人は、戦争は政治の延長であるがゆえに、「政治的敗北なき軍事的勝利」について語ることは意味をなさないと論じた。戦争においては「純粋に」軍事的な勝利の結果は存在しない。なぜなら戦争においては、政治こそが暴力行使の指示を与えるからだ。戦争の結果は、戦後世界を具体化することはない。戦争での勝利、あるいは敗北が、次世代の政府が直面する諸問題を作り出すのである。条約とは、戦闘が終結した直後にあるべき世界、交戦国が望む戦後世界の表明にすぎないのである。

問題は、講和交渉を行う外交官にあるのではない。勝者が自らの勝利を認めても、敗戦国がそれを受け入れないか、あるいは自分たちが敗北したことを認めない点に問題が存在している。それゆえ、第一次世界大戦後、自国の軍事的敗北を自覚していなかったドイツ国民は、第一次世界大戦の責任が全面的にドイツにあると判断した戦勝国が課した多額の賠償金に憤慨し、二〇年後に再び武力に訴えたのである。日本は一九〇五年、ロシアに勝とうと考え、そして実際あらゆる手段を講じて勝利したが、その後の講和交渉において、ロシアにまるで敗戦国のような扱いを受けた。米英連合国は第二次世界大戦に勝とうとして、やはり勝利したが、米英両国は、ソ連を打倒すべき潜在的な敵として扱った。他方ソ連は、自分たちは負けたのではないとして、勝者としてふるまったため、両陣営は、四半世紀どころか五〇年近くも社会を恐怖に陥れた、戦争とも平和とも呼べない冷戦体制へと突入したのである。

二〇世紀イギリスの戦略史家B・H・リデル・ハートは、「勝利の獲得それ自体は、政治目的の達成と同じではないことを歴史は示している」ことを想起せよという。第一次世界大戦以降の勝利は、「それ自体が目的ではない。戦争が終わり、平和が訪れたときに自国が負けたかのように消耗しているとしたら、無益よりもいっそう悪い状況だ」。勝利とは、戦後に敵国を圧倒しているか、もしくは敵国の打倒という文脈において判断すべきであるとリデル・ハートは論じている。国家は、戦後の見通しが戦争を行わなかったよりもよい場合にのみ、勝利したとみなすことができる。すなわち、戦争の目的とは、「よりよい平和状態」を獲得することにほかならないのだ。リデル・ハートは、「繁栄に満ちた安定した平和は、頭蓋骨が積み重ねられて作られたピラミッドよりもはるかにましな勝利のモニュメントなのである」という視覚的かつ印象的なメタファーで記している。彼は『戦略論――間接的アプローチ』で、以下のように自身の見解をまとめている。

真の勝利とは、平和な状態ならびに国民の状態が戦争を行う以前よりも改善されていることを意味している。この意味において勝利は、迅速に結果が得られる場合、あるいは長期戦であったとしても国家の資源に経済的に見合っている場合にのみ、達成可能となる。目的は手段に応じて調整されるべきなのだ[13]。

本書では、勝利を、軍事力を行使する以前に設定された目標が、戦争によって、また定められた期間内に受け入れ可能な犠牲の範囲で達成されることと定義する。あるいは、戦争の予測不可能性を考慮するならば、勝利とは、敵国の戦争目的を頓挫させ、期待と結果を合理的にぴったりと調和させる成功を意味する。戦争目的は限定的で達成可能でなければならず、また当事国は、自国が泥沼に足を取られ、別の新たな戦争目的を模索するような混乱状態に陥ることを許すべきではない。この意味での勝利を達成することは、非常に難しい。なぜなら戦争とはそれ自体が予測できないものであり、その結果はほとんどの場合、意図せざるものになるからだ。戦争とは、意図しないかたちで、新たな目的と結果を生み出す。すなわち、戦争とは、想定より不本意なものであり、より多くの犠牲をもたらすものだ。それゆえ新しい目的が、勝利宣言を可能にするよう再設定されるのである。

一定の期間をおいて勝利を評価する

戦争とは、ほかでもない、未来についてのある種の宣言である。戦争とは、その性質によって未来を規定するものである。戦争を唱導し、戦争突入を決定する政治指導者、外交官、軍人らは、彼らが考える望ましい目的が達成されるという根拠をもってそのように行動している。彼らは、未来を形作ると彼らが信じるところの特定の目的を追求し、軍事的勝利がその目的を達成する、または少なくとも目的を達成する助けとなると確信している。実際に、戦争終結に際して、戦勝国側の指導者たちは、将来に影響を与える政策上の変更を処理するよりも、いつも決まって、彼ら自身の恐怖や名誉、利害に関心を示すものだ。一九四三年から一九四五年にかけての平和構築の過程は、まさしくこのような状況であった。問題は、ドイツと日本に講和を押し付けることではなかった。ドイツと日本の将来に関して、平和状態を創出することが問題だったのである。

戦争における勝利は、その結果が連続性をもって測られるときにのみ評価される。戦争の余波は、勝利が何を意味するのか、どのように勝敗を判断するのかに関する我々の考えを改めさせる。勝利の意味に関するいかなる評価も、将来に及ぼした影響の検証を含むものでなければならない。戦争が予見できる近い将来の経済的、政治的、社会的な体制――敗戦国に課す戦後の義務や、その義務の実行を確実にする条件を含む――を顕著に変化させることがない場合、戦争の犠牲を払ったにもかかわらず、勝利は現実的に達成されたことにはならない。

平和構築は、戦争することの延長線上に存在しているため、本質的に武力行使の過程を内包している。戦争の結果による平和構築と、具体的な成り行きへの準備のプロセスは、しばしば敵対的行為が始まった直後から開始される。講和条約は戦争の最終的な産物であり、講和条件もしくは和解は、つねに戦勝国・征服者が規定する勝利の象徴である。「決定的な勝利」と認められないときでさえ、講和条約は戦勝国の目的や野望を反映し、敗戦国に嫌々ながら受け入れられることになる。この点においてこそ、講和条約は、戦勝国が構想する将来像を示しているのである。

講和条約が結ばれてから四半世紀後の戦勝国と敗戦国の状況をざっと比較してみると、非常に多くの事例において、戦勝国が計画し、予測し、期待した将来像が実現しなかったことが明らかになる。もちろん、問題が解決されたわけでもない。もし、平和構築が単純に戦争遂行の最終段階にすぎず、戦争に勝利した後に構想されたはずの平和が実現しないとすれば、戦争開始によって得られるものとは一体何であろうか。結果が敗北に終わった戦争は、忘れ去るべきなのだろうか。

勝利がもたらす見返りは、一世代も続かない。国境は引き直され、戦争を終わらせた講和条約を結んだときの政権も、もはや存在していない。勝利によって期待されたのが（今日的な表現を用いるならば）安全かつ承認を受けた国境の変更ならば、本書は、勝利がこうした期待を実現しないことを明らかにする。もし、戦争目的が長期的に続く安定した同盟の創出を目指すものならば、この点においても、勝利はそれをもたらすことはない。戦争はまた、勝敗にかかわらず、好ましくない支配者——民主的であろうがなかろうが——を政治的に安定した政権に替えることにも失敗する。勝利から生じた経済的恩恵は、合意に達した講和条件を遂行するためにすぐにも消え去り、戦争遂行と再建の経済的コストは四半世紀を過ぎても支払われ続ける。損失、苦しみ、混乱の感覚は、生存者や遺族の記憶の中で生々しく、鮮明なままである。勝利はまた、国家の安全も、攻撃からの解放も、長期的に保障することはない。

敗戦国の指導者の経験は、戦勝国のそれと異なるものではない。ヨーロッパの歴史は、軍事的手段を通じて権力を行使する能力を見誤った国々の事例で満ちている。これらの国々は、自らが支援する同盟諸国の意思（と能力）を誤認し、自国のイメージにおいて世界を再構築しようという競合国の決意を過小評価してきた。おそらくより重要な点は、いかなる戦争においても戦勝国と敗戦国はともに、均衡した力関係を変化させることはないということである。本書の議論はまさしく、終戦から四半世紀後の戦争当事国の状態を考察することであり、いずれが勝者であり敗者であるのかを判断することが実際には困難であると提示することにある。戦争によって生じた犠牲と得られた利益において、一世代後に評価するとき、戦争の結果は、その戦争が戦う価値がなかったことを本書は暴露するだろう。終戦から四半世紀という期間は、勝利の意味を問うには適当ではないという議論もあるだろうが、筆者はそれには同意しない。

敗戦国以上に、同盟を求め、旧来の敵国と自らを結合しようとする国家はない。これは、逆に戦勝国との新たな紛争を導く。戦勝国の側でも、敗戦国やその他の勢力が自国を攻撃するのではないかという不安や憂慮から、熱心に戦後の同盟を模索する。勝利は、戦争を終わらせないのである。勝利は、より多くの戦争を作り出す。不安定な、武装したままの休戦協定は、経済的な繁栄や成長、政治的・社会的安定をともなうと期待された講和以上に、生産的に使われるべきエネルギーや資源を浪費するものである。勝利は敗北よりも、時としてはるかに費用のかかるものなのである。

勝利を決定するパターンと方法は、着実に変化を遂げてきた。二一世紀において、征服された者は、表舞台から引き下がり、征服者と自らを位置づける者は、友好国か同盟国とみなされた新しい政権に講和を押し付けようとする。このアプローチの成果は――イラクやアフガニスタンに適用されたように――いまだ明らかではない。しかし戦争は、問題を解決し、紛争を取り除く一つの手段として引き続き有用だとみなされ、利用される。なぜそうなのだろうか？　この答えの一部は、悪の力に対する善の力の闘争として、戦争を積み上げてきた歴史に見出すことができるだろう。また、戦争は、経済成長の強力な推進力であるという信念も存在してきた。このような主張に加えて、さらに強力な議論が存在している。すなわち、戦死した兵士たちの犠牲を価値あるものにするために戦争は継続されなければならないというものである。しかしながら、兵士たち――殺害され負傷した非戦闘員はいうまでもなく――も戦死するより、むしろ生きて貢献することのほうが、はるかに本意にちがいない。

戦争は、時に交戦国にとって勝利をもたらすこととなく平和を達成することもある。通常、軍事的な膠着状態が一方の側に政治的勝利をもたらすことがあるが、しかし、ただ単に敗北を回避しようとすることが政治目的を達成し、国家の威信を高めることにつながるケースもある。このような場合、自らが勝利したと信じる指導者は、相手国の敗北を証明するため、戦後の講和条約において厳しい条件を課すのである。こうした一つの事例として、クリミア戦争に勝利した国々が、ロシアにさまざまな条件を押し付けたことが挙げられる。

勝利が明白かつ長期的に続いているように見える場合でさえ、それは当初感じられたように自明なものでも永続的なものでもない。アメリカの独立戦争は、その良い例である。独立戦争が勝者が望んだすべてを生み出した一方、この戦争のもたらした結果が永続的であったことを疑わない人はいるだろうか。しかしながら、独立したばかりの国家を西方および北西へと膨張しないようイギリスが制限したので、アメリカ合衆国は、その勝利を確定するために一八一二年に再び戦わなければならなかった。一八四六〜一八四八年のメキシコ＝アメリカ戦争は、もう一つの事例である。この戦争は、奴隷制拡大を目的とした新たな領土獲得のために戦われたが、二〇年後、分離主義的な南部連合がその独特な制度を拡大しようとするのを押しとどめるべく起こった血なまぐさい南北戦争によって、その目的は否定されることになったのである。

戦争は通常、戦いをもはや望まないか、あるいは続けることができなくなった一方の側が、他方の側を勝者と認めたときに終了するものである。講和条約が締結され、調停がそれに続き、両陣営はおそらく戦後処理においてなんとか折り合いをつけようとするだろうが、それは簡単なことではない。戦争が友好関係を生み出すことはほとんどない。戦勝国は、獲得したものを確保しようとし、敗戦国は、失ったものを取り戻そうとする。一九世紀後半のアメリカのユーモア作家アンブローズ・ビアスは、平和とは戦争と戦争との間のだましあいの期間だと書いている。そもそも戦争を引き起こした不満や怒りは、平和的な見せかけの背後で明らかに沸騰している。戦勝国は、打倒した敵を頻繁に犠牲にし、領土拡大や経済的膨張をさらに推し進める誘惑にかられる。こうした行いが過ぎれば、紛争の再発と、かつて勝利した自らの最終的な敗北を助長することになる。このような結果から自国を守るには、戦勝国は、優位な立場を維持するために莫大な資金を軍備や防衛に費やさなければならず、それゆえ最初は卓越していた政治体制も徐々に蝕まれ、抑圧的で軍事化された社会の創出という結果をもたらすサイクルを生むことになる。古代ローマの人々は、このサイクルを熟知しており、ついには叶わなかったものの、それを回避しようとした。現代に生きる我々は、膨大な犠牲を生み出した戦争から、この真実を再発見しつつある。

勝利か、敗北か

どういうわけか我々は、軍事的な勇猛さや勇気の物語に引きつけられ、そうしたものを好む傾向にある。最初に著された歴史は、戦争の物語である。偉大な英雄たちは、戦いの中で成長し、自らの生命を戦いに捧げた。英雄たちを奉った神殿では、戦争そのものにおける勝敗は問題ではないようだ。一つの例を挙げるなら、オーストラリア人は、第一次世界大戦時のガリポリの戦いにおけるオーストラリア＝ニュージーランド軍の血にまみれた敗北を称賛する。なぜならこの戦いこそが、オーストラリアにとっての「新しい時代の到来」——アメリカにとっての独立戦争とほぼ同様の象徴的な重要性をもったからだ。同盟国に対する破壊的な戦闘に連合国が最終的に勝利できなかった原因を、オーストラリア人が作ったかどうかは、議論の余地がある問題だ。しかし、たとえそうであっても、ガリポリは、敗北が勝利に転換した一つの好例である。*

さらに見事な事例は、一八三〇年の七月革命から一〇年後に、ナポレオン・ボナパルトの遺骸が、もともと埋葬されていたセントヘレナ島からパリに返還されたことであろう。一八四〇年、フランス国王ルイ＝フィリップは、「フランスのすべての栄光」を復活させることを望み、ナポレオンの遺骸の帰還は、壮大な政治的パフォーマンスとして、革命期と帝政期のフランスを復活させ、失墜しつつあったフランス王権への評価を高めることになると考えた。一八四〇年一二月にナポレオンの遺骸はサン・ジェローム礼拝堂に安置された。これはのちに、「帰らざる肉体（灰の帰還）」として知られることになった。大群集が、ポン・ドゥ・ヌイイにある軍病院の前を通過する葬列を見物した。これこそがフランス史上最大の群衆の集まりであり、これに匹敵する群衆が集まったのは、一九一九年にパリ講和会議に参加するためウッドロウ・ウィルソン米大統領が訪問したときである。このパフォーマンスは、ルイ＝フィリップの人気を高める代わりに、フランス人に第一帝政への憧憬を抱かせ、その情熱がナポレオン神話を作り出したのである。

人々が英雄を渇望するゆえに、戦争関連書物の圧倒的多数が、戦闘を描き、戦略を議論する。こうした書物は、戦場で示された大胆で英雄的な行為を称賛する。これらはまた、戦場の中に人生を描き出し、暴力は最も本質的で英雄的な力の形態であり、安全保障を最も確実にするという見方を共有している。このような戦争物語は、戦争こそが自然の成り行きであり、平和な状態は不自然であり、作り出すことも維持することも困難であるという考えを生み出している。多くの戦争関連書物は、クラウゼヴィッツの有名な定理「戦争は他の手段でもってする政治の継続である」を顚倒させ、「平和は他の手段でもってする戦争の継続である」と信じているのだ。軍事史研究者の多くは、講和条約は恒久的な平和を目的としているのではなく、各陣営に来るべき戦争に備えることを可能にさせる単なる休戦状態にすぎないということを当然視している。

我々は、いかなる瞬間においても戦争と平和の間には、根本的な相違が存在することを念頭におくべきである。戦争のもたらす結果とは、殺戮と破壊にほかならない[14]。戦時においては、何千、何十万、もしくは何百万の人々が、戦闘員、非戦闘員を問わず殺害され、傷つけられ、暴行される。数え切れないほどの家々や村、町、都市が破壊され、戦争に巻き込まれた全域の農業や産業基盤が損害を受ける。もし、この事実がものごとの当然の道理であるならば、何かがひどく間違っている。この道理は、まったく受け入れがたいものではないだろうか。

たとえば抑圧的な専制君主の下で、もしくは国家がその国民に矛先を向ける大量殺戮の狂気の下で生活するよりも、戦争のほうがまだましだという議論もあるかもしれない。冷戦最盛期の一九五〇年代と一九六〇年代には、「共産主義より死のほうがまし」という議論が広く受け入れられていた。しかし戦争は、卑しむべき独裁者を排除するために戦われることはめったにない。戦争は、より一般的には領土的、経済的膨張の欲望を偽装するイデオロギー上の理由のために戦われるのである。これまでもことあるごとに強調されてきたように、たとえば自国の領土を防衛するため、同盟を保全するため、体制を強化するため、民衆の不安をそらすためという名目で行われる武力行使のすべては、自衛行為とされる。これらはクラウゼヴィッツの、「敵は抵抗されることなく相手の領土を行進したがる」

＊ 一九一五年四月二五日に行われたガリポリの戦いは、史上初の陸・海・空軍による上陸作戦だった。作戦の中心となったオーストラリア＝ニュージーランド派遣軍（アンザック）は、多大な犠牲を出して撤退した。第二次世界大戦を経て、従軍したすべての兵士をたたえるため、四月二五日が「アンザック・デー」とされた。

という指摘の一つだろう。しかし、恐怖は、独裁者や独裁者になるような人間が依拠するものであり、欺瞞に満ちた結末を生み、平和を維持する大胆な動きを封じ込める。恐怖はまた、現実の敵、想像上の敵にかかわらず、国民の心から国内問題を締め出し、排外感情を助長する。これらすべては、誇張による威嚇という折り紙つきの手段である。

戦争は——つねに「正しい戦争」という言葉で表現されるように——容認可能で必要なものであるという議論は、戦功のもたらす有利な結果が根拠がないにもかかわらず長期にわたって存続するとされるならば、よりいっそう受け入れ可能であるかもしれない。しかし、実際にはそうではない。そしてこの事実こそが、本書の主題である。戦闘が終了して四半世紀後、戦争がもたらした恩恵といわれるものが少しずつ失われ、勝者と敗者の区別がほとんどつかなくなったときに、なぜ、そもそもその戦争は開始されなければならなかったのかを問うことは価値のあることである。死と破壊をもたらす以外に達成したこととは何だろうか？　達成したものはほとんどなかったように見えるのではないか。

死者だけは戦争を知ることができない、あるいは、戦争が人間の行動における規範であると我々は教えられてきた。(15) 戦争は結局、人間の本質の表明にほかならないと我々は思わされてきた。しかし筆者は、戦争とは残念だが避けがたい人生の現実であるとみなす人々による、戦争の一般化を受け入れることを拒絶する。そしてまた、戦争は人間の本質に本来備わっているものだという悲観的な、ホッブズ主義的な立場を受け入れることも拒否する。筆者は、このような前提とは別のところから議論を始める。それは、明らかに歴史によって裏付けられた立場である。私は戦争を、指導者やその取り巻きの顧問たちによって計画的になされた決定の結果であるとみなす。彼らは、他者がこうむる犠牲を省みることなく、時として個人的な、また時に集団的な特定の利益を武力行使を通じて生み出そうとする人々である。現代世界において、このような戦争の決定を下す人々とは、国家の指導者であり、その顧問たち（多くは軍人）である。作家のC・S・ルイスが、『悪魔の手紙』においてこうした状況を描いている。

巨悪とは、ディケンズが好んで描いた不潔な「犯罪の小部屋」でなされるのではない。かといって強制収容所や労働キャンプで行われるわけでもない。これらの場所において我々が見るのは、最終的な結果である。しかし、巨悪は、清潔なカーペットの敷きつめられた、暖かく明るいオフィスで、ワイシャツを着て、手入れの行きとどいた指爪の、滑らかに剃られた頬の、決して声を張り上げる必要のない物静かな男たちによって考案され、命令され（動議され、支持され、そして議事録に記録され）るのだ。[16]

戦争は、本質的に自然な成り行きとはいえない。つまり、武力行使によって政治目的を達成しようという決定は計画的になされたものなのだ。筆者は、人間の本質について、ウィリアム・フォークナーが一九五〇年一二月のノーベル文学賞受賞講演において、雄弁に語ったより積極的な見解のほうを選びたい。フォークナーは、核戦争の脅威によって創出された世界的恐怖を拒絶するとして、次のように述べた。「私は人間の死を受け入れることを拒絶します……。私は、人間というものが、単純に耐え忍んでいるわけではないと考えます。人間は、打ち克つのです。人間は不死身です。人間が多くの生き物の中で、唯一、枯れることのない声を持っているからではなく、魂、哀れみの感情を抱くことのできる精神、犠牲的行為、そして忍耐をもつがゆえに不死身なのです」。

戦争は、指導層の少数集団によって、計画的になされた決定による結果である。彼らは、たいていの場合、トゥキディデスが述べた恐怖、名誉、利害という三つの要素に駆り立てられた男性であり、武力行使によって勝利し、彼ら自身の目的を達成できるにちがいないと信じている人々である。彼らは、武器供給者や、武器使用によって利益を得る層に支持されている。彼らが他者のため、また他者の未来のために行動することはない。彼らは自分自身と、自身が利益をもたらすとみなす者のために行動する。すべての戦争は、地位、栄誉、称賛の計算を含んでいる。過去において、民衆は、支配者に関して選択の余地がなかっただろうが、しかし指導者を選択することが可能な民主主義と自由が実現しても、選挙で選ばれた代表者が戦争を開始しようとする点において、大きな違いはないように筆者には思える。頻繁に起こることだが、誤って設定された目的を追求する指導者と同様に、戦争を受け入れ推進する人々は、自分たちが打ち負かされるか、もしくは死ぬかもしれないことさえも信じることはない。

指導者が、自身や国家の利害への脅威に対して侵略（や戦争行為）によって応えること、または名誉（かつては信頼性［クレディビリティ］と呼ばれていた）を獲得するか回復するよう努力すること、さらに指導者が恐怖を利用するか、または彼ら自身が恐怖にかられていることが、「人間の本質である」という古典的な議論は、筆者にしてみれば誤謬に満ちたもののように思える。これは、戦争の理由を説明するというよりもむしろ、戦争を正当化する議論である。想像力に溢れ、勇気ある指導者は、自分自身の利害への脅威に対して、戦争ではなく他の選択肢を見つける能力があるはずだ。戦争を選ぶ指導者は、自らが勝利すると信じているが、しかし現代世界においては、こうした指導者自身の生命が犠牲になることはなく、他者の生命が犠牲にされるのだ。戦争は、想像力の欠如であり、戦うために召集された人々の生命を恐ろしいくらいに軽視することなのだ。端的にいえば、戦争とは、愚行にほかならない。

文化人類学は、人間は本質的に、攻撃によってではなく、たとえば、我慢、理性的議論、あるいは利他主義に反応することを示してきた。戦争の悲劇的な皮肉は、戦争の意義を信じている兵士たちが同志のために危険を冒し自らの命を投げ出すということである。兵士たちは、自己犠牲の精神、メイトシップ（オーストラリアでは「友愛」）、そして勇気によって等しく称賛される。我々は、子どもを助けようと自ら危険を冒す親を賛美するように、戦場において自分自身を厳しい状況におく兵士たちの勇気やヒロイズムをたたえる。これらの利他的な行為こそが人間の本質のもう一つの次元であり、これこそが、支配的な侵略を正当化する議論に対抗するものだ。

戦争は、しばしば一人の男の決定に起因するとされることがある。我々は、ヒトラーの戦争について、またナポレオンの戦争について学んできた。戦争が一人の支配的な人物の行動に同一化される他の事例として、皇帝ヴィルヘルム二世、チャーチル、スターリン、昭和天皇裕仁などが挙げられる。しかし、このように戦争を特徴づけ、戦争を個人の責任に帰することは、戦争を過度に単純化することになる。第二次世界大戦は、一九一九年のヴェルサイユ講和会議の勝者や、ヒトラーの権力掌握前のヴァイマル共和国の外交政策に起因する。ヒトラーは、世界大恐慌によって引き起こされた絶望的な失業の影響がなければ、これほどまでに成功することはなかっただろう。戦争を選択したのは、ヒトラーだけではなかった。ヒトラーは、武力行使こそがドイツのおかれた悲惨な状況とそれを押し付けた近隣諸国からドイツを救済すると信じる軍参謀や国民の支持を受けたのだ。

戦争に突入しようとする人々は、自分たちが成功し、その犠牲に見合った称賛を受けるという信念ゆえに戦争を開始する。戦争当事国が目指すのは、自国の損失を最小限にすることであり、つねに自国の犠牲を減らしながら敵への攻撃を最大限にする兵器を求める。それゆえ、二一世紀の世界において我々が目撃した事実は、米軍兵士の生命の犠牲なく戦争は戦われなければならないというアメリカ合衆国の信念である。（敵ではなく、我々自身による）新たな大量破壊兵器の開発と使用は、最新型兵器を用いて行われる戦争こそが自国軍の兵士たちを危害から救うという信念ゆえに、止むことはないだろう。たとえば、衛星から選別された標的にミサイルを発射できる遠隔操作無人爆撃機「ドローン」は、アフガニスタンにおける戦争で、ますます多用されるようになった。

イラクとアフガニスタンでの戦争では、米軍や同盟国軍の一人の兵士の生命の犠牲は、第二次世界大戦期における一つの部隊、大隊、小隊を悼んだような方法で弔われる。戦場の最前線における兵士の犠牲を減らすことが大いに歓迎される一方、技術こそが作戦地域における兵士の犠牲をゼロに近いものにし、戦争の費用を削減することができるという誤った信念を強化することになる。もちろん我々は、敵国の犠牲について正確な情報を知らされることはない。我々はいまだに、たとえばイラク戦争においてイラクの民間人の犠牲がどれほどになるのかを正確に把握していない。民間人の死亡は、「遺憾なこと」として言及されるものの、回避しがたいことにされる。こうした考えは、人間性に欠けるものである。これは、人間の生命を破滅的な国家主義や、宗教的・人種的過激派に意図的に従属させることにほかならない。この場合、国家、宗教、人種の利害は、人間の生命の価値よりも重いものとして位置づけられるのだ。こうした状況は、道徳に導かれることも、統制されることもない、ありのままの人間的本質の産物ではない。それは、過去二世紀にわたって構築されてきた、現在の政府・経済・社会制度の創設を導いたイデオロギーの産物なのである。これらの制度は、市民に対して強制的に、国家・人種・宗教の存続や安全や繁栄よりも、市民の命に価値がないということを受け入れさせるものである。つまり戦争とは、支配エリートが、自らの覇権を他の集団や国に対して認めさせ、また自国民に対する統制を強化するための残虐で容赦ない軍事力の行使なのである。

戦争によって失われた生命は、講和条約で明言される大国の政治的要求に比べて、ほとんど省みられることはない。たとえば、ナポレオンによるヨーロッパ支配を阻止するために行われた戦争では、三〇〇万人から六〇〇万人が死亡したが、そのうちほぼ半数が民間人の犠牲であった。しかし、ナポレオンの敗北後、復活したルイ一八世は、一八一五年のウィーン会議において、ヨーロッパの協調における不可欠なパートナーとして受け入れられた（ウィーン会議の取り決めは、その直後から破られることになる）。征服者によって達成された平和や安定も、長くは続かなかった。同様に、勝利した連合国の主要三カ国の指導者――イギリスのチャーチル、アメリカのローズヴェルト、ソ連のスターリン――が合意したヨーロッパの分割は、ポーランド人解放――イギリス政府が最初に第二次世界大戦への参戦を決定した理由の一つ――のために戦い、命を落とした人々の犠牲についてまったく関心が払われなかったもう一つの残酷な事例である。*

勝敗にかかわらず、戦争は、戦争当事国の社会に同じような悪影響を与えるものである。その国の国民が独裁、専制によって支配されていようがいまいが、十分に民主主義的な経験をしていたか、または新たに組織された民主主義国であるかに関係なく、戦争は、国家の権力装置を強化する。戦争が終結した後、この強大化した権力装置を止めることは困難である。個人の自由がかなりの程度存在し

＊　一九三九年九月一日、ドイツがポーランドに侵攻した。その二日後の九月三日、イギリス政府はフランス政府とともにポーランド支援のため対独宣戦布告し、第二次世界大戦が勃発した。

ている場合でも――しばしば戦争はそれを守るために戦われる――、戦争が起これば、その間に個人の自由は制限され、国家権力が強化される。この現象は、二〇世紀の二つの世界大戦においてとくに顕著だった[17]。

戦争は、敗北した場合にはとくに改革の大きなきっかけとなる。しかし改革を遂行する任務は複雑で困難だ。アレクシス・ド・トクヴィルがフランス革命について考察し、一八五六年に著した『旧体制と大革命』で指摘したように、脆弱な政府にとって最も危険なのは、改革に着手したときなのだ。一度改革が行われると、抑圧されていた人々が過去に甘受していた辛苦や圧迫が、実際には恣意的に作り出されたものであることが明らかになり、さらなる改変を余儀なくされる。こうした変化への要求が、勢いづく。究極的な改革は革命であり、政府が改革を成功させる秘訣は、転覆を招くほど強大になることなく、望ましい改革を制度化することのできる強力な中央政府を創設し、維持することである。

一八世紀末のフランス革命、二〇世紀初頭のロシア革命のように、ひとたび改革が政府の手を離れて行われ、政府が転覆されるならば、より強力で中央集権化された政府が登場し、すでに断行されてきた改革を覆すことになる。フランス人が、自らが放逐したはずの旧来の専制政権から自らをいくら区別しようとしても、彼らは結局、より強力な中央集権政府を生み出し、それは外国勢力によって転覆されることになったのだとトクヴィルは述べている。ロシアの革命政府は七五年近くにわたって外国からの圧力にもちこたえたものの、フランスと同様のパターンがそこでも起こった。

また別の極端な事例においては、改革は、政府権力を強化するよりもむしろ、革命による体制変革を招くほど政府を弱体化させるといえるかもしれない。イギリス政府は、一七九〇年代、かろうじて革命を回避した。ただ単に大規模な軍事力の使用と改革の約束（三〇年以上実行されなかった）によって支配エリートへの攻撃は回避された。戦後の改革は、同質的な国民を有する小規模の国においてこそ最もよく機能するものなのだ。

おそらくわれわれはクラウゼヴィッツの定理に注目するよりも、中国の戦略家孫子の理論を学ぶほうがよいだろう。孫子によれば、敵を打倒する最良の方法は、その戦略を無効にすることである。もし敵の戦術が自分を戦争へと引き込むものであるならば、その際にはより魅力的な選択肢——貿易、通商、投資への勧誘や、優位な条件での資源へのアクセス、同等の政治的・経済的機会をもった人々の自由な移動など——を提案することで敵の戦略を無効にすればよい。これらは、現在のEUにおいて採用されている政策である。これによりEUは、相違を解消し、戦争の可能性をできるだけなくそうとしている。ここでアメリカの外交官ジョージ・F・ケナンが、一九四九年に国務長官ディーン・アチソンに述べたことを想起することがふさわしいだろう。ケナンは、第二次世界大戦を引き起こした原因は、ヨーロッパにおける新たな秩序の創出（つまり欧州統合）ではなく、ヒトラーの新秩序だったと指摘している。(18)

もし勝利が、あっという間に失われ、変更され、転覆されるような短期的な目的のみを達成するものならば、そしてもし戦争に突入する決定を行う指導層がこのことを熟知しているとするならば、戦争は正当化されうるだろうか？　戦略的、地政学的な開戦理由は該当しない。なぜならこれらは存続しえないからだ。しかし国内政治の問題は残る。ここにこそ、問題の核心が存在している。戦争の提唱者にとっては、国内的要請が満たされるならば、その限りにおいて戦果が一時的なものであっても問題ではないのである。戦争終結から四半世紀後の状況を考察することによって、本書で取り上げるそれぞれの戦争の帰結は、勝利によって約束されたはずの称賛や名誉が幻想にすぎないことを明示するだろう。勝利を得るために費やされた、ぞっとするような人的・物質的な犠牲が、一時的に得られる利益に対してはるかに甚大なのは疑いようのない真実なのだ。

第一章　勝利と敗北　1815―1840

はじめに

一七九二年四月のフランス革命戦争の勃発から、一八一五年六月のナポレオン・ボナパルト敗北にいたるまでの間に行われた戦争は、ヨーロッパを完全に変容させた。この戦争は、ヨーロッパのいずれかの場所で、絶え間なく続いた。この長期の戦争が引き起こした変化、あるいはナポレオンと彼が引き起こした戦争から直接・間接に影響を受けなかったものを想像することははなはだ困難である。この戦争の間、ほとんどすべての人々は憂慮、恐怖、不安の日々を過ごし、興奮や、やりがいや達成を感じた者はごく少数にすぎなかった。[1] そして、勝利が達成されたとしても、この戦争から四半世紀後のヨーロッパを概観すれば、勝利者たちが彼らの目指した目的を達成できなかったことが我々には理解できる。

この戦争は、戦闘員にも非戦闘員にもそれなりの経験となったし、戦争に従事した人々やその周囲の人々には直接の影響を与えた。戦争体験は、まだ幼かったがゆえに戦争に参加することのなかった次世代の精神世界をも形成した。ある歴史家が記しているように、フランス革命とナポレオンの遺産は、後世の歴史に譲り渡された。[2] ナポレオンの帝国主義は、ヨーロッパの王侯貴族による支配体制への挑戦だった。ナポレオンは、ナポレオン後の三〇〇〇万人のフランス人やその他諸国の人々をとりこにし、敗北後の次世代においても人々の心を捉え続けた。ナポレオンの改革を通じて、フランス人は、自らを臣民ではなく市民であるとみなすようになっていた。ヨーロッパ中を巻き込んだ一連の戦争を一つの長い戦争であるとみなす誘惑にかられるが、しかし、この期間中にずっと戦争を行っていた国家は、唯一フランスのみであったのも事実である。たしかに、イギリス（一八〇一年に連合王国となった）がこのほとんどの期間を通じてフランスと戦っていたのは事実であるが、しかし他のヨーロッパ列強は、できるだけ戦争を回避しようと試みていた。たとえば、のちのドイツ帝国の中心となるプロイセンが戦争に参加したのは、一七九二年、一八〇六～一八〇七年、一八一二～一八一五年のみであった。ロシアは一八〇五～一八一四年、オーストリアは一七九二年から延べ九年間、参戦したにすぎなかった。戦闘は、列強の植民地であるアフリカ、南北アメリカ、東南アジア、中東などのヨーロッパ以外の地域にも波及したが、この一連の戦争の衝撃と遺産は、当然ながらおおよそのヨーロッパの人々に共有されたのである。

実際、フランスは一七九二年から一八一五年にかけて六つの異なる戦争を行い、さらにこれらの戦争を終わらせるため、主要なものだけでも一七以上の条約を結んだ。これらの条約を吟味することは有益だろう。また、これらの取り決めがどのように無視されていったのかにも注目しよう。概して歴史家は、一八一四～一八一五年に開催されたウィーン会議がナポレオン戦争を終結させ、ヨーロッパにおける戦後の平和の道標になったと強調してきた。なるほど、これ以上の真実は引き出せないかもしれない。しかしながら、次の世紀までの間に、ヨーロッパで、またヨーロッパ以外の地域において列強同士が数え切れないほど多くの戦争を引き起こし、ウィーン会議の協約が調印されてからわずか一〇年も経たないうちに破棄されたことを考えると、その後に、この戦争の敗者が誰であったのか、また勝者は誰であったのかを判断することは、はなはだ困難である。ナポレオンが軍事的な大勝利によって獲得した領土の支配は長くは続かず、ナポレオンの敗北は、対仏大同盟が意図したような成果を導くことはなかったのである。

一八一〇年から一一年までに、フランス帝国は東西ヨーロッパに拡大した。国境線は引き直され、国家が解体されたのちに新たな国家群が創出された。戦いに敗北し、ナポレオンに取って代わられながらも残存した支配者たちは、同盟者になるか、従属的な立場に甘んじることになったため、ナポレオンの意思は大陸ヨーロッパで脅かされることがなくなった。王や皇太子、貴族や枢機卿であろうとも、退位させられ、亡命を余儀なくされ、交代させられ、——フランス国王と王妃の場合がそうであったように——処刑された。貴族や大土地所有者の特権は廃止され、その土地は再分配された。ローマ＝カトリック教会の権威は失墜した。宗教的偏見や民族に基づく差別は攻撃対象となり、増大しつつあった都市の中産階級は、富を生み出して分け合う新たな機会を見出した。農民は、封建的義務から解放された。新たに社会的上昇を遂げた政府高官は、過去の抑圧的制限から自由な体制を構築するという思いがけない好機を歓迎した。ナポレオンは、フランス帝国支配下のすべての諸国において、フランス革命をもたらした民主的原則を導入したのである。

しかし、数え切れないほど多くの事例に見られるように、恐怖と恒常的な戦争の経験は、ヨーロッパ史において軸となるこの四半世紀の間、逃れられないものだった。貴族にとって常態となった戦争は、彼らに軍将校としてのキャリアを示す機会を与えるものだった。貴族は、戦争を自らのリーダーシップや勇気を示す好機であると捉えていた。そして、多くの状況下でその愚かさを露呈させた。従属国の何十万人もの農民や商人、労働者たちは徴兵され、陸軍や海軍の兵役に就くよう強制された。これらの人々は、武器をもたされるや、十分な訓練を受けることもなく、また食料も与えられず従軍し、そのうち何千人もが殺され、手足を失った。ドイツ人、オランダ人、ベルギー人、イタリア人、ポーランド人、そして少数ながらスペイン人から構成される大部隊は、（実際の戦闘に参加しないときも）食料を略奪もしくは徴発し、宿営・露営し、彼らの興味を引くものなら何でも強奪しながら、フランスの都市・町・村・郊外をくまなく行進した。チャールズ・ディケンズが述べたように、それは最良の時であり、また最悪の時でもあった。

ヨーロッパ列強のうち四大国――イギリス、オーストリア、プロイセン、ロシア――は、一八一五年までにその資源と兵力を再び連合させ、戦闘でナポレオンを決定的に打ち破った。イギリス軍司令官ウェリントン将軍率いる同盟軍にワーテルローで敗北したことによって、ナポレオンの最後の試みは潰えた。一八一五年六月二四日に、ナポレオンは息子に王位を譲って退位したが、しかしフランソワ・シャルル・ジョーゼフ（ナポレオン二世）の帝位は、一カ月も経たないうちにブルボン家王族ルイ一八世――処刑されたルイ一六世の弟にあたる――に取って代わられた。ナポレオンは、セントヘレナ島への流刑に処され、一八二一年にそこで死亡した。戦勝国にとって、ナポレオンがもたらした悪夢は終わったかに見えた。戦勝国が期待したのは、王政復古だった。

これら一連の戦争について、指摘すべき点が二つある。第一は、ナポレオンは、ほとんどの戦争に勝利したが、その戦争と勝利は、彼が追求した長期的な結果を何も残さなかったことである。ナポレオンが作り出した法律や同盟は、短期間で消滅した。第二は、ナポレオン戦争から四半世紀後のヨーロッパの状態を検討したとき、勝利した同盟国は、王政復古を長期的に維持することに失敗したということである。二三年にも及ぶ一連の戦争での敗北のために、ナポレオンによる国境変更や体制変革の多くが覆されたが、しかし、ナポレオンが導入した改革は長期的に維持されることになった。ナポレオンは、戦争に敗北したかもしれないが、その敗北から四半世紀後、彼は、勝利した列強の誰もが想像さえできなかったやり方で、ヨーロッパを作り変えたといえる。これら二つの、明らかに矛盾した点をより厳密に検討することは十分に価値がある。

フランス革命とナポレオン戦争は複雑であり、その結果もまた同様だ。何千冊とはいかないまでも、何百冊もの書物において、フランス革命の起因となった出来事や人物、ナポレオン戦争の攻防、そして一九世紀の最初の一五年間ヨーロッパを支配した史上名高い人物、すなわちナポレオン・ボナパルトについて論究がなされてきた。

一七九二年から一八一五年まで行われた戦争に関する中心的問題は、以下のようなものである。フランス革命とナポレオンが着手した法制度的、世俗的かつ民主主義的な改革は生きながらえるだろうか、それともヨーロッパの王侯貴族によって率いられた反動勢力が打ち勝つのだろうか？　実際に経験していなくとも、「自由」を目撃した諸国民が、貴族の気まぐれに支配されてきた臣民に戻るだろうか、それとも彼らは新たな社会組織を維持するのだろうか？　ナポレオン自身は、皇帝であり独裁者であったがゆえに、しばしば彼自身が擁護したその改革の脅威となった。しかし、ナポレオンが最終的に打倒され、ブルボン王朝がフランスの権力の座に返り咲いたとき、ウィーン会議に集まった戦勝国の保守反動的な指導者たちは、旧体制を回復し、保全し、革命の激流をせき止めることに成功したと確信していた。

このような文脈において、フランス革命とナポレオン戦争は、一八世紀の世界戦争、つまり最初の本物の世界戦争の終焉として描かれるに値する。(3) フランス革命とナポレオン戦争は、一七五六年から一七六三年に行われた七年戦争とアメリカ独立戦争以降、ヨーロッパ、アメリカ大陸、東アジア、東南アジアなどの地域を巻き込んだ、決して終わることのないように見えた一連の戦争である。イギリスから独立しようとしたアメリカ植民地を支援したフランスは、その多額の費用から財政破綻し、国庫を再建するために採られた厳しい措置は、一七八九年に絶対王政を転覆させることになる飢えと苦痛の広がりをもたらした。アメリカ植民地の喪失に直面したイギリスは、これ以上植民地を失うことのないよう植民地体制の強化を決意し、アジアとオーストラリアにおける植民地獲得に乗り出した。ナポレオンが統治するフランスは、ヨーロッパ内外に深刻な脅威を具現することになったため、その膨張は止める必要があった。フランスが引き起こした二〇年以上にわたる絶え間ない戦争が終結したとき、イギリスはオランダ領東インドを返還する代わりに南アフリカを獲得し、戦略的な防衛拠点としてシンガポール植民地を建設した。これらの植民地の移譲は、一九世紀、二〇世紀を通じて行われ、定着した。しかし、一八一五年のウィーンで決められたヨーロッパの領土の修正や体制変革のいずれも、四半世紀ももたなかったのである。

一八一四年から一八一五年の講和会議にいたるまで、二三年にわたって継続した戦争の間に、当事国が得ようとしたものは何だったのだろうか？ フランスが第一に求めたのは、プロイセンとオーストリアによる侵入を防ぎ、占領したオランダやベルギー、その後に侵略した地域に民主主義的な原則を広げることであった。最終的に、フランス皇帝ナポレオンは、ヨーロッパ中にフランスとボナパルト一族による覇権を確立しようとし、フランスとヨーロッパ全域で、従来正統とみなされてきた諸原則に代わって、新たな原則を打ち立てようとしたのである。

対仏大同盟――イギリス、オーストリア、プロイセン、ロシア――の側は、フランスを封じ込め、自国の領土と支配階級を保全し、民主主義の拡大を食い止めようとしたのであった。フランスは、一八一三年まですべての戦争に勝利しながらも、領土拡大という目的を達成することなく、ついに敗北した。この戦争を連続した一つの戦争とみなすならば、フランスが敗れ、同盟国が勝利したのである。締結された講和条約は、ヨーロッパを再建し、フランスが他国を再び攻撃しないようにすることを意図したものだった。同盟国は、戦争によって奪われた領土を再び回復して分配し、王侯貴族を復活させた。またこれらの諸国は、領土における勢力の均衡状況を作り出すために、ヨーロッパ大陸と海外の領土を分割した。さらに、また別のナポレオンを生み出す可能性のあるような革命的なナショナリズム運動の再発を防止しようとした。こうした措置を講じる際、同盟国は、ナショナリストの感情やナショナリズム、またこうした人々の運動を無視した。そして戦勝国は、フランス革命とそれに付随して行われた、一連の戦争の結果から生み出された社会的・精神的な変化を考慮することもなかった。それゆえ、同盟国が作り出そうとしたヨーロッパは、ウィーン会議から四半世紀のうちに混沌状態に陥ったのである。

この後に続いた出来事を理解するため、我々は、フランス革命とナポレオン戦争の背景を把握する必要がある。勃興しつつあった中産階級に率いられ、一七八九年七月に勃発した革命は、ヨーロッパの他の国民や指導者たちがその価値について判断できていなかった「普遍的人権」の名の下、フランスの抑圧的で非効率的な貴族政治に基づく封建秩序を速やかに廃止した。フランス国内では、共和主義と民主主義の原則を称揚する憲法制定議会がパリに設置され、一七九一年九月に成文法が発効、同年一〇月に一院制の立法議会が始動した。一七九一年七月、ルイ一六世――親族関係にある外国の支配層から革命を覆すための支援を求めて海外逃亡を図った――が、革命勢力によって捕らえられ、パリに引き戻され、王権停止の受諾を強いられた。

ヨーロッパの支配者たちは、これらの広範囲に及ぶ、劇的で不穏な出来事にどのように応えるべきか、途方に暮れた。ヨーロッパ諸国の指導者層のほとんどすべてが、革命の民主主義的考えや平等の原則を、自らの地位や、その臣民に押し付けていた無制限の権力に対する脅威とみなしていた。ヨーロッパ中の農民や職人、労働者や多くの中産階級が、フランスにおける出来事の中に、彼らにとってよりよい世界が到来するという希望を見出し、アイルランドからロシアにいたる全域で騒動や暴動が勃発した。

しかし、ヨーロッパの支配者たちは、フランスでの革命の進展を恐れ、嫌悪していたものの、フランス絶対王政復権のための犠牲の多い戦争に巻き込まれることを望んでいなかった。オーストリア、オランダ、ベルギー、スペインの一部を支配していたハプスブルク家のレオポルト二世でさえ――フランス王妃マリー・アントワネットの実兄であったにもかかわらず――フランスの国内問題に初めは干渉するつもりではなかった。一七九一年八月、ザクセンのピルニッツでプロイセン王と会見したレオポルト二世は、その後、ピルニッツ宣言として知られる声明を発した。すなわち、もしすべてのヨーロッパ諸国がオーストリア帝国と協力するならば、フランスの秩序を回復するため武力を行使するだろうと宣言したのである。彼は、イギリス首相ウィリアム・ピットがすぐにでも、この危険な事業に参加することを拒否すると確信していた。

フランス自体は、国内の政治的対立や経済不安によって引き裂かれていた。中央政府は安定することなく、その中で分裂した派閥が革命の指導権を握ろうとし、威嚇、追放、テロといった手段を用いて互いに自らの意思を押し付けようとした。ある派閥は、旧体制の根本的性質を回復しようとし、また別の派閥はさらに過激な平等改革を推し進めようとした。フランス国内での支配権をめぐる戦いは、フランスと他のヨーロッパ王侯貴族間の争いと同様、辛辣で残酷な、長期的なものになっていた。

次の一〇年間も、フランスをはじめヨーロッパの諸国は混乱したままであった。定期的に再編されるフランスの革命政府は、変化を恐れる貴族による介入につねに脅かされていた。介入の脅威は、パリの立法議会におけるジャコバン派もしくはジロンド派として知られる急進派を活気づけた。急進派は、フランス革命が全世界、とくにヨーロッパ全域に拡大しない限り、決して安定しないだろうと宣言した。そのうち一部の者は、近隣諸国に侵入し、政府の転覆を目指す各地の革命を支援し、共和国連合を作り上げることを提案した。レオポルト二世が一七九二年に亡くなり、その後継者であるフランソワ二世がフランス問題についてプロイセンと再び会合をもったのち、フランス立法議会は一七九二年四月二〇日に、ハンガリーならびにボヘミアの王――オーストリア君主国――に宣戦布告したのである。プロイセンはオーストリアと結び、その年の七月、フランス国王夫妻に危害を加えるならば、パリ市民は多大なる犠牲を払うことになると警告した。

第一回対仏同盟戦争は、フランス国民の過激化という、まったく意図せざる、望ましくない結果を生み出すことになった。九月に立法議会は解散させられ、男子普通選挙によって選出された、より民主的な国民公会がそれに代わった。プロイセン軍は、九月二〇日のヴァルミーでのフランス陸軍に対する比較的小規模な砲撃戦で敗退したのち、フランス領内に侵攻しないことを決定した。革命の支持者の支援要請に応えて、フランス軍は、すぐさまベルギー(オーストリア領ネーデルランド)、サヴォイ(オーストリアと結んでいたサルデーニャ)、ライン川西岸のドイツの都市などを占領した。国民公会は、

「自らの自由を回復したいと望むすべての人々に援助を与える」と宣言し、フランス軍司令官らに、占領地域の旧来の政府の解散、政府と教会の財産の差し押さえ、カトリック教会に支払われていた十分の一税の廃止、その他もろもろの貴族の特権の剥奪、暫定的な行政府の設置を命じたのであった(4)。

イギリス政府はすぐさま、フランスによるベルギー支配は受け入れられないと声明を発した。イギリスとオランダによる軍事的反撃に直面したフランスは、一七九三年二月一日にこの両国に宣戦布告し、その後すぐに、ベルギー、サヴォイ、ニース、ラインラントのほとんどを併合した。フランスはいまや実際に全ヨーロッパと交戦状態にあったが、しかしヨーロッパの支配者らは、自らの領土的野心や警戒心に囚われており、フランス軍にとって深刻な脅威となりえる陸上兵力をほとんど有しておらず、またフランス革命内部の出来事に影響力をもっていなかった。一七九三年一月半ば――別の紛争でロシアとプロイセンがポーランドを分割したのと同時期――、国民公会は、僅差でルイ一六世の処刑を可決した。その後、迅速に国王は処刑された。

フランスは、国民公会の対立によって国内的に分裂し、対仏同盟軍がパリに迫りつつある中で無秩序な状態に陥った。そして国民公会のメンバー一二人からなる、特別な公安委員会の設置によって激烈な措置が実行されることになった。一七九四年七月二八日に自身が処刑されるまでの間、マクシミリアン・ロベスピエールが公安委員会の中で最も目立った委員だった。彼は、いくぶん嫉妬深いところもあったが、理想主義的で実直だった。この公安委員会は、戦争を制度化し、「恐怖政治」を行ったことで知られており、一七九三年七月から一七九四年七月までの間、「反革命的」な活動を行ったという罪状で四万人以上を処刑した。この委員会は平和や安定よりもむしろ、戦争と恐怖を追求することによりさらなる戦争と恐怖を作り出した。

独裁的な恐怖政治の一方で、公安委員会は民主的改革を推進した。一七九三年、国民公会は男子普通選挙権を保障する共和国憲法を採択し、物価高騰から貧困層を守る価格統制を導入した。一七九四年、農民による土地購入が容易になり、フランス植民地で奴隷制が廃止された。また公安委員会は、新しい共和国フランスを防衛するため一般徴兵制度の創設を宣言し、一八九四年四月までにフランス共和国軍は八〇万人を擁するヨーロッパ史上最大の陸上兵力を組織した。フランス陸軍は、国民が武装するというまったく新しい形態の軍隊であった。フランス軍は、功績によって昇進した将校たちに率いられ、大義のために戦うフランス市民を自認する、士気の高い兵士によって構成された。数週間のうちにフランス軍は、オランダなどの諸国を席捲した。

一七九四年七月のロベスピエールの処刑によって、国民公会は公安委員会の指揮監督権を取り戻してその権限を縮小し、「恐怖政治」は終焉を迎えた。新しく、より厳密な憲法が一七九五年に起草され、総裁政府と呼ばれることになる最初のフランス共和政府が一七九五年に組織された。イギリスと結んだ神聖ローマ帝国（ハプスブルク家）と戦争を継続していたものの、フランス共和国は、いまやベルギーを支配していた。

一方、フランス国内における分裂と抗争は続いていた。政府内部の王党派は、ブルボン王朝の復活をもくろみ、他方、民主的な傾向の人々は経済改革を求めた。総裁政府はわずか四年しか続かなかった。一七九七年、コルシカ島出身の若きフランス軍将軍、ナポレオン・ボナパルトが声明を発した。彼はすでにイタリアでオーストリア軍を打ち破っており、非常に短命であったものの、ポー川渓谷に沿った領土にミラノを首都とするチザルピーナ共和国を建国した。総裁政府の王党派は、ヴェローナに身をひそめていたルイ一六世の反動的な弟（ルイ一八世）をフランス国王とし、フランス占領下のイタリア領土をオーストリアに返還すれば、オーストリアとイギリスとの戦争は、早期に決着すると考えていた。しかし、ナポレオン・ボナパルトはそのような措置を許さなかった。一七九七年九月、ナポレオンの指揮によって総裁政府内部でクーデターが勃発し、王党派が追放され、新たなフランス共和国が誕生した。一〇月一七日、オーストリアは、フランスによるベルギー併合、チザルピーナ共和国建国、ライン川西岸地域のフランス支配を認めるカンポ・フォルミオ条約に調印した。

総裁政府は、実際には独裁体制として一年だけ機能し、それに続いて一七九九年一一月九日、ボナパルトがパリで強制的に権力を奪取し、フランスを統治する第一統領であると宣言した。一八〇二年、ナポレオンは、国民「投票」によって終身統領に選ばれたが、一八〇四年には再び国民投票に応え、フランス皇帝、イタリア王、ライン同盟の保護者を兼任する皇帝ナポレオン一世であると宣言した。ナポレオンは、自らをヨーロッパを変革し統合する啓蒙的な独裁君主であると考えていた。

歴史家ロバート・パルマーとジョエル・コルトンが述べているように、フランスは国内ではもはや革命的ではなかったが、その国境の外では依然として革命的であった。[5] 一七九二年一一月、フランス国民公会は、「自由を求める」諸国に支援を拡大した。その後すぐに、フランスは——相手が望むか望まないかにかかわらず——オーストリア領ネーデルランドへと支援を拡大した。それゆえ、当初必然と見られていた戦争は、革命輸出のための戦争となった。しかし、スペインに革命と啓蒙主義の理想をもたらそうという試みは、最終的な結果の予兆を示していた。改革は、ナポレオンの軍隊と同様に、ヨーロッパの王侯貴族の生活様式を脅かすものだったからである。旧来守られてきた特権、免税措置、地域主義、身分階層による排除は、フランスですべて撤廃され、革命の嵐は、ヨーロッパの他の国々を飲み込もうとしていた。市民の平等、正義、政治的民主主義が解き放たれたため、ヨーロッパの大国は、この潮流を止めようと決意したのである。

ナポレオンは、その帝国創設の青写真を、永続することが確実であると見誤ったものの、明確な言葉で表現していた。征服と占領に続いて、フランスに忠誠を誓う地元の人々を代表する政府をもった立憲国家を創設する。次に、フランスの路線に沿って経済と社会を再編する。このプロセスは、二〇年の間、フランスによって併合・占領されたベルギーとライン川西岸のドイツ領で試みられた。イタリア、ドイツ、プロイセン、オーストリアもまた同様のプロセスに服従した。フランスの影響が最も強かったのは、北イタリアとドイツ南部であった。ナポレオン帝国は、皇帝の親族が統治する衛星国に囲まれることになった。その他の国々は、ナポレオン帝国に忠誠を誓う諸条約に縛られた。こうした変化は、一般的に、その社会の商人や専門家、聖職者などの特権に反対する階層によって支持された。もちろん抑圧も存在したが、しかし大規模なものではなかった。たとえば、強制収容所は存在しなかった。ナポレオンは、ヨーロッパの政治地図を単純化し、ナショナリストの感情を顧みなかった。その結果、ナポレオンの統治はスペインや東ヨーロッパ地域で非常に不人気だった。プロイセンは、この変化に従った（ゲーテはナポレオンについて、「革命運動において、合理的で正統なヨーロッパのすべてを体現している」と書いている[6]）。

ナポレオンは啓蒙主義的諸原則を信じており、封建主義と闘い、無知を克服するための近代化を提唱した。ナポレオンにとっては、法による統治こそが重要であった。それゆえ、彼は、地域の慣習よりも公正や平等といった啓蒙主義的考えに基づく民法典、すなわちナポレオン法典を制定した。ナポレオンの改革は広範囲に及んだ。彼は、役人が給与を得て労働する近代国家の官僚制度を作り出した。王侯貴族は、市民一覧に名を連ねた。貴族の個人的な資産は、公的な収入と分離された。税制も近代化された。社会階層や階級は廃止された。能力のある者たちにキャリアの道が開かれた。ユダヤ人はゲットーから解放された。貴族は、税金、官僚職、軍の司令部における特権を失った。荘園制度は一掃され、その結果、農民たちは——地元の荘園領主の支配下に置かれる代わりに——市民となった。この新しい市民は、移動の自由、結婚の権利を獲得し、荘園使用料や十分の一税は廃止された。しかしながら、フランス（ベルギーとラインラント）以外では、市民はかつての地主に賠償金を支払わなければならなかった。公務における世襲官僚のポストも廃止された。地租が一般的税収となった。これらの施策は、フランス帝国のすべての領土で開始された。またナポレオンはヴァチカンとの間で宗教協約《コンコルダート》を締結したのだった。(7)

これらの改革は、万人の承認をもって歓迎されたわけではなかった。各地のナショナリストは、ナポレオンが地元の慣習、制度、遺産を無視したために不信感を抱き、反抗した。フランス人は、永続的な平和を導く自由と解放をもたらしたにちがいないと考えただろう。しかし、彼らが解放したと考えた人々、とくにドイツ人、イタリア人、そしてスペイン人は、自分たちは占領されていると感じていた。フランス軍が占領した国の人々は、解放者と共通の価値観を見出すよりもむしろ、彼らの伝統的で抑圧的な、彼らになじみ深い支配者と彼ら自身を結びつけた。占領下の人々は、ナポレオンが作り出した統一的な官僚制度が許容するよりも、はるかに進んだ代議制度や個人的自由、よりいっそうの自決と自治を求めた。わずか数年間で、彼らはフランスによる占領を終わらせた。他方で、長期的には、ナポレオンが打倒した国の人々は、ナポレオンが導入した改革を歓迎したといえる。ナポレオンの改革は、ゆっくりと修正されたが、それにもかかわらず、反動的な勢力やナショナリストのいずれも、ナポレオン以前の旧体制に立ち返ろうとはしなかった。

一七九二年から一八一五年の間に戦われた戦争の詳細については、ここでは立ち入らない。最も重要な瞬間は、ナポレオン敗北時に訪れた。一八一三年一〇月におけるライプツィヒの戦いでの敗北後、ナポレオンは初めて対仏同盟軍に降伏した。一八一四年一月までに、フランスはすべての国境線で攻撃にさらされており、同盟軍は三月三〇日、パリに入城した。一八一四年四月一一日、フランス皇帝とオーストリア、ハンガリー、ボヘミア、ロシア、プロイセンの間で調印されたパリのフォンテーヌブロー条約の取り決めによって、ナポレオンは、地中海の孤島エルバ島への流刑に処された。大国の指導者たちは、平和な旧体制へとヨーロッパ大陸を作り直そうとし始めた。

しかし、この時点では、戦勝国の間ではナポレオンの処遇について合意に達してはいなかった。イギリスとロシアは、ナポレオンを追放し、ブルボン王朝の復活を求めた。イギリス政府はまた、フランスからベルギーを分割することを要求した。アレキサンドル皇帝は、ロシアにおける多大な犠牲に対してフランスを懲罰することを求めた。プロイセンは、ナポレオンの処遇をめぐって分裂していたが、一方、オーストリア代表のメッテルニヒは、フランスが中欧地域を手放すならば、ナポレオンを在位のままにしてもよいと考えていた。フランス国民自身は、ナポレオンの最後を見届けようとし、そうして王政が復古することになった。フランス人は、ルイ一八世の即位を受け入れ、彼は、法的平等、ナポレオン法典、すでに実行された富の再分配を維持することに同意する憲法条項を公布した。しかしルイ一八世は、選挙権を大地主に限定した。

一八一五年三月一五日、ブルボン王朝復活に対するフランス国民の不満を聞きつけたナポレオンは、エルバ島を脱出し、一五〇〇人の兵士を連れてカンヌに上陸した。ナポレオンの大義は何千もの人々を引き付け、その一九日後、パリに行進し、自らの皇帝としての地位を復活させ、軍隊を改革し始めた。ヨーロッパの国々は、七回目にあたる対仏同盟を形成して軍隊を結集させ、再びナポレオンを放逐するための戦争を準備した。最終決戦は、ワーテルローで行われた。

一八一五年六月一八日、朝から午後にかけて行われたワーテルローの会戦は、その近隣で同日に行われたベルギーのヴァーヴルの戦いとともに、二三年にわたるヨーロッパでの戦争をついに終結させた。ワーテルローの戦いは、ブリュッセルからわずか南に一三キロの地点で行われた。ウェリントン侯爵アーサー・ウェルズリー将軍に率いられたイギリス、プロイセン、ベルギー、オランダの軍隊は、数時間に及ぶ絶望的な戦闘を経て、フランスを撃破した。二万三〇〇〇人のイギリス軍が、一六〇基の大砲と同盟国軍兵士四万四〇〇〇人とともに、二五〇の火砲を装備した七万四〇〇〇人からなるフランス軍と激突した。イギリス、ベルギー、オランダ、プロイセンの兵士のうち、一万五〇〇〇人が戦死した。この数値は、戦闘に従事した兵士の四人に一人の割合だった。その中でも、プロイセンは七〇〇〇人もの戦死者を出した。フランス軍の死傷者は二万五〇〇〇人と見られており、八〇〇〇人が捕虜となった。

この会戦後、同盟国軍は再びパリに進軍した。ナポレオンは、一八一五年六月二四日、二度目の退位を公表した。ナポレオンは、最終的に七月一五日、ロシュフォール沿岸でイギリス海軍戦艦ベレロフォン船長に降伏し、「百日天下」を終わらせた。ナポレオンがパリに進軍した際、逃亡していたルイ一八世は、七月八日に再びフランス王として即位した。ナポレオンは、セントヘレナ島への流刑に処され、一八二一年に死亡した。

ウィーン会議

正式にナポレオン戦争を終結させたパリ条約が一八一五年一一月二〇日に調印された。これは実際には二つ目のパリ条約であった。最初の「予備」的なパリ条約は一八一四年五月三〇日に結ばれ、ブルボン王朝を復活させた。「最も神聖にして分かつことなき三位一体の名において」発表された一八一五年一一月の条約は、簡潔ながら祝福に満ちていた。同盟国は、「自軍の武力行使の成功」が、「ナポレオン・ボナパルトの企てによって脅威にさらされたフランスとヨーロッパを動乱から救済し」、「フランスで再生産された革命体制」を否定したと考えていた。この条約は、「王家の権威の不可侵性を維持することによって、強化する意図」を示すものであった。この取り決めの最終的な目的は、フランスとその近隣諸国との間で、「長期間、フランス革命とその征服体制がもたらした致命的な結果により侵害された、相互の信頼と善意の関係を回復すること」であった。[8]

フランス領は、一七九〇年の国境線にまで縮小された。フランスは、一七九〇年から一七九二年に革命軍が獲得した領土を喪失したが、一八一四年のパリ条約に基づいて維持することを許可された。フランスはまた、賠償金として、当時としてはかなり高額な七億フランを支払うこと、フランス領内に一五万人からなる同盟国の占領軍を、フランスが費用を負担して最大五年間にわたって駐屯させることを命じられた。同盟国の中でも、とくにプロイセンは当初、フランスはその東部領土を放棄すべきであると主張したが、諸国間の競合関係や、ブルボン王朝の復活という共通の要望ゆえに、講和の内容は、もともと想定していたものよりも厄介なものとなった。ウィーン条約は、前年に結ばれたパリ条約を再確認し、最終条文を一八一五年六月九日に発表することになった。また同日、個別の文書において、イギリス、ロシア、オーストリアとプロイセンが、ヨーロッパにおける革命思想の広がりを抑止することを主要目的として四国同盟を成立させた。

ナポレオン敗北後のフランスとヨーロッパに課せられた協約は、一八一五年一一月のパリ条約には含まれていなかった。それらは、ナポレオン最後の戦い以前に、ウィーンで開催されていた数ヵ月にわたる交渉で合意されたものだった。その期間には、いくつもの交渉が並行して行われていた。一八一四年二月から四月にはフランスで、同年六月にはロンドンで、一八一四年九月から一八一五年六月にはウィーンで、そして一八一五年七月から一一月までパリで交渉が続いていた。ナポレオン戦争を終わらせようという第一の条約は、一八一四年三月九日に締結されたショーモン条約であった。これは、同盟国であるイギリス、ロシア、プロイセン、オーストリアが、フランスが敗北するまでフランスといかなる単独講和も結ばないという合意を示すものだった（この条約は二〇年をその年限としていた）。第二の条約は、戦争を終わらせたフォンテーヌブロー条約であり、これは一八一四年四月一三日に締結された。この条約は、ナポレオン退位を定めたものにほかならず、ナポレオンは、フランス帝国、イタリア王国、その他の諸国における支配権のすべてを放棄するよう求められた。フォンテーヌブロー条約は、オランダ、ベルギーなどの低地帯諸国や、フランスによる支配の後にロシア占領下におかれたドイツ諸邦やピエモンテなど他のヨーロッパ地域については、何も明記していなかった。同盟国は、これらの問題についてはのちの交渉で話し合うことで合意していた。

最初のパリ条約は、復古したブルボン王朝のルイ一八世が即位する政府の設立をもって一八一四年五月三〇日に締結された。この条約は、第一にフランスの王位継承権とフランス領土の範囲を扱うものだった。列強は、互いの要求に関して同意にいたらなかったにちがいない。ヨーロッパ諸国は、互いに異なる理由をもって戦争に突入し、異なるヴィジョンをもって戦争を終結させようとしていた。同盟国は、戦争に勝利した後の目標について同意することはめったになかった。この事例としてイギリス――一七五六年以降ほぼ継続的にフランスと戦争を続けてきた――は、植民地帝国を維持し、ヨーロッパにおけるフランスの膨張を食い止めようとしていた。ロシアは、バルカン地域やオスマン帝国への侵入の機会をうかがっていた。プロイセンは、北部ドイツにおいて指導権を握ろうとしており、またオーストリアは、ロシアやプロイセンが危機的な状況であることを求め、バルカン半島やアドリア海周辺地域への膨張をもくろんでいた。最初のパリ条約の取り決めにおいて、フランスは、独立を与えられたオランダからの撤退を求められた。サルデーニャ国王は、ピエモンテの王に就任し、ヨーロッパにおけるその他の問題については、一〇月に開催されるウィーン会議で議論されることになった。[9] ヨーロッパのほぼすべての大国が参加したウィーン会議は、一八一四年一〇月一日に始まった。会議は一八一四年一〇月以降、一八一五年六月まで行われ、ワーテルローの会戦の数日前に最終布告が発表された。

この会議の参加者の顔ぶれは印象的だった。ハプスブルク帝国とロシア帝国の皇帝、プロイセン、デンマーク、バヴァリア、ヴィッテンブルクの王、ヘッセン選帝侯、バーデン、ザックス＝ヴァイマール、ブラウンシュヴァイク、コーブルクなどの大公が個人的に参加し、舞踏会と宴会に興じ、ナポレオン時代の終焉を祝った。ほとんどの交渉を外交官が担当していた。オーストリア代表はメッテルニヒ侯爵クレメンス・ヴェンゼル、プロイセン代表はハルデンベルク侯爵カール・アウグストと学者ヴィルヘルム・フォン・フンボルト、ロシア代表は、カール・ロヴェルト・ネッセルロード伯爵とラスモフスキ大公アドレ、イギリス代表は、ロバート・ステュアート（のちにウェリントン侯爵となるカスルレー子爵）、フランス代表は、シャルル・モーリス・ド・タレーラン・ペリゴールならびにエメリッヒ・ジョセフ・ダルベールであった。

ウィーン会議に集まった外交官は、旧来からの世襲制と特権階級の申し子たちであり、ほとんど全員が貴族出身だった。富、権力、そしてその高い身分に由来する特典をもっており、それを放棄することを望まなかった。彼ら外交官は、階級の低い人々から尊敬を受けることに、またその地位によって与えられていた不問の権威に慣れ親しんでいたため、フランス革命とナポレオンがヨーロッパ中で着手した社会的・法的改革によって引き起こされた政治的・経済的混乱に狼狽していた。大多数の外交官は、慣れ親しんできた旧体制を保全することを求めた。彼らは、四半世紀に及ぶ戦争においてヨーロッパが経験した破壊と混乱の激しさに衝撃を受け、またそのような規模での流血を回避することを決議した。一八一五年三月一五日にナポレオンのパリ入城の知らせがウィーンに届いたとき、ウィーン会議に参加していた外交官たちは、その祭典と論争を速やかに打ち切った。オーストリア、プロイセン、ロシアとイギリスによる新しい対仏大同盟が、ナポレオンに対抗するため一〇〇万人もの兵士を動員した。

ウィーン会議を象徴したのは、オーストリア外相、メッテルニヒ侯爵クレメンス・ヴェンゼルであった。彼は、一七七三年五月、コブレンツの貴族の家に生まれた。メッテルニヒの父親はウィーンに駐在する外交官であり、彼の母親は伯爵であった。彼はイングランドにしばらく滞在したのち、ウィーンに帰還した。一八〇三年末に結婚し、その後、ベルリン駐在外交官となった。一八〇六年八月、ナポレオンの要求に応えて、彼はフランス駐在大使に任命され、パリに移った。ヨーロッパ政治におけるメッテルニヒの影響力は、みるみる大きくなった。一八〇九年七月には、オーストリアの大臣に

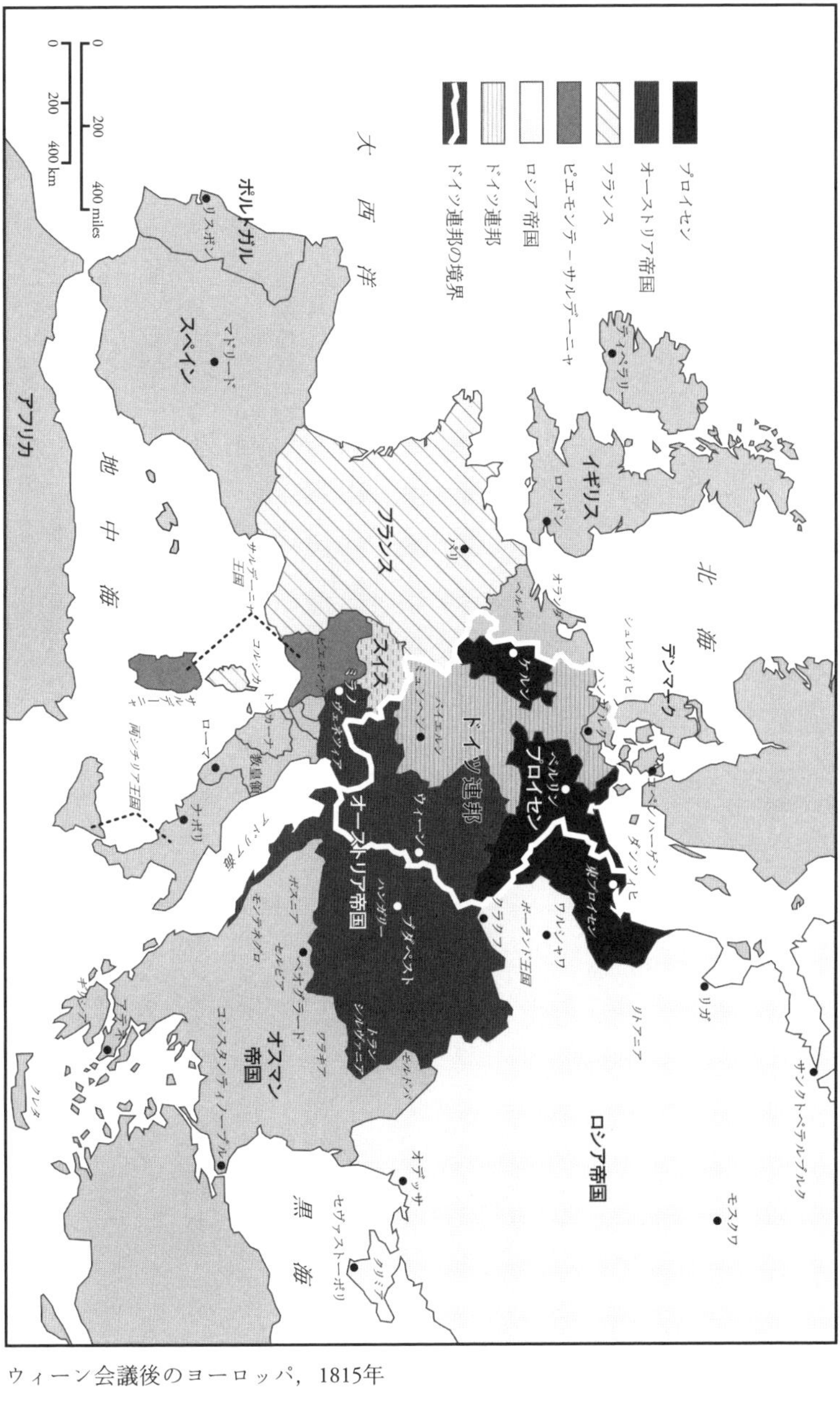

ウィーン会議後のヨーロッパ，1815年

任命された。メッテルニヒは、最初のパリ条約に調印し、ウィーン会議において、その人格的魅力と社会的身分、そして人当たりがよく複雑な外交問題を処理する上で融通が利くため、周囲から称賛された。ドイツやイタリアに関する取り決めについての決定は、彼の意思を反映していた。いまやメッテルニヒは非常に高く評価され、ハプスブルク帝国の代表的な政治家の一人となっていた。

メッテルニヒは、自らが作り上げようと尽力した体制を安定させ、永続させるため、その残りの人生のほとんどを費やすことになった。彼は、革命運動を防ぐことによって安定を確実なものとするため、ヨーロッパの協調体制を利用しようとしていたが、しかし、一八三〇年にメッテルニヒの作り上げた体制を脅かすような革命が起こり、それから数年のうちにその体制は瓦解することになったのである。

ウィーン会議の開催時、条約に関して決定を下す権限は、四つの国に限定されていた。オーストリア、イギリス、プロイセン、ロシアである。フランスやその他のヨーロッパ諸国は、参加するよう招待されたが、会議のプロセスに影響力を行使することはいっさい許されなかった。フランス代表で熟練した外交官のタレーランは、すぐさま小国の擁護者としてふるまうようになり、決定過程にかかわる地位を求めた。ウィーン議定書は、一七九二年から一七九三年の現状復帰を可能な限り試みるものだった。外交官たちは、ヨーロッパ中の王侯貴族の正統性を回復しようとした。合意に達した領土に関する取り決めは広範囲に及び、賠償金に関する決定も地域を拡大して決定された。しかし、ウィーンにおける決定は、同盟諸国の互いにまったく異なる目標を再び反映していた。実際のところ、将来のヨーロッパのあるべき姿に関して、合意は存在していなかった。イギリスは、海外植民地や海洋の自由を含むその他すべての海外問題が、この決定から除外されるという条件で合意した。ロシアも同様に、バルカン地域とオスマン帝国（とりわけトルコ）の問題は取り上げられるべきではないと主張した。イギリスは、ケープ植民地南アフリカと、セイロン（スリランカ）を獲得する代わりに、オランダに東インドを返還した。イギリスはまた、インドにとって戦略的に死活的な重要性をもつシンガポール支配を強化したのである。

戦勝国は、フランスが再び他国に対する脅威となる可能性を懸念していたため、フランス包囲網を強化した。オランダとベルギーは、より強力な緩衝国家を形成するためオラニエ公の下で統一し、ネーデルランド王国を建設した。南部では、ピエモンテが強化された。イタリアは、フランスとの強力な同盟を解消させられて、さまざまな独立国に分裂していたが、密約によりヴェネツィアがオーストリアに割譲された。神聖ローマ帝国は、弱小独立国の連合体であるライン同盟に置き換えられ、スイスは独立を与えられた。

イギリスは、マルタ島とヘリゴラント（一八〇七年に掌握した北東ドイツ沿岸の小さな島々からなる）を保有し、イオニア諸島を保護下におき（一八一五年一一月五日の条約による）、モーリシャス、トバゴ、サンタルチアをフランスから獲得し、またトリニダードをスペインから得た。プロイセンは、ザクセンの半分、ベルク大公国、ウェストファリア大公国の一部、コローニュ、トリール、エクスラシャペルを含む、エルケンとコブレンツにまたがるライン川流域の領土を獲得した。プロイセンはまた、スウェーデン領ポメラニアを獲得し、プロイセン王は、スイスのヌーシャテル大公として認められた。ポーランドは、プロイセンがかつて獲得した分割領ポズナニ州、ダンツィヒとトールンを獲得した。ワルシャワ大公国からポーランド王国が作られたが、ロシア皇帝アレキサンドル一世がポーランド王を兼ねていたため、実際はロシアがポーランドの大部分を支配下においた。しかし、オーストリアはガリツィア東部を獲得し、一方、クラクフは、オーストリア、プロイセン、ロシアの保護の下で共和国となった。

オーストリアは、ヴェネツィア、ロンバルディア、ミラノ、イリュリア州（カリンチアとカルニオラとトリエステからなる）、ダルマチア、カッタロといった港湾地域（イリュリア王国とダルマチア王国になった）などイタリア領土を獲得した。またガリツィア東部を獲得し、クラクフを共和国として保全した。オーストリアは、さらにドイツ領土のチロルとザルツブルクを獲得した。一八一五年六月八日に調印された連邦規約と、一八二〇年五月一五日に追加されたウィーン最終議定書にのっとり、ナポレオンによる一八〇六年の占領によって終焉を迎えた神聖ローマ帝国に代わってドイツ連邦が正式に樹立されることになった。

三〇〇以上あったドイツの領邦は統合され、三九邦となった。各領邦が代表を送る議会が、オーストリアの議長の下で組織された。この議会は、フランクフルトに恒久的におかれることになった通常議会と総会から構成された。それぞれの領邦は、内政に関しては独立していたが、領邦同士の戦争は禁じられ、対外戦争の場合は連邦の同意が必要となった。バヴァリア王国は、都市マインツを含むライン川のプロイセン領土からアルザスへ連なるライン河畔のバヴァリア地方を獲得し、ハノーヴァーは王国となり、東フリースラントとヒルデスシャムを獲得した。プロイセンは、一八〇八年にスウェーデンから奪ったフィンランドを領有し、また一八一二年にオスマン帝国から奪取したベッサラビアを確保した。

イタリアは、七つの領邦に分かれ、全域がオーストリア支配の下におかれたピエモンテやナポリを含んでいた。スペイン・ブルボン王朝のフェルナンド七世がシチリアの王とみなされ、ローマ教皇はボローニャとフェレーラのほぼ全域を教皇領として獲得したが、しかしアヴィニョンの回復は拒否された。オーストリア帝国（ナポレオンとの戦争によって崩壊した神聖ローマ帝国に代わって再建された）の皇帝フランツ一世は、叔父にあたるフェルディナンド大公にトスカーナを、もう一人の元皇太子フランチェスコにモデナを割り当てた。パルマ、ピアチェンツァ、グァスタラは、女帝マリー・ルイーズ（ハプスブルク皇女でナポレオン・ボナパルトの妻であった）が終身所有することになった。ジェノヴァは、サルデーニャ国王が管轄下におくこととなった。

オランダ立憲王国は、一八一四年三月二三日、かつての君主であったオラニエ公ウィレム一世が、ネーデルランド連邦共和国とオーストリア領ベルギー（のちのベルギー）の王、さらに二五八六平方キロメートルのルクセンブルク侯爵領地の大公として認められると同時に形成され、またウィレム一世はドイツ連邦に参加することになった。スウェーデンは、キール講和条約（一八一四年一月一四日に締結）の際にデンマークに割譲されたノルウェーを維持することになった。ノルウェーの人々は、自由と権利の保持を約束されることになったが、その代わりにデンマークは、ラウエンブルク公国の領有を承認された。スペインのフェルディナンド七世は王座に返り咲いた。一方、ポルトガルは、南米ガイアナをフランスに譲渡した。

ウィーン会議は、サルデーニャ、トスカーナ、モデナ、教皇領における正統な王家を復活させ、ブルボン家をナポリに復権させた。スイスでは、現存する一九の州に、ジュネーヴ、ウォリス、ヌーシャテルが加わって二二州となった。さらにスイスは、独立した州連邦として、大国により永世中立国としての地位が認められた。バヴァリア、ザクセンならびにヴュルテンブルクの首長は、その王位が維持されることになった。

パリ条約の第二条項とは別に、最終的にフランスは、ポルトガルからギアナを、スウェーデンからグアダルーペを、イギリスからカリブ海のマルティニク島とインド洋のブルボン島を割譲された。一八一五年二月、ウィーン会議では、文明と人権に反するものとして奴隷貿易を批判する決議がなされた。ウィーン議定書は、すべての代表が唯一参加した日である六月九日、署名されることになったのである。

四半世紀後

我々が、ウィーン会議から四半世紀後のヨーロッパの状態とその地図を眺めるとき、ウィーン会議とその決定について、一体、何がいえるだろうか？　二つのパリ条約、ウィーン議定書、そして植民地に関する取り決めが、「ウィーン体制」として知られている国際秩序を構築した。ウィーン議定書は、大国による「会議システム」と名付けられた、一連の会議によって制定された最初のものであったが、しかしそれは決して一つのシステムではなかった。ウィーン議定書とは「紳士協定」であり、その効力は、契約によって保障されたというより道徳的なものだった。会議に参加した「紳士」は、紛争が国際戦争を引き起こしかねない状況になった際に、会議こそが最初にその紛争についての話し合いの場となることを期待した。多くの歴史家たちは、ウィーン会議で決定された領土調整や外交上の取り決めを、第一次世界大戦を終わらせた一九一九年のパリ条約までのヨーロッパ史において最も広範囲に及ぶものとみなしている。

一八一五年から一八二三年の間に行われた一連の会議以外に、そのとき決定され合意された政策を遂行する正式な組織もなければ、手段も存在しなかった。またいずれの代表団も、明確なイデオロギー的・政治的な計画をもっているわけでもなかった。会議に参加した代表は、保守派とリベラル派に分裂しており、彼らは特定の政策課題に関してはまったく合意することなく、いわゆる「大国間の協調」を弱体化させた。フランスを加えた大国は、戦争になりそうな状況を望みどおりに抑制する、いくつかの基本的なルールに関してのみ合意した。領土獲得を目的とする戦争は禁じられ、同様に、他の大国領土もしくはその重要な勢力圏での革命の動きや民衆蜂起も弾圧されることになった。弱小国の権利は守られねばならず、すべての大国を巻き込むことがない限り、大国一国の承認がなければ、主要問題も取り上げられることはなかった。しかしながら、プロイセンを除くすべての大国は、一八一五年から一八四八年の間に、これらのルールを侵害こそしなかったが、挑発するような行動に出た。ヨーロッパにおいては、とくに国境地域において、挑発的な行動が見受けられた。

ウィーン体制の強みは、何よりフランス人の不満をほとんど生み出すことがなかったことである。ウィーン議定書は、敗北したフランス人に対して寛大だったがゆえに、フランス人に報復感情を植え付けることがなかった。ヨーロッパの安定という利害において、フランスは、第二次世界大戦後のドイツのように、速やかに復興の途に就いた。ウィーン体制の弱点は、ベルギー、ドイツ、イタリア、ポーランド、スペインのみならず、フランス革命とナポレオン戦争に影響を受けたその他の民族集団や宗教グループに属する人々の間で解き放たれたナショナリズムや、民主主義を求める感情を考慮しなかった点にある。住民たちは、革命と戦争によってもたらされた変革や政府間の領土移譲について意見を求められることなどなかった。誰がポーランドを支配するのかという問題や、ドイツにおけるオーストリアとプロイセンの間の権力の二重構造という問題は、その後、何年にもわたって未確定な状態のまま据え置かれた。またウィーンに集まった外交官は、オスマン帝国内に暮らす人々の将来についても配慮することはなかった。これらの人々を排除したことによって、次の四半世紀どころか半世紀にわたる深刻な紛争の種がまかれることになった。領土調整の多くが合意に達したにもかかわらず、ウィーン議定書は、いわゆる戦勝国に十分な報償を与えることもなければ、敗戦国に対して懲罰を与えることもなかった。結局、講和にいたったのは、戦勝国・敗戦国ともに、その後に続く四半世紀においても回復が困難なほど疲弊していたからであった。

ウィーン議定書によって実行された変革は短命に終わった。一八一五年一一月、同盟国は、フランス北東部ショーモンで結ばれた条約によって形成された四国同盟を更新し、ボナパルトがフランスで権力の座に就くことは二度と認めないという条項を付け加えた。これらの諸国はまた、体制を強化し、問題を選別するために、さらなる会議を開催することで合意した。ロシア皇帝アレキサンドル一世は、キリスト教的正義と友愛の原則を擁護することを誓う「神聖同盟」に署名するよう、すべての君主に要求し、結果、その後に国王ジョージ四世となるイギリス皇太子プリンス＝リーゼント、ローマ教皇、オスマン帝国のスルタンを除くすべての君主がこれに署名した。

その後の一五年間の一連の危機は、ウィーンで達成された合意の脆弱性を暴き、まさしく戦勝国という状態が束の間の、いかに無益なものかを証明した。ウィーン議定書の約定は、すぐさま挑戦を受け、大国は自ら強制行動をとる意思を示すことも、実行することもなかった。衝突が起こったのは、おもにスペイン、イタリア、トルコにおいてであり、一八三〇年にはフランス、ベルギーでも顕著となった。一八一八年一一月半ばにエクスラシャペルで開催された会議において、イギリス、オーストリア、プロイセン、ロシアは、一二月までにフランスから軍隊を撤退させることで合意した。一八二〇年一月、スペインでは、ブルボン家に対する軍隊の反乱が勃発したが、しかし同盟諸国が迅速な行動を起こすことはなかった。

ロシア、オーストリア、プロイセンという絶対君主国三カ国とイギリスによって監視されていたヨーロッパは、ナポレオン支配下からの改善を望むべくもなかった。オーストリアは疲弊し、ほとんど破産状態だった。プロイセン王フリードリヒ・ヴィルヘルム三世は指導力が欠如しており、ロシア皇帝アレキサンドル一世は自らの絶対権力とヨーロッパの絶対君主制度が少しでも損なわれることを恐れており、イギリスの保守的なトーリー党政府は国内問題に没頭していた。イギリス連合王国は、ナポレオンとの戦争に六億ポンドを費やしたにもかかわらず、ウィーン会議ではほとんど最小限の恩恵しか得なかったように見えた。イギリスは主要な植民地帝国になったが、ヨーロッパにおいて領土を獲得することはなかった。またイギリスは、海軍力とグローバルな覇権を保持して戦争を終わらせ、これによって他のヨーロッパの同盟国の反感を買ったものの、その後、四半世紀にわたって事実上強国として圧倒的な国力を有していた。

ウィーン議定書で締結された協定は、すぐに破綻し始めた。戦勝国が、ナポレオンを打倒したのちに復活させた旧体制は、フランス革命とナポレオンによって解き放たれた人々の民主主義への渇望に直面し、長続きすることはなかった。絶対君主によって統治され安定した、保守的なヨーロッパという夢は、二〇年のうちに破られることになった。会議システムの崩壊プロセスは、イギリス外相ジョージ・カニングの言葉に明示されている。カニングは、一八二二年に以下のように書き記している。「事態は再び、すべての国々にとって、また神の加護の下にある我が国にとって、道徳的に健全な状態へと回帰しようとしている(10)」。一八一二年から一八二七年に政権の座にあった第二代リヴァプール伯爵率いる政府は、イギリスにおける政治改革を断じて許さないよう決意していたが、しかし五年後の一八三二年には、第一回選挙法改正によって改革は実行された。

一八三〇年までにヨーロッパ大陸の革命勢力は、四国同盟と、これら大国が責任をもって維持しようとしていた条約体制を崩壊させた。絶対主義勢力によるナポレオンの打倒は、とりわけ東欧における民族集団の自決の希望を砕くことはなかった。オランダ立憲王国という緩衝国家も長続きはしなかった。一八三〇年、ベルギーは、オランダ支配から脱して独立した。ロシアは、主要大国として西欧諸国の仲間入りをし、一八一五年以降、ヨーロッパ外交においてつねに重要な役割を担うようになった。そして、ナポレオンの敗北から四半世紀以後においても、革命の衝動は収まることはなかった。一八四八年、ヨーロッパ全域で、より自由主義的なナショナリストの運動が高まりを見せた。ドイツ諸邦での連邦形成やイタリアの再分割は、イタリアにおいてはガリバルディやカブールの指導の下で、プロイセンにおいてはビスマルク主導で達成されることになった、一九世紀を通じて国家統一を目指す運動を導くことになったのである。

大国が、国内外において追求したことは何だったのか？　大国は、とりわけ安定を求めていた。実際に安定が意味するものとは、改良主義的な「自由主義者」やナショナリスト、たとえば、イタリアのジュゼッペ・マッツィーニやドイツのゲオルク・W・H・ヘーゲルならびにレオポルト・フォン・ランケといった人々の革命思想と闘うことであった。ウィーン議定書が締結されてから四半世紀後にヨーロッパを席捲したのは、保守勢力と自由主義勢力の闘争であった。自由主義は、王政と真っ向から対立する主張であり、自由主義者は自治と代議制政府を提唱した。また彼らは、より広い生産の分配と富の再配分、たとえば土地改革、政府組織の改革、税制改革を含む公的な政治経済力の強化を提唱した。彼らは、より多くの人々が土地所有者になることが可能な土地制度改革と法制度改革、そして個人の権利の保障こそが、特定の階級に属する人々と貴族政治に付随していた特権を打破する手段であると考えていた。自由主義者は、その目的を達成する手段としての革命には反対していた。ヨーロッパにおいては、彼ら自由主義者は基本的に共和主義者であり、反教会権力的な人々であった。

こうした自由主義思想は、すでに進展していた経済革命と連動していた。イギリスや西ヨーロッパ全域で加速した産業化の波がもたらした変化は、保守的な政治制度や経済体制を浸食した。王族と土地を所有する貴族の諸権力は制限されるようになった。製造業や商業利害をもつ中産階級が成長し、賃金労働者階級が登場したことによって、生産と富の分配が進展した。これらの自由主義的な思想に沿って、ナショナリズムが、イタリア、ドイツ、ポーランドで、さらにはオーストリア帝国やオスマン帝国で広がった。ナショナリストは、自由主義者よりもはるかに危険だった。彼らは、共通言語で結ばれた民族的団結を希求しており、現存の政治体制を転覆することなく自分たちの目的を達成することはできないという、固有の革命志向性が強かった。

こうした展開のすべては、ナポレオン戦争時にどちらの側にいたのかにかかわりなく、ヨーロッパの主要国家のすべてに影響を与え、不安を生み出していた。イギリスでは与党トーリー党が「伝統的なイギリス」の保全と、新たな植民地獲得と同時に海洋における優勢の維持を目指した。新たに獲得した植民地は、たしかに利益を生み出したものの、のちに犠牲の多い一連の戦争にイギリスを巻き込むことになった。

フランスでは、ルイ一八世が自らの王座とブルボン王朝の存続を望んでいた。ウィーン議定書によれば、フランスにおけるブルボン王朝の復古は、戦前の状態への復帰にほかならなかった。フランスはウィーン会議以降、実際には少なくとも一五年間は不安定なままであった。一八一四年のナポレオン退位後、フランスは無秩序に陥った。一〇年後の一八二四年九月一六日、数カ月間、病に臥せていたルイ一八世が後継者を得ることなく世を去った。ルイ一八世の弟で、当時六六歳であったシャルルが王位を継承した。九月二七日、シャルル一〇世として彼がパリに到着したとき、あらゆる階層の人々が拍手喝采で迎えたが、その人気は長くは続かなかった。国王は、フランス憲法を無視し、ローマ＝カトリック教会の特権を回復する法案を提出し、貴族階級にとって好ましい長子相続の復活を試みた。一八三〇年半ば、批判の高まりを抑えるため、シャルルは、言論統制を開始した。

これらの反動的政策に対する答えが、一八三〇年七月、パリで勃発した革命である。この七月革命は、王の退位を強い、自由主義的憲法を志向するものだった。シャルル一〇世はイギリスに亡命し、その従兄弟であるオルレアン家のルイ＝フィリップが、立憲君主として統治することに同意して即位した（王位に就いたのちの一八四八年、ルイ＝フィリップもまた王位を追われることになる）。この時期は、七月王政として知られている。七月革命は、一つの立憲君主制からまた別の立憲君主制への交代であり、また貴族の世襲の代わりに国民主権の原則が採用されることになった。即位から一カ月後の一八三〇年八月、オランダ立憲王国ではベルギー人の革命が勃発し、同年一二月、ベルギー王国の独立が宣言されたのである。

ハプスブルク王朝は、ヨーロッパにおける覇権の維持を求めた。一八〇六年にプロイセンがナポレオン軍に敗北したのち、ナポレオンはその軍隊をベルリンに駐留させた。ウィーン会議では、ナポレオンによって再編されたドイツは、オーストリアとプロイセンを含む三九の王国と領邦からなるドイツ連邦になることが承認された。プロイセンは、ドイツ・ナショナリズムの土壌となった。プロイセン人は、強力な統一国家創設を決意した。当然ながら、ザクセン、ヴュルテンブルク、バヴァリアの大公らはこうした展開に不満を感じていた。

ロシアのアレキサンドル一世は、若く、また感受性の強い人物であったが、急激な情勢の変化になすすべがなかった。しかし、彼はすぐさま反動に転じ、ポーランドと同様にフィンランドの支配を望み、さらにダニューブ地方やバルカン半島に対する野望を抱いていた。ウィーン会議は、アレキサンドル一世がフィンランドを領有することを認めたものの、ポーランドについてはその領域の三分の一の支配しか認めなかった。それ以外の三分の二の領土は、ザクセンが支配することになった。この取り決めは、ポーランド人がロシア支配に対する自由主義的な蜂起を起こすまでの一五年間維持された。ツァーリは反乱を鎮圧し、ロシア支配下にあったポーランド領を併合し、より厳しい統治体制を敷いたのである。

イタリアにおける取り決め、たとえばピエモンテ、ジェノヴァ、ナポリを王国として復活させ、オーストリア帝国がトスカーナ、ミラノ、ロンバルディア、ヴェネツィアを合わせて王国として統治するという体制も、一五年しか続かなかった。

ナポレオン戦争は、南北アメリカ大陸全域にも波及した。ラテンアメリカにおいては、植民地のポルトガル人やスペイン人が、北米のイギリス人と同様、宗主国との紐帯を断ち切ろうとし、一八二〇年代までに、三〇〇年続いたラテンアメリカにおけるヨーロッパ植民地支配は終わりを告げた（しかし、カナダといくつかの西インド諸島は、いまだヨーロッパの支配下にあった）。スペイン系ラテンアメリカ人の独立要求と、税収の喪失による国家破産に直面し、すでに精神的に不安定な状態だったスペイン王フェルナンド七世は、さらに何をしでかすかわからない状態になった。

スペインは、一八一二年に成立した憲法によって、もはや絶対王政ではなくなっていた。フェルナンドは現存する憲法に基づいて統治することを約束したが、カトリック教会の聖職者らに支持された保守派にそそのかされ、数週間後にはその約束を反故にし、一八一四年三月一〇日に、多くの自由主義指導者たちを逮捕した。フェルナンド七世は、スペイン議会が自身の不在中に、同意なく憲法を採択したと主張し、自らの行動を正当化した。また彼は、主権は国王である自身のみに属するとするブルボン王朝絶対主義を強調した。フェルナンドの横暴な統治は、一八二〇年に軍事クーデターを招き、彼は幽閉されることになった。ヨーロッパの他の独裁国家は、フェルナンド七世の抑圧的な諸政策によって妨害を受けたものの、このスペイン王を支援したのである。

フェルナンド七世の幽閉に懸念を抱いた君主国は、国際会議を招集した。一八二二年一〇月にオーストリア支配下にあったイタリアのヴェローナで会議が開催され、フランスがスペインの紛争を鎮圧し、フェルナンド七世を王座に復活させることが決定された。この計画に対して、イギリスが唯一反対を表明した。会議の結果、一八二三年四月、フランス軍がスペインに侵攻し、九月のトロカデロの戦いでカディスを陥落させた後、フランス軍がフェルナンドを解放した。国王は、かつて自らが発した革命勢力に対する恩赦の約束を反故にし、フランス軍駐留の間に、革命勢力に対して情け容赦ない報復措置を命じた。フェルナンド七世はその後数年間に、フランス軍があきれるほどの残虐さで、三万人を処刑、二万人を投獄したのである。

一八二二年のヴェローナ会議は、同盟諸国が手を焼いていたイタリア情勢に関しても協議する場となった。革命戦争の間、気弱で優柔不安な王であるフェルディナンド――フェルディナンド四世（彼はシチリア王国においてはフェルディナンド一世として統治していた）――の運命は動揺していた。彼は、三度退位させられ、二度復位していた。一八一六年から一八二〇年の間、彼は独裁者として君臨した。一八二〇年に抑圧的な統治に対して軍事反乱が起こると、オーストリアが介入し、イギリスは、このときには、オーストリアによる介入を是認した。一八二〇年一〇月二〇日、皇帝アレキサンドル一世、プロイセン王フランツ一世とメッテルニヒを含む、ロシア、プロイセン、オーストリアの代表団がナポリ情勢を検討するためにトロッパウ*で会議を開いた。イギリスとフランスの両国は代表を送らなかった。メッテルニヒは、「茶会における極秘の対話において」(11)、共同軍事行動は、より大きな革命の危険を抑圧するために不可欠であると確信した。それゆえ同盟国は、フェルディナンドの王位を復権させるために、オーストリア軍をナポリに派遣することを決定したのである。オーストリア軍はナポリに侵攻し、フェルディナンドは王座に返り咲いた。彼はすぐに議会を解散させ、改革派の人々に対する野蛮な迫害を開始した。オーストリア軍司令官がその蛮行に抗議したが、オーストリア軍の存在こそが迫害を可能にしていたのである。

そうしている間にも、オスマン帝国の支配に対する長期的かつ断続的な反乱状態にあったギリシアが、一八二一年三月、ついに本格的な独立戦争に突入した。ウィーン会議で生み出された七年にわたる「ヨーロッパの協調」は、大国が互いに反目しながらヨーロッパとアジアの両地域における利害のために行動したことによって試練の時期を迎えていた。「協調」は、中心的な参加国のイデオロギー的な展望の違いによって分裂状況に陥った。ヨーロッパの大国は、保守的な秩序を脅かす革命の勃発に対し、武力介入という威嚇手段を用いながら西欧と中欧における政治的な現状維持を追求したので

＊　チェコ北東部に位置するシュレジエンの主要都市。トロッパウはドイツ語で、チェコ語ではオパヴァと呼ばれる。

ある。

一八二〇年代以降、イギリスの政治家は、スペイン・ポルトガルによるラテンアメリカ支配に対して勃発した革命への干渉に反対したことに見られるように、反動的な政策を明らかに採用しなくなった。イギリスはまた、一八二一年のナポリ反乱へのオーストリアの武力行使や一八二三年のフランスによるスペイン干渉に公認を与えたヨーロッパの大国政治からは距離をおいていた。一八三〇年七月の革命によってフランスがより自由主義的な立憲君主制度を採用したことで、ヨーロッパ大陸の君主国の団結は揺らぐことになった。「ヨーロッパの協調」体制は、最終的に一八四八年に、ヨーロッパ全土で吹き荒れた革命的な蜂起によって致命的に弱体化し、ウィーン会議で定められた国境線の修正を求めて、一八一五年から四〇年までに起こった戦争は、すべての戦争と同じ道をたどった。つまり、戦争が新たな戦争を生み出したのである。第二章で論じるように、ヨーロッパの協調体制の最後の痕跡は、その参加諸国間の一連の戦争——クリミア戦争（一八五三〜一八五六年）、イタリア統一戦争（一八五九年）、普墺戦争（一八六六年）、普仏戦争（一八七〇〜一八七一年）——の間に消滅したのである。

前述したように、一八三〇年にフランスとベルギーで革命が勃発した。七月と一〇月に起こった革命に応え、アレキサンドル一世の弟であり一八二五年に王位を引き継いだニコライ一世は、一八一五年にウィーンで成立した神聖同盟の取り決めの下、ロシアの義務を遂行するため、ポーランド軍にパリとブリュッセルに侵攻するよう命じた。当時、ポーランドはロシア帝国に併合され統治されていたが、依然としてポーランド人は、フランスやベルギーにおける革命勢力に共感を抱いていた。革命の熱狂的支持者や煽動家に直面し、ロシア人、もしくは親ロシア的な将校たちがポーランド軍から逃亡したが、一部は処刑された。ポーランド軍は、一八三一年にポーランドにおいてロシアに対する本格的な反乱を導くことになる一連の行動を開始したのであった。

正式には、名目上自治権をもつ王国であったものの、ポーランドはロシアの支配下にあり、最初はアレキサンドル一世、次にニコライ一世というツァーリによって統治されていた。一八三一年一月二五日、ポーランド立憲議会は、ニコライ一世をポーランド王位から退位させると宣言した。ポーランドの大義は、西欧や中欧の人々の共鳴を高めたものの、イギリスをはじめとするヨーロッパ各国政府は、不審の目をもってポーランド反乱を傍観していた。

ポーランドの反乱は、短期間のうちに失敗に終わった。ロシアは、ベルギーとフランスでの革命を鎮圧する計画を放棄し、その代わりにポーランド反乱の鎮圧に全力を注いだ。ロシア軍は、兵力においてはるかにポーランド軍を凌駕しており、また経験豊かな将校に率いられていた。資金不足に見舞われたニコライ一世は、海外からの借款を通じて資金を集めるのにも成功していた。ポーランド軍は熱狂的であったが経験不足であった。反乱はリトアニアにも拡大したが、大土地所有者の多くがポーランド人であったベラルーシやウクライナ西部では、反乱の支持者は増えなかった。ロシア軍は、ポーランド人の精力的な抵抗やゲリラ戦術に対抗し、市民への残虐行為で応えた。一八三一年九月の終わりまでに、ワルシャワはロシア軍に掌握され、反乱は終結した。ベラルーシ、リトアニア、ウクライナでは、ポーランド人所有の土地の多くが接収され、脱ポーランド化政策が遂行された。ポーランドにおける経済的・社会的発展は立ち遅れ、ロシアとポーランドの関係は、この後、一五〇年にわたって問題を孕んだままとなった。

ポーランド反乱は、かつてのハプスブルク支配下のオランダで、一八三〇年に起こった一連の出来事によって促進されたのだった。ベルギー全地域で人口の六二パーセントを占め、ほとんどがフランス語を話すカトリック教徒は、オランダ君主にも、北部カルヴァン派との連邦に対しても極度の不満をつのらせていた。またそこには深刻な経済的対立も存在していた。一八三〇年八月後半、ブリュッセルにおいて両陣営が衝突し、分離派がブリュッセルを支配下においた。オランダ皇太子に率いられていたウィレム王の軍隊は、この中心都市を奪還できなかった。九月二六日、国民会議が招集されて憲法を制定し、地域政府が設置された。一八三〇年一二月二〇日、ロンドンで開催された国際会議は、オランダ立憲王国の解体を宣言し、一カ月後、ロンドンに集まった大国はベルギー独立を承認した。

ヨーロッパの主要大国は、オスマン帝国からの独立を求めるギリシアの立場に関して協議するため、ロンドンで会合を開いていた。ギリシア問題の検討中に、ベルギーで反乱が起こり、ベルギー独立が取り上げられることになったのである。ロンドン会議に集まった主要国は、一一月、オランダ人とベルギー人の双方に休戦を要求した。一八三一年二月七日にベルギー憲法が発布され、ベルギーのオランダからの分離独立が既成事実となった。その後、六月四日に、レオポルド・ザクセン＝コーブルク＝ゴータが、ベルギー王レオポルド一世として選ばれた。ザクセン＝コーブルク家のレオポルドは、才能があっただけではなく、イギリスとフランスの両国とも十分に関係を結ぶことが可能であり、彼は、七月二一日、正式にベルギー王として即位したのである。

オランダ立憲王国の解体は、ウィーン会議で決定された、神聖同盟が守る義務を負った政治秩序を侵害するものであった。ヨーロッパの主要大国は、ベルギーの必死の独立要求に対して意見を分裂させていた。ナポレオン戦争がヨーロッパ人にとってまだ記憶に新しく、同年すでに七月王政を選択したフランスがベルギー独立を支援したが、その他の国々は、当然ながらオランダ立憲王国の継続的な統合を支持した。ロシア、プロイセン、オーストリア、イギリスのすべてが独裁的なオランダ王を支

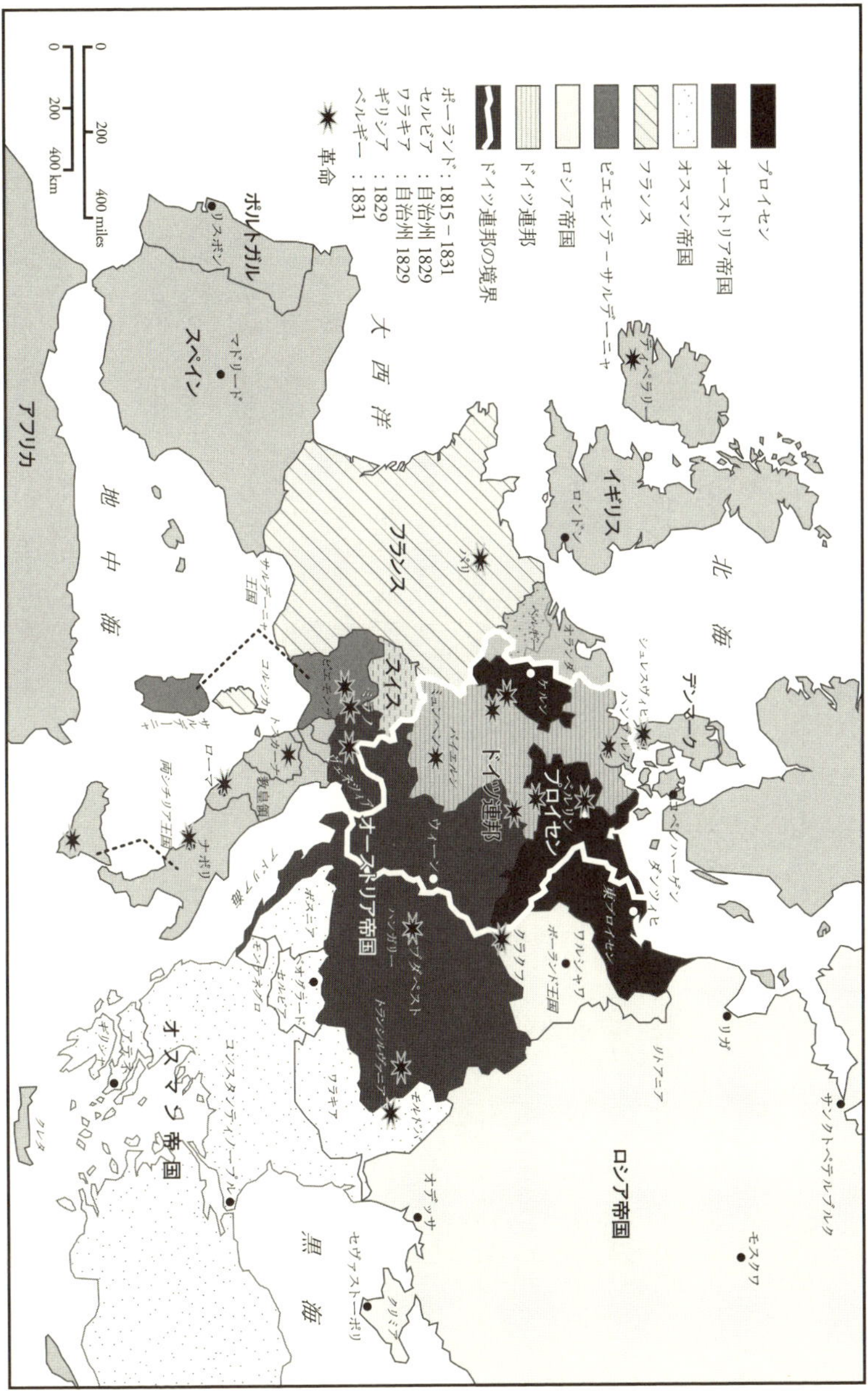

1848年のヨーロッパ

持し、多くはフランスによるベルギー併合の可能性を懸念していた。しかしニコライ一世は、ポーランドでの反乱勃発のためにベルギー問題にそれほど深く関与することができなかった。プロイセンは、いまだ戦争の負債を課されており、イギリスはオランダとベルギーの間の問題に関与することに関心を示さなかった。一八三一年八月、オランダ軍がベルギーに侵攻し、ベルギー軍をハッセルトとリューベン近郊で打ち破ったが、しかしオランダ軍はフランス軍によって撤退を強いられ、曖昧な条件の下、休戦に同意するよう強制されたのである。

オランダ王ウィレム一世は、ベルギー国家承認を拒否した。断続的な戦闘と交渉が、その後、七年にわたって続いた。領土を回復するというウィレムの計画は、さらに緊張を高め、一八三八年から一八三九年に新たにロンドン会議が招集された。一八三九年四月、ウィレムは、イギリス、オーストリア、フランス、プロイセン、ロシアからの圧力に屈した結果、ロンドン条約に調印し、不本意ながらベルギー王国の独立を承認することになったのである。イギリスはきわめて強硬に、フランスによるベルギー併合の可能性に反対した。一方、フランス軍の将校らは、ベルギー軍の組織を支援した。

ウィーン会議における取り決めがもろくも破棄される最終段階は、一八四八年にやってきた。甚大な人的被害と社会不安をもたらした経済不況、飢饉、伝染性のコレラの流行にヨーロッパ全域が見舞われ、カール・マルクスが『共産党宣言』を出版したその年、各地で革命運動が高まった。二月には、パリでルイ＝フィリップが王位を追われ、第二共和政が宣言された。ベルリンでは、プロイセン王が、ドイツ統一を計画してフランクフルトで開催された国民議会とその憲法の要求を一蹴した。ブダペストでは、マジャール人によるハンガリー独立宣言によってオーストリアの支配が揺らいでいた。学生や労働者がウィーン、ミラノ、ヴェネツィアで蜂起し、オーストリア支配からの独立を要求した。一八四八年の前半、スペイン、ベルギー、イタリア、ドイツ、オーストリア＝ハンガリーにおいては急進派が、イギリスにおいてはチャーチスト運動と青年アイルランド党による運動が、既存の状態への変革を要求したことによって、抑圧的で反動的な勢力は崩壊したのである。

一八四八年の革命の衝動は、本質的には一八一五年の取り決めに対する抗議であり、ウィーン体制を打倒する試みであったといえる。より広範な参政権の保障を求めることに加えて、この一連の運動は、本来的に支配的な帝国主義国によって分断されたナショナリストたちの手によるものだった。ナポレオンがほぼ四半世紀前に解き放った政治的・社会的改革を求める運動は、ヨーロッパ全域において、潰えることがなかったのである。厳しい経済不況をともなう急速な工業化と都市化は、労働者のさらなる政治的解放の要求を強めた。一八三〇年代までに、ウィーン会議の取り決めの破棄に向けた運動は進展した。ナポレオンを打倒した戦勝国も、もはや彼らが対処しえないような挑戦にさらされた。ナポレオンによる征服とメッテルニヒによる監督下で作り出された「ヨーロッパの協調」は、ヨーロッパ全域における自由主義的なナショナリストによる革命勃発の抑制を目指すものであったが、一八四八年の一連の事件は、その試みの失敗を示すものだった。

歴史家デヴィッド・トムソンによれば、一八四八年の革命は、フランスにおいては「一七八九年の革命を自ら意識的に再現するもの」であり、その他の地域においては「ナショナリズムと民主主義の理想主義の復活」として、ヨーロッパにおけるフランスの指導力の回復を意味するものだった。そしてまたイタリアとドイツの革命は、ウィーン会議で復活した王朝と領土、さらにはハプスブルクの覇権に対する直接的な攻撃であり、イタリアとドイツの各地における絶対主義的で保守的な政府の転覆を目指すものであった(12)。

一七九二年から一八一五年における戦争の勝利は、非常に高くついた。戦闘による死者の数は、およそ二五〇万人から三五〇万人と見られており、そのうち一〇〇万人は戦勝国側の犠牲者であった。民間人の死傷数も、全体で七五万人から三〇〇万人であったとされている。この期間における軍民あわせた戦死者は、当時において約一億七五〇〇万人のヨーロッパの総人口のうちの三二五万人から六五〇万人という概算である。ナポレオン戦争に勝利してから四半世紀後、戦勝国に、その軍事的勝利の痕跡を示すものはほとんどなかった。君主や大公らの立場は不安定になり、そのうち一部の者は退位を余儀なくされ、その他の人々の運命も風前の灯となった。特権の享受は制限された。大衆の不満と革命がヨーロッパ中に広がり、国境は修正されるか、脅威にさらされた。戦勝国は、おそらく唯一の例外であるイギリスを除いて、政治的安定と経済復興の観点からすれば敗北となんら異なる状況ではなかった。すべての戦勝国にとって、事態は悪化の一途をたどっただけだった。

第二章　クリミア戦争とその結果　1846―1881

「以来、ヨーロッパには敵対的な二つの国家が存在している。
一方は勝利したゆえに、そして他方は踏みにじられたゆえに敵対的なのだ」
一八七〇年の普仏戦争に対するヴィクトル・ユゴーの言葉(1)

はじめに

今日、クリミア戦争について語る人は多くはない。クリミア戦争は、重大な結果をほとんど残さなかった戦争とみなされているため、ほとんどの場合、見過ごされてきた。しかしこれは一つの重大な誤りである。我々はクリミア戦争を軽視する。なぜなら、この戦争の勝者は名目上ロシアに対する連合軍であったが、人的犠牲は甚大であったにもかかわらず、勝利の報酬は長くはもたなかったからであり、またイギリスが戦闘においても講和条件を決定する上でも主要な役割を演じることがなかったからだ。イギリス国民に関していえば、クリミア戦争以上に人気のあった戦争はほとんどなく、結果に関してこれほどまでに幅広く批判された戦争もなかった。しかし、二一世紀の世界において、ほとんど同じ目的をもつ二つの戦争――一つは中央アジアのアフガニスタン戦争、もう一つは有志連合が戦闘に従事したイラク戦争――に直面した我々は、クリミア半島で局地的に戦われた、一九世紀半ばのこの戦争の事例からより多くを学ぶべきである。

一八一五年にウィーン会議で構築された体制は、最終的にクリミア戦争の勃発によって明らかに無効になった。ウィーン会議に列席した政治家たちは、「東方問題」として知られるようになる事態の収拾に失敗したのである。東方問題は、オスマン帝国（またはトルコ）の不安定さと脆弱性を中心として論じられた。一八二〇年代から一八三〇年代、オスマン帝国において多くの民族集団は独立への関心を高め、ロシア帝国は、南東ヨーロッパに権力を行使するためにこの状況を利用した。こうした事態は、フランスとイギリスの相当な関心を引き付けることになり、両国ともに中東における利害が脅かされると考えるようになった。

一八五三年、どの国家がパレスチナに位置する聖地エルサレムの守護者になるのかをめぐる危機がすぐさま全面戦争へとエスカレートし、英仏両国はオスマン帝国を支援して、ロシアと戦った。これこそが、主要な戦線の一つを形成した半島の地名に由来し、クリミア戦争と呼ばれるようになった戦いである。戦時中、オーストリアは中立政策をとることによって、伝統的同盟国だったロシアに敵対した。戦後にオーストリアは、ロシアによる将来の侵略の可能性から自国を防衛するため、クリミア戦争に参戦しなかったプロイセンに救いを求めた。それゆえウィーン条約によって創出されたオーストリア、プロイセン、ロシアという保守反動の神聖同盟は崩れ去ることになった。バルカン半島の動揺は続いた。この状況は、南東ヨーロッパにおけるナショナリストの運動を焚き付けることになった。クリミア戦争から一五年のうちに、イタリアとドイツにおいて新たな「国民国家」が創出され、一方、ルーマニアは一八五九年以後、ドナウ川流域の公国が単一の支配者を選出して以降、独立国と理解されるようになった。このような事態は、ナポレオンと戦い、ウィーン条約の実現を期待した人々の望むものでは決してなかった。

勝利した側の英仏連合国は、トルコとサルデーニャをともなって、二つの主要な目的をもってクリミア戦争を戦った。一つは、好戦的なロシアからオスマン帝国を防衛すること、そしてもう一つは、ロシア帝国の膨張を封じ込めることであった。しかし、戦場で勝利したにもかかわらず、戦勝国は、目的の達成に失敗した。たしかに、短期的にはロシアによってオスマン帝国は崩壊させられることはなかった。しかし講和会議で戦勝国が目的としたのは、統一し、独立した、寛容で、進歩的で、西欧に加わることが可能な立憲国であるトルコの誕生であった。謝意を示したトルコ政府は、腐敗や血なまぐさい弾圧政策を放棄するかもしれなかった。しかしオスマン帝国内部ではなんら変化することはなく、分裂に向かっている状態であった。いくつかの改革が施行されたものの、実現したものはほとんどなかった。戦争の報酬は、幻想でしかなかったのである。

四半世紀後、オスマン帝国は、帝国が時代遅れの産物であると証明する最後の一撃を待つのみの、過去の栄光を誇る骨組みにすぎなくなっていた。試みられた諸改革こそが、事態をいっそう悪化させたのである！　旧来のオスマン帝国は、インドのムガール帝国がそうであったように、一九世紀のヨーロッパのどの地域と比較しても、宗教的にも多様な民族に対してもはるかに寛容であった。しかし、帝国を改革しようという改良主義者らは、ヨーロッパの「国民国家」の路線に沿って、宗教やエスニシティを超越する単一のオスマン国民を創出しようとした。この政策こそが、とりわけバルカン地方に見られたように、各地に暮らす民族集団のアイデンティティと激しく衝突することになり、各民族集団のナショナリズムの意識を高めたのである。また、クリミア戦争での屈辱に満ちた軍事的敗北から二〇年も経たないうちに、ロシアは再び膨張政策をとり始めたのだった。

一八一五年の王政復古とウィーン会議を通じてナポレオンに征服された領土の回復が図られたものの、それが一八三〇年代から一八四〇年代までしか維持されなかったことを我々はすでに見てきた。フランスやその他の大陸ヨーロッパは、戦争の縛りから解放された一八一五年から二〇〜三〇年のうちに、その人口の多くが農村地帯に残存していたにもかかわらず、人口増加と工業化において目を見張る成長を経験した。急増した下層中産階級の産業労働者は、かつてより政治に積極的に参加するようになったが、一方で独裁的な貴族政治が民主主義的な改革者の要求を徹底的に妨害したため、一八四八年、ヨーロッパ全土を飲み込む政治的・社会的反乱が起こった。力で抑えつけようとしていた戦勝国の政治家の理想を打ち砕く勢力が、各国国内で登場した。またヨーロッパ諸国間の競合関係は、ウィーンにおける調停後も存在していた。我々がこれまで見てきたように、ウィーン会議後、長期にわたり権力の座に残った者はほとんどなく、政治不信と経済不安が西欧・中欧地域を特徴づけることになった。さらに、ヨーロッパにおける同盟の再構築と国境線の変更は、勝者と敗者を区別することを不可能にしたのである。

クリミア戦争の起源は、部分的には、一八四八年以後のフランスにおける事態の進展にある。一八四八年パリで勃発した二月革命によって国王ルイ＝フィリップが退位して亡命したのち、短命ながらフランス第二共和政が生まれた。一八四八年一二月、国内の政争の結果、フランス議会は亡命先のイギリスから帰国していたナポレオン一世の甥にあたるルイ＝ナポレオン・ボナパルトを大統領として選出した。三年後の一八五一年一二月二日、ナポレオン一世の戴冠から四八周年目、ルイ＝ナポレオンは国民議会を解散させ、自由主義的な都市中産階級の共和国支持者らを裏切り、自らを「ナポレオン三世」と称して皇帝に即位、第二共和政を葬り去ることによって実質上の独裁体制を敷いた。彼は、独裁者にしては寛容なところがあった。権威帝政期の弾圧ののち、ナポレオン三世は、表面的には議会政府の復活を促した（自由帝政）。

A・J・グラントとハロルド・テンパレーが記しているように、ボルドーでの即位演説において、ルイ＝ナポレオンは、フランス帝国膨張のために他のヨーロッパ諸国を攻撃することはないと各国政府に確約し、「帝国は平和と同義語であることを忘れてはならない」と断言した[2]。しかし同時に、フランスの権力と栄光を拡張するため強力な外交政策を追求すると決意を固め、フランスはどの国とも同盟を組むことはなく、また他のヨーロッパの大国がフランスの国益と名声を傷つけることは許さないと警告も発した。

実際に、ナポレオン三世治下のフランス外交は、栄誉を追求し、ヨーロッパ大陸で構築されていた勢力均衡を打破する政策に導かれていた。フランスにとって何の物質的利害もないようなときでさえ、ナポレオン三世は、小さな公国を廃して統一した国民国家を創設し、ヨーロッパの地図を統一した国民国家として描き直す「諸国民政策」を提唱した。一八五四年、ナポレオン三世は、名誉を渇望し、フランスのカトリック教会や聖職者からの後援とともに、トルコを支援してロシアに宣戦布告した。もちろん、ロシアは会議システムの要諦であった。またロシアは、ナポレオン戦争を通じてヨーロッパ随一の陸軍大国となっていた。ロシアの軍事力と政治的安定性――ロシアでは一八四八年の革命は起こらなかった！――は、一八四八年における大衆革命運動という潜在的な破壊勢力を封じ込めるために、プロイセン、とりわけオーストリア支援を可能にしていた。それゆえ、「会議システム」の敵であるナポレオン三世が、ロシアとの戦争を通じてこの体制を傷つける計画に着手したことは想像に難くない。ナポレオン三世は、ポーランドの独立運動を積極的に支持し、またナポリとサルデーニャによるイタリア統一の試みに、自ら関与するようになったのである。当然ながら、ハプスブルク帝国がイタリア統一に反対していたため、再び一八五九年にフランスとオーストリアの間で戦争が勃発することになった。

そうしている間にも、一八五四年から一八五六年のクリミア半島では、支配者たちの個人的なプライドと、南東部ヨーロッパに対する領土的野望をめぐり一つの主要な国際戦争が勃発した。この戦争遂行のための同盟諸国の布陣は、ナポレオン戦争とは異なるものとなった。ナポレオン戦争でフランスは、ロシアとイギリスの連合軍と対決したが、クリミア戦争では何世紀にもわたる仇敵であるイギリスと手を結び、ロシアと戦った。フランスに対するロシアの正式な同盟国であったオーストリアは、事実上、ロシアへの敵対行動を意味する中立を維持した。イギリスとフランスは、一八一五年から一八五〇年の間に和解し、またイギリス、フランス、オーストリアの支配層は、自分たちの領土的野望、とりわけ中東をめぐる利害を脅かすものとして、ロシアの領土膨張政策に不信感を抱いていた。

イギリスは、ロシアの中央アジアへの膨張が最も重要な植民地インドへ脅威を与えるとみなしていた。一八一五年から一八六〇年までに、スエズ運河を経由する地中海＝紅海＝インドを結ぶ航路が、従来の喜望峰迂回航路に取って代わりつつあった。ロシアによるオスマン帝国領土南西部への膨張は、イギリスにとってインドやその他のアジア植民地との海上航路に対するロシアの脅威を意味した。また同時に、現在ウズベキスタンやタジキスタンとして知られているオスマン帝国の中央アジア管轄区へのロシアの膨張は、インドを直接脅かすものであった。

クリミア戦争を勃発させた偶発的事件は、パレスチナにかかわるものだった。一九世紀、パレスチナは、ムスリムのスルタンによって支配された、コンスタンティノープルを首都とする広大なオスマン帝国の一部であった。一九世紀のオスマン帝国の歴史は、バルカン半島の公国、ペロポネソス半島、東地中海、北アフリカを巻き込み、計り知れないほど複雑な、陰謀に満ちたヨーロッパ列強との一連の戦争の連続であった。一九世紀、パレスチナに暮らしていた人々のうち、キリスト教徒は少数派であり、住民の大多数が正教徒（圧倒的多数がギリシア正教徒）であったが、その中のいくつかの集団は、ローマ＝カトリック教会の司法管轄下にあった。それゆえ、パレスチナにおけるキリスト教の聖地をめぐって二つの集団、とくにエルサレムの聖墳墓教会とベツレヘムの聖誕教会の間に競合関係が存在していた。パレスチナに近く、また最大の正教徒人口を抱えるロシアは、一八世紀から一九世紀にかけて、一連の戦争と条約を通じ、ロシア皇帝がパレスチナのキリスト教徒の擁護者であることをスルタンに認めさせてきた。実際、オスマン政府は、同様の権利を、フランスやイギリスを含む他のヨーロッパ諸国にも与えていたが、ロシアは、ヨーロッパ東部、南東部において支配的権力の確立を望んでいた。

ロシアは、皇帝ニコライ一世が一八四四年に「瀕死の病人」と呼んだ、弱体化し、動揺していたオスマン帝国に対し、ウンキャル＝スケレッシ条約を通じて単独の保護国としての地位を占めようと動いた。露土戦争（一八二八〜一八二九年）の後の一八三三年に締結されたこの条約は、トルコに対するロシアの支援を保障し、エジプト反乱を鎮圧することを意味した。トルコ軍は、ムハンマド・アリ率いるエジプト軍のシリア・アナトリア侵攻の封じ込めに失敗していた。この条約はまた、オーストリア政府、イギリス政府、フランス政府の警戒心を強めさせた。ロシアが南方に膨張し、黒海のみならず、バルカン地域とアジアを結ぶきわめて重要な戦略拠点コンスタンティノープルさえ掌握する可能性があるということが関連各国の関心を引き付けていた。

ダーダネルス・ボスフォラス海峡に位置するコンスタンティノープルは、エーゲ海からマルマラ海へ、さらには黒海へといたる航路を支配していたため、一九世紀の、いわゆる「東方問題」の軍事的・外交的焦点となっていた。ウンキャル＝スケレッシ条約はまた、黒海、エーゲ海、地中海において、ダーダネルス・ボスフォラス海峡を通過するトルコ海軍以外の外国戦艦を、ロシアが監督する権利を与えるものでもあった。この海峡はいずれもトルコ領土であったが、しかしロシアが黒海北岸の支配権を獲得したとき、ロシア海軍の戦艦は自由通行権を得ることになったのである。一八四一年のロンドン海峡会議の際、ロシアの保護は、ヨーロッパによる広範な保護体制に転換された。このロンドン海峡会議で、イギリス、フランス、プロイセン、オーストリア、ロシア、トルコの各政府は、戦時におけるスルタンの同盟諸国の戦艦を除き、ダーダネルス・ボスフォラス海峡を「いかなる弁解の下でも」封鎖することで合意に達した。この会議は、ロシアを犠牲にしてイギリス海軍力に利益をもたらしたのであった。

一八五〇年代におけるカトリック教徒と正教徒の争いは、ロシア皇帝に、オスマン帝国内政に介入することによって、ロシアが支配権を再び確立する口実を与えることになった(3)。ロシアは、すでにセルビアとギリシアの解放運動を奨励して保護してきたが、他方フランスは、自国が中東における指導的なヨーロッパ列強となる野望を抱いていた。フランスの影響力拡大を目指し、ナポレオン三世は、一八五二年には早くも、フランスこそがパレスチナのキリスト教徒保護の「権限をもつ国家」であると、オスマン帝国に認めさせようとしていた。独裁的で頑固なニコライ一世は、南進を想定してドナウ川南東沿岸に派遣軍を送り、強い反対の意を表明した。目的達成のために軍事的手段を用いるにあたって、ロシア皇帝は、ロシアは自国が必要とする支援やロシアに好意をもつ人々を攻撃対象とすることはなく、ヨーロッパ諸国の敵意と抵抗には対峙するという決意を示した。一八三九年に王位に就いたトルコの第三一代スルタンであるアブデュルメジト一世は、ロシアの脅威に屈し、フランスに与えていた最恵国待遇を撤回した。フランスは、この転向に対し、戦艦シャルルマーニュの黒海派遣で応えた。シャルルマーニュは、かなり老朽化したダーダネルス海峡のトルコ海軍要塞では対応することが不可能な、フランス海軍の最新鋭の装甲戦艦の一つであり、またこの問題にフランスが介入することをトルコが歓迎したので、この要塞からの攻撃はなかった。

フランスの行動は、一八四一年のロンドン海峡会議に対する違反であったが、軍事力の顕示に促され、また資金援助の約束によって鼓舞されたスルタンは、その方針を再び撤回し、フランスとカトリック教会の最高権威に対し、かつてギリシア正教が管理していた聖地エルサレムの聖地管理権を与えた。イギリス政府も、ロシアの南進を注意深く見つめていた。一八四六年に三度目の外務大臣任命を受けていた第三代パーマストン子爵ヘンリー・ジョン・テンプルは、ロシアの勢力がエジプトのみならずインドへの道をも脅かすと考えていた。パーマストンとイギリスの報道機関は、イギリス世論の戦争熱をかき立てた。ロシアは、英仏両国の干渉を回避するための外交攻勢に失敗し、またトルコに蒸気戦艦ゴルモフニクを送り、パレスチナにおけるキリスト教徒を保護する権利をロシアに与える新しい条約に合意するようトルコに圧力をかけようとした。

一八五二年にイギリス首相に選出されたジョージ・ハミルトン・ゴードンは、外相ソールズベリーに促され、一八五三年六月、フランス海軍に合流するためにダーダネルスに戦艦を派遣した。ゴードンは、一八一五年のパリ会議に出席していた人物であり、ソールズベリーよりもはるかに注意深い性格であったが、彼は強硬姿勢に出よとの内閣からの圧力にさらされていた。英仏海軍の派遣とその外交に支えられ、スルタンはロシアの要求を拒絶した。ロシアは、この返答に対し、ドナウ川北部のモルダヴィアとワラキアの正教徒を保護するという口実で、一八五三年七月に二つのオスマン帝国管轄地を占領した。オスマン帝国は、二三〇万人の地域住民を監督していたが、軍隊を駐屯させてはいなかった。さらに危機を拡大させるかのように、ウィーンでの交渉は、まとまらないままだった。

戦争の勃発は、もはや時間の問題だった。フランスとロシアの対立における本質的な問題は、もちろん単純に宗教的なものではなかった。フランスは、三〇年以上にわたってフランスを牽制してきたロシアとオーストリア帝国の大陸同盟の破壊を目指しており、英仏の金融・商業的利害は、ロシアにおける競争相手の成長を妨げることを要求していた。英仏露の分裂した戦略的利害が、もう一つの役割を担っていた。ロシアは、ダーダネルス・ボスフォラス海峡を経由して地中海東岸へのアクセスを要求していたが、しかしイギリスとフランスは、こうしたロシアの野心を拒絶した。

ロシアが軍の撤退を拒絶した結果、一八五三年一〇月二三日にスルタンはロシアに宣戦布告、九万人の兵力をドナウ川に、七万五〇〇〇の兵力をコーカサスに派遣した。英仏連合艦隊は、まさしくそのとき、ダーダネルス海峡を通過して、マルマラ海へと入っていた。一一月三〇日、ロシアはトルコ北部のスィノプでトルコの小艦隊を撃破して戦闘状態に入った。一八五四年一月初めに英仏連合艦隊が黒海に到着し、三月二八日、英仏両国はロシアに対し宣戦布告した。ニコライ一世は、一八四八年にハンガリー反乱に際してオーストリアを支援したので、オーストリアがロシアを支持するだろうと期待していた。しかしながら、オーストリア政府は、ロシア軍の接近に対し、中立を維持できないだろうと警告を発した。オーストリアは、神聖同盟によってロシアと結んでいたが、しかしロシアがドナウ川の自由な航行を妨害する可能性に懸念を抱いていた。一八四八年に王位に就いたオーストリア皇帝フランツ＝ヨーゼフは、しばらくどっちつかずの状態を保っていたが、一八五四年六月にトルコ、フランス、イギリス側に協力することを決定し、ロシアとの戦争の可能性を指摘しながら、ロシア軍の撤退を求めたのである。

そのような敵対的姿勢に直面したニコライ一世はロシア軍を撤退させ、八月初めにロシア軍に代わってオーストリア軍が進駐し、一八五七年まで駐留することになった。ロシア軍が撤退してもなお、英仏両国は軍事作戦を継続した。英仏両国は、黒海や東地中海に対するロシアの野望を打ち砕くことができるという誤った考えに導かれ、ロシアには到底受け入れがたい、さらなる要求を突き付けた。一八四一年のロンドン海峡条約が修正された結果、ロシアはドナウ川の保護権を放棄しなければならず、すべての国がドナウ川に接近することが可能になったこと、さらにロシアはオスマン帝国領内の正教徒を保護する権利を撤回しなければならないと英仏両国は主張した。ロシアがその要求を撥ねつけたとき、全面戦争の火ぶたが切って落とされたのである。

クリミア戦争は、クリミア半島、黒海、バルト海を舞台にした戦いであった。ロシアは、ヨーロッパ最大規模の陸軍兵力を有していたものの、勝利することはできなかった。クリミア戦争は、二世紀にわたって敵対してきたフランスとイギリスが初めて協力した戦争であった。この戦争は凄惨で、また双方に甚大な犠牲をもたらした。一年にわたる戦闘の後の一八五五年九月、連合国はロシア海軍黒海艦隊の母港であるセヴァストーポリを占領したが、しかしドン川河口でアゾフ海に注ぐ要衝タガンログの掌握にはいたらなかった。イギリス海軍は、ロシア首都サンクトペテルブルクに近いバルト海で作戦を実行し、ロシア側の軍事補給を妨害し、超過輸入に頼っていたロシア経済に打撃を与えるため海上貿易を封鎖した。ヘルシンキ近郊のシーボーグにある、強固に防衛されたロシア海軍造船所を破壊しようとした連合国は、二万五〇〇〇発もの砲弾を浴びせたにもかかわらず、頑強なロシア軍の要塞を陥落させることに失敗した。イギリス海軍艦隊は、白海沿岸のコラ半島とソロフキの村々に砲撃を加え、無防備な村人の住居や土地を攻撃し、ソロヴェツキー修道院*を砲撃して、イギリス国内外から批判を受けた。英仏連合艦隊からの攻撃に対し、ロシア艦隊はある程度もちこたえて防衛に成功したが、それは新たに導入された蒸気機関の活用によるものだった。一八五六年二月二七日に休戦協定が結ばれ、パリでの一カ月にわたる協議ののち、戦争終結を決定したパリ条約が同年三月三〇日に締結された。

ニコライ一世は、ロシアと比べて小規模で、十分に展開したとはいえない英仏の兵力に対し、クリミア半島で敗北した屈辱ゆえに絶望し、死期を早めた。英仏連合国の司令官がロシア軍司令官よりも有能であったかどうかについては議論の余地がある。たしかに、一八五五年九月八日にセヴァストーポリを最後に攻撃したフランスの司令官——パトリス・M・ド・マクマホン——は、非常に優れた指導者だった。しかしロシア敗北のおもな要因は、一八一二年当時の兵器で装備していた軍の技術的な遅れにあった。英仏軍の兵士は、新しく開発された命中精度の高いミニエ・ライフルを装備しており、また野戦砲の性能も高かった（これらの兵器は、南北戦争において北軍・南軍の双方に採用され、アメリカ史上最大の戦死者をもたらすことになった）。ロシア側の連絡手段の不備も、戦争への努力を損なった。鉄道がなかったため、ロシア軍の補充部隊は、行軍によって戦線まで長距離を移動しなければならず、一八五四年から一八五五年の冬、凍傷による犠牲者はかなりの数にのぼった。英仏艦隊の技術的優位もまた、海上からの補給を容易にしたため、ロシア打倒に大きく貢献したのである。

一八五六年のパリ条約

一八五六年、ニコライ一世の息子でその後継者アレキサンドル二世の下で、講和交渉が始まった。数週間の交渉を経た一八五六年三月三〇日、パリで講和条約が締結され、クリミア戦争は終結した。英仏両国は、ロシアに課すべき条件について合意にいたることはなかった。イギリスは、ロシア海軍とその前哨基地の解体を求めたが、フランスはその目的のために戦い続ける準備はなかったので、イギリスは、ロシアの黒海艦隊基地の建設を禁じることのみで合意した。もし英仏連合国の意図が、ロシア皇帝の攻撃的な目的を抑制することであったならば、交戦国双方の死傷者という犠牲を考慮するとき、戦争だけがこの目的を達成する手段であったと納得することは難しい。連合国は、総数一〇〇万人近い兵士（フランス四〇万人、イギリス二五万人、トルコ三〇万人、ピエモンテ二万人）を動員し、ロシアは七〇万人の兵士を派遣した。双方の犠牲者の割合はきわめて多かった。ロシア側は約一五万人、連合国側は三七万五〇〇〇人の兵士が死亡したという報告がある。その犠牲の多くは、感染症と凍死によるものだった。さらに、数えきれない男女や子どもの民間人が、負傷して障害を負い、感染症によって衰弱した。このことからも、戦争以外の選択肢が存在しなかったとみなすのは困難である。

一八五六年三月のパリ議定書によって、また新しい世界秩序が規定された。ロシア皇帝とオスマン帝国スルタンは、黒海沿岸にいかなる軍隊の兵器廠も設けないことで合意し、ロシアは黒海艦隊の駐留を禁止された。ロシアはまた、オスマン帝国におけるキリスト教正教徒を保護する特権的地位を失

＊　ロシア北西部の白海に浮かぶソロヴェツキー島に、一五世紀初めに建設されたロシア正教の修道院。城塞を備え、クリミア戦争ではイギリス海軍を退けた。ソ連時代には収容所として機能した。

い、戦争に従事したすべての国々はオスマン帝国の独立と領土保全を遵守することで合意した。ロシアは南部ベッサラビアをモルダヴィアに返還したが、ドナウ川の自由な航行は保障されることになった。モルドヴァ、ワラキア、セルビアは、オスマン帝国の支配下に戻され、ヨーロッパ五カ国同盟の都合に合わせ、ロシアはこれら三つの管区の保護を放棄するよう求められた。

フランスは、オーストリアとハンガリーが外交的にどっちつかずのままであった状態を観察しながら、ロシアの領土膨張を抑制したこの条約を称賛した。ロシアは確かに不満を抱いていたが、フランスとの親交を回復する可能性を歓迎し、またオーストリアが孤立したことに満足していた。クリミア戦争がヨーロッパを巻き込む全面戦争になることを回避し、ロシアに戦争を終わらせるよう譲歩を求めるなどの役割を果たしたにもかかわらず、ハプスブルク皇帝フランツ＝ヨーゼフは外交的に孤立していた。ロシアとの友好関係は崩壊し、オーストリアはルーマニア公国からの軍の撤退を要求された。イギリスは、フランスが独立を志向するサルデーニャを支持したために勃発した一八五九年のオーストリアとフランスが戦ったイタリア統一戦争で、フランツ＝ヨーゼフを支援しそこなった。サルデーニャは、クリミア戦争に参加し、オーストリアとの絆を断ち切ることによって、一八六一年にイタリア統一を果たしたのである。一八六六年の普墺戦争でプロイセンに敗北したのち、新しく統一されたドイツ皇帝ヴィルヘルムが統治するドイツ帝国へのオーストリアの影響力は、はるかに限定された。ハプスブルク帝国はまた、セルビア統治に懸念を抱いており、その支配体制が継続するという期待はかなわなかった。セルビアの将来も未確定のままであった。

イギリスは、自国の立場からクリミア戦争の結果に失望しつつも、パリ条約の結果とイギリスが支払った代価に納得していた。鋭い観察者であり、クリミア戦争に強く反対していた随筆作家チャール

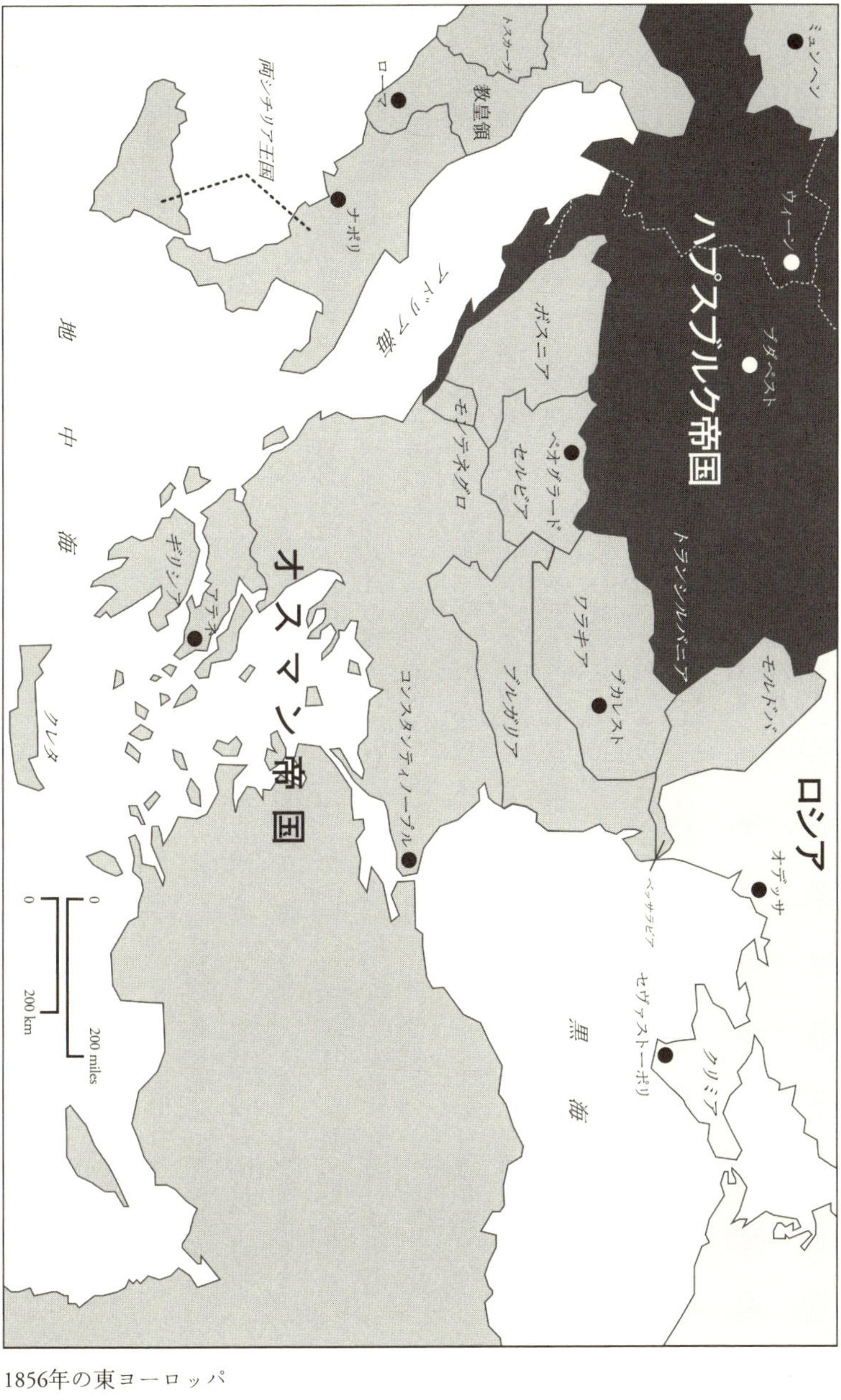

1856年の東ヨーロッパ

ズ・キャベンディッシュ・グレンヴィルは記している。「この戦争は、幻惑と過ちに基づいて行われ、派閥的で無知な熱狂によって遂行され、イギリス人の流血と富という代価を払って得たものは、落胆と絶望にほかならなかった」[4]。クリミア戦争は、イギリスにとって非常に不都合な状況を生み出していた。それは、ロシアとフランスの間の合意であり、イギリスの国益にそぐわない仏露同盟だった。その後、イギリスがプロイセンやオーストリアの侵略からデンマークを防衛するための同盟関係を組織しようと試みた際、フランスとロシアはともに丁重にその申し出を断った。ウィーン会議後、戦争に加担しなかった限りでは、ヴィクトリア女王の治下(一八三七~一九〇一年)、イギリス軍が世界のいずれかの地域で、さまざまな勢力と戦争を行わなかった年はなかった。ロシアは、敗戦に落胆することなく軍事力を再編し、直接的にイギリスの利害に挑戦するかのように、コーカサス地方、中央アジア、極東への領土的膨張を目指した。

イギリスがクリミア戦争に参加した結果、一八五七年にインドにおけるシパーヒーの反乱が起こったと論じる研究者もいる。イギリスは、インドに駐留している東インド会社の部隊や正規軍をクリミアに移動させていた。反乱が起こった際、クリミア戦争派遣軍のほとんどがインドに帰還せず、インド駐留軍約一五万人のうちヨーロッパからの派遣兵力は二万五〇〇〇人以下にすぎなかった。セヴァストーポリやタガンログにおけるイギリス側の作戦の失敗という噂は、イギリス勢力を駆逐できると考えた反乱勢力を活気づけた。もちろん反乱そのものはいくつもの要因によって導かれたものであるが、その中でも重要なのは、宗教的・民族的な憤懣だったといえる。その結果、シパーヒー部隊がイギリス将校への服従を拒否し、インド北部は何カ月もの間、イギリス支配から脱した。四万人のヨーロッパからの追加兵力が、インドにおけるイギリスの法と秩序の回復のために投入された。この後、東インド会社の軍隊は解散させられ、インドはヨーロッパとインド人部隊からなる二〇万人のイギリス正規軍によって支配される直轄植民地となったのである。[5]

四半世紀後

クリミア戦争から四半世紀後、この戦勝によってもたらされた恩恵を見出すことはきわめて難しい。一八五六年のパリ条約は、いくつもの顕著な変化を生み出したが、しかし、そのどれもが、戦勝国によって意図されたものでも、終戦後に締結された条約の結果でもなかった。パリ条約の取り決めは、二〇年ももたなかった。領土に関しては、どの国も条約に縛られることはなく、条約自体がいずれの政府に対しても、取り決め履行を強制する手段を与えなかった。一八一五年にロシア、オーストリア、プロイセンの間で形成された神聖同盟は、事実上、解体した。「ヨーロッパの協調」または「勢力均衡」を通じて平和を維持するという考えが、何の根拠もなく提示されたにすぎなかった。その代わりに勢力均衡は、最強の国家が同盟を形成する機会を掌握し、力によって自国の利益を追求するという不安定さや不確実性をもたらすことになったのである。

アレキサンドル二世は、速やかに新しいロシア建設に取りかかった。[6]クリミア戦争は、結果的にロシアこそが改革と解放を必要としていると支配階級に実感させ、アレキサンドルは社会改革に着手した。一八六一年、アレキサンドル二世は農奴解放令から改革を開始した。ロシア皇帝は、自由な身分の兵士からなる英仏両国の軍隊によってロシアの農奴軍が軍事的に敗北したと考え、農奴解放が必要であるという論拠を示した。二〇〇万人以上の農奴が解放され、地主に補償が与えられ、わずかながら土地が分配された。地元の政府機関が導入され、司法改革が行われ、国民への初等教育制度が整備された。アレキサンドル二世は、あまり成功しなかったが、公務員の業務や政治に改革を導入しようとした。輸送・鉄道網の建設も開始された。アレキサンドル二世によって開始された広範囲に及ぶ改革はすべてが歓迎されたわけではなく、皇帝自身も多くの近代化計画やその提案に関して曖昧な姿勢を示した。くわえて、導入された改革によって非ロシア人の期待が高まることになり、民族集団がより自由な権利を求めるにつれて、帝国内はより不安定な状況に陥った。ロシア支配からの独立を求めて、ポーランド人が一八六二年から一八六三年に蜂起したが、しかし彼らは、その他すべての少数民族と同様に残虐に鎮圧されることになった。

クリミア戦争での敗北によって、アレキサンドル二世は、バルカン半島のスラヴ民族の国家をロシアの衛星国にできると気づいた。一八五八年にモンテネグロは、グラホーヴォ（現スロヴェニアの村）でトルコ軍を打ち破っており、その後、トルコ軍が全面攻撃に出た際、ロシアはモンテネグロを支援していた。ロシアはまた、一八六一年にスラヴ系ではないが正教徒が多いルーマニアの統一を支援し、一八六七年になるとセルビアへの援助を開始した。パリ条約で明記されたオスマン帝国の領土を保全するという約束にもかかわらず、ロシアは、バルカン半島のオスマン管轄下におかれた民族主義者の不満を煽り、失った名誉を回復しようとし、そうして一八七七年四月二六日、再びオスマン帝国に宣戦布告した。のちに露土戦争として知られるこの戦いにおいて、ブルガリア、ルーマニア、セルビア、モンテネグロが国家の独立を達成した。それにもかかわらず、これら諸国は短期間のうちに、容赦ない競合関係と紛争状態に陥ってしまった。

このパリ条約は長期的な平和を創出すると考えられていたが、しかし一〇年も経たないうちに、東欧地域で戦争が頻発した。ロンドンに本拠地をおくロシア人歴史家ドミニク・リーヴェンは、オーランド・フィージスの著書『クリミア、最後の聖戦』の書評において、以下のように戦争の結果を要約している。

クリミア戦争の重要な帰結は、一八一五年のウィーン講和と、それによって維持されてきたヨーロッパの勢力均衡の土台を損なったことである。参戦国の一部は、短期的にこの戦争から恩恵を得たと考えることもあっただろう。講和条約は、フランスがヨーロッパの大国政治の中心に返り咲いたことを象徴するためパリで締結された。しかし皮肉なことに、すべての参戦国は、戦争の結果から恩恵を得るよりも最終的に多くのものを失うことになった。プロイセンとオットー・フォン・ビスマルクが最大の勝者だった。クリミア戦争の結果、プロイセンがオーストリアとフランスを撃破し、ヨーロッパの主要大国への道を歩み始めた際、ロシアは、プロイセンを支持し、後押しした。結局、すべての参戦国の中でも、クリミア戦争で最も敗北したのは、戦争勃発の責任があるナポレオン三世だった。オーストリアはプロイセンに打倒されたが、生き残った。しかし、ボナパルト家は、生き残ることができなかったのである。(7)

実際、クリミア戦争は、ヨーロッパにとって未曾有の大戦争を生むことになる新しい同盟体制の前触れとなった。ロシアとの同盟を放棄したオーストリアは、クリミア戦争後、外交的に孤立することになった。これが、一八六六年における普墺戦争での敗北を導くこととなり、ドイツ語圏におけるオーストリアの影響力を失わせることになった。その後すぐに、オーストリアは新たなドイツ国家として組織されることとなったプロイセンと同盟を結ぶことになる。フランスはドイツに敵対し、ロシアと同盟を結んだ。ロシアは、トルコを犠牲にしてバルカンにおける役割をめぐって新たに再編されたオーストリア＝ハンガリー帝国と競合することになった。クリミア戦争は、第一次世界大戦を導き出す外交同盟の基盤を準備することになったのである。

戦勝国の中でもイギリスは、三〇年のうちに、新しく危険な脅威、つまり長く懸念されてきた仏露同盟に直面することになった。クリミア戦争の敗北によって明らかになったロシアの軍事的後進性ゆえに、イギリスは古くからのフランス嫌いに回帰することになった。ロシア艦隊とは異なり、数では劣っていたが、技術的に優れて革新的であった強力なフランス海軍は、イギリス帝国にとって脅威とみなされるようになった。一八五八年から一八七〇年の間、イギリスの主要な関心は、フランスの強大化を回避することにおかれていた。それゆえ、一八五九年にニースやサヴォイを併合し、一八六六年、失敗に終わったものの、ルクセンブルクを吸収しようとしたナポレオン三世の試みは、イギリス政府の敵愾心を刺激した。イギリスは、たしかにロシアを封じ込めるための連合を提唱した主要国家の一つであったが、島国であるがゆえに、歴代の政府は、自国の利害に直接脅威を与えることはないヨーロッパ情勢への介入を忌避しており、介入する場合の行動において一貫性を示すことはなかったのである。

一八八〇年代初頭、南東ヨーロッパとコーカサス地方における勢力の均衡具合を見れば、オスマン帝国と同様、戦勝国であるフランスとイギリスがロシアの膨張を妨害するのに失敗したことが理解できる（英仏両国は、二一世紀の現在においても、この地域におけるロシアの支配的立場の確立を回避しようという努力を続けている）。クリミア戦争は、アバディーン首相のイギリス政府を破滅させた。軽騎兵旅団に対する無鉄砲な命令などの大失策が[*]『タイムス』紙に報じられたのち、アバディーンは、一八五五年二月、イギリス下院議会での不信任決議案によってパーマストンと政権交代することになった。

クリミア戦争から恩恵を得たのは、敗戦国ロシアにほかならなかった。いくつかの事例が示すように、敗戦は、国家に軍事的・政治的・経済的基盤の整備など、各種の改革を促すものであった。ロシア皇帝アレキサンドル二世の最優先の目的は、黒海へのロシア海軍のアクセス権を再び獲得するためにパリ条約を変更することだった。ロシアは、戦争によって破産状態となり、戦費の一部をまかなうため、一八六七年、アメリカ合衆国にアラスカを売却した。さらにロシアは、二一世紀の現在も成功することなく継続している一つの政策、すなわち、イスラム教徒が支配的なコーカサス地域に影響力を及ぼそうとしていたのである。

一八七三年、ロシアは、オーストリア＝ハンガリー帝国と新たに統一したドイツ帝国とともに三帝同盟として知られる協約を結んだ。これは、いずれかの国が攻撃された場合には、相互に軍事援助を与えることを約束するものだった。ドイツ帝国外相を務めるオットー・フュルスト・フォン・ビスマルクに促され、アレキサンドル二世は、もはやロシアは黒海に関しパリ条約に縛られることはないと宣言し、黒海艦隊を配備した。

ロシアは、オスマン帝国領内のバルカン地域において進行しつつあった民族集団間の動揺に関して、この地域のキリスト教徒をオスマン帝国の支配から解放し、それによってバルカン地域に影響力を及

＊　バラクラヴァの戦いにおける軽騎兵旅団への突撃命令を指す。旅団司令官とその上官の間の確執により、無謀ともいえる命令が下され、旅団は全滅した。ビクトリア期の代表的な詩人アルフレッド・テニスン（一八〇九―一八九二）は自らの詩の中で、この命令を不道徳だと批判している。

ぼすことが再度可能になると考えていた。トルコ政府が一八七五年から一八七七年にかけて、ボスニア、ヘルツェゴヴィナ、ブルガリアでの反乱を徹底的に弾圧していたさなか、ロシアは一八七七年四月にオスマン帝国に宣戦布告し、権力の揺らぎつつあったスルタンは、一年のうちにロシアの要求をのんだ。その結果、ブルガリア、ルーマニア、セルビア、モンテネグロが独立を獲得したのである。一連の成果にもかかわらず、一八八一年、アレキサンドル二世は、ロシア国家の解放が十分進展していないと考えていた革命的ニヒリストによって暗殺された。彼の後継者であるアレキサンドル三世は、父親の国内改革が国家体制を弱体化させたとみなし、中央アジアと極東における冒険的事業を通じて国家の強大化を図ろうとした。

一八六六年と一八七〇年のプロイセン戦争

一八五六年、クリミア戦争終結時に締結されたパリ条約は、領有権や王朝間の争いを終わらせることはなかった。フランス、オーストリア、プロイセンの間で醸成された、領土をめぐる競合関係と疑念は、勝者イギリスと敗者ロシアの間で四半世紀以前から続いていた対立と同様、終わることはなかった。以前とは異なり、王朝間の関係もまた、戦勝国と敗戦国にかかわらず、ナポレオン・ボナパルトに起源をもつ問題によって複雑になっていた。

クリミア戦争から二〇年のうちに、フランスはヨーロッパ大陸における覇権をめぐり、プロイセンからの挑戦を受けていると考えていた。一八六六年六月〜八月に行われた普墺戦争でプロイセンがオーストリアに決定的に勝利したことが、厄介な問題の始まりだった。四年後、プロイセンは、フランスを破壊的かつ屈辱的な敗北で苦しめることになった。この二つの戦争は、一八六一年にイタリア統一を導いた、一八五九年の一連の事件に起因していた。当時、オーストリアはロンバルディアとヴェネツィアを支配していた。フランス皇帝ナポレオン三世は、イタリアのナショナリズムに強く固執しており、とりわけオーストリアによるロンバルディアとヴェネツィアの支配を終わらせることを望んでいた。フランス皇帝は、オーストリアを反動的君主国とみなしており、ナショナリストの路線でヨーロッパを再建する上での大きな障害であると見ていた。ナポレオン三世は皇帝として、イタリア統一を熱心に支持していたフランスのリベラルな左翼を味方につけようとしていた。同時に、保守的なカトリック層からの支持を維持するためにローマ教皇を後援したのである。

一八五九年四月〜七月、ナポレオン三世は、ピエモンテ首相カミロ・ベンソ・カブール伯爵とプロンビエールで密約を結んだ。これによりフランスは、イタリア半島からオーストリアを排除する際に支援を与えるか、または現在リビエラ地方として知られているサヴォイとニースをフランスが獲得する見返りに、最低限でもピエモンテを中心とする北部地域のイタリアの統一を援助することを約束した。こうしてフランスは一八五九年、上首尾にオーストリアに対する短期決戦を挑み、マジェンタとソルフェリーノで勝利した。イタリア統一を導いた一年にわたる戦後交渉において、カブールは、ナポレオン三世と結んだ協定を自賛し、ピエモンテはロンバルディアを得る代わりにサヴォイとニースをフランスに割譲した。新しいイタリア国家はまた、オーストリアから獲得したトスカーナ地方と東部ロマーニャ地方を併合したのである。

一八六六年にプロイセンがオーストリアに宣戦布告した際、フランスは間接的ながら戦争に再び巻き込まれることになった。この戦争の原因は、どの領邦軍がシュレスウィヒ＝ホルシュタインを占領するかをめぐるドイツ連邦内の論争にあった。* プロイセンは七週間という驚くべき短期決戦で勝利した。ナポレオン三世は、プロイセンの勝利のスピードに不意を突かれた。彼は、フランスによるベルギーとルクセンブルク（当時ルクセンブルクはドイツ連邦加盟国）の併合をプロイセンが支援することを望んでいたが、しかしプロイセンは拒絶した。実際、一八六七年にビスマルクは、ルクセンブルクに守備隊を配備する命令を下している。フランス皇帝は、この行為を侮辱であるとみなし、これがフランス＝プロイセン関係の悪化の第一歩となった。イギリスはフランスの領土的膨張にも反対の姿勢をとっていたからである。というのも、イギリス政府は、沈黙しながらもプロイセンを支持していた。イギリス政府からの反対に直面し、ナポレオン三世は、ロンドン条約（一八六七年）で示されたルクセンブルクに対するいかなる要求も断念することになった。プロイセンとフランスの間の緊張は、ビスマルクがドイツ領邦を一つの国家へと統一させるプロセスの進展にともなって悪化し、ナポレオン三世は、あらゆる手段を通じてドイツ統一の道を妨害しようとした。

フランス北部国境地帯を取り囲むドイツの存在を恐れ、またスペイン王位に関する些細な問題についてビスマルクに侮辱されたと考えたナポレオン三世は、愚かにも一八七〇年七月一四日、プロイセンに宣戦布告した。オーストリアは当然ながら、フランスを支援することはなかった。(8)

普仏戦争は短期決戦ながら非常に多くの犠牲を生んだ。フランス軍は、ナポレオン三世個人に率いられ、プロイセンのザール地方で緒戦に勝利したものの、戦線を広げすぎたため、すぐさま撤退を余儀なくされた。すぐにドイツ部隊が侵攻を開始し、分散していたフランスの部隊は繰り返し撤退しなければならなかった。八月半ばまでに、フランス派遣軍は、一方はメッツに、他方はナポレオン三世に率いられていた部隊に分断された。この両部隊はドイツ軍に包囲され、一八七〇年九月二日、セダンのフランス軍が降伏し、皇帝を含む一〇万四〇〇〇人の軍勢が捕虜となったのである。

パリでは、九月四日に国民防衛政府が設置され、ナポレオン三世の退位が宣言された。新革命政府は、戦闘継続を選択した。ドイツ軍は、一〇〇万人が暮らす武装した大都市パリを占領できるかは定かではなかったものの、九月二〇日にパリに進軍した。一〇月二七日、メッツで包囲されていたフランス正規軍一七万三〇〇〇人が降伏した。それにもかかわらず、新しい共和国フランスは軍隊を新たに組織し、第二の抵抗戦争を継続した。しかし十分に訓練されておらず、また人数的にも劣ったフランス市民軍は、百戦練磨のプロイセン兵士の敵ではなかった。

一八七一年一月一八日、ドイツ諸邦代表団が列席するヴェルサイユ宮殿の鏡の間で、プロイセン王ヴィルヘルムが統一ドイツ皇帝であると宣言した。これは、フランスに屈辱を与えるよう意図された行為にほかならなかった。このような経緯でドイツ帝国は誕生した。一〇日後の一八七一年一月二八日、食料供給がほぼ途絶えた結果、パリは陥落した。パリ攻防戦で四〇〇〇人のフランス軍兵士が死亡した。一八七一年三月一日、ビスマルクが執りしきる講和条約が締結され、ドイツは正式に戦勝国となったのである。

ドイツ軍は総勢七九万七五〇〇名からなる混成部隊でフランスに侵攻した。他方、一〇〇万人を数

＊　シュレスウィヒ＝ホルシュタイン両公国は、デンマークの統治下にあったが、住民の大半がドイツ人であり、一八一五年にドイツ連邦に加盟したホルシュタインはとくにデンマークからの分離を求めていた。一八四八年にドイツで革命が起こると、両公国は蜂起し、プロイセンが支援のために軍隊を送った。その後、イギリス、フランス、ロシアの干渉によって現状維持が確認されたが、クリミア戦争後に再び蜂起が起こり、プロイセンがオーストリアとともに支配を確立した。

えるプロイセン軍のうち相当数が、オーストリア＝ハンガリー帝国による軍事介入に備えて後方に布陣していた。メッツでの勝利ののち、プロイセン陸軍兵士のほぼすべてがフランスへと送られた。フランスの戦闘部隊は、九三万五〇〇〇人を数えた。この数値は、普仏戦争全体を通じて従軍した兵士の延べ人数を示すものであるが、つねに戦闘可能な兵士の数はこれよりも少なかったと考えられている。最前線で戦ったフランス軍兵士は、ドイツ軍の約半数にあたる四〇万人にすぎなかった。ドイツ軍の戦死者は一三万三七五〇人であったが、フランス側の戦死者は二三万八〇〇〇人を数えた。フランスは屈辱的な敗北をこうむったのみならず、さらに厳しい条件を課された。ビスマルクは、フランスとドイツの互いの敵愾心を維持することが、ドイツの民族感情を維持する手段であると考えていた。それゆえ、意図的にフランスを踏みにじったのである。ビスマルクは、フランスにアルザス＝ロレーヌ地方をドイツに割譲するよう求め、また金貨で五〇億フランもの賠償金を要求した。これらは、この時点において要求された中でもヨーロッパ史上最大の懲罰的賠償であり、フランスを弱体化させることを意図したものだった（しかしながら、これらは厳しさという点でヴェルサイユ条約によってドイツに課せられた懲罰とは比較にならない）。ドイツ軍は、賠償金が支払われるまで東部フランスの要塞群を占領した。フランス人はとりわけ賠償金に激怒した。というのも、戦闘は完全にフランスの国土で行われたのである。アルザス＝ロレーヌの人口の大多数は母語としてドイツ語を話していたが、これらの地域の割譲という要求は、フランスに対する最大の屈辱だった。この敗北の結果は、第一次世界大戦時に検討されることになり、その際、フランスはドイツに屈辱を与えることで報復しようとした。まさしくドイツ国民が一九一八年の敗北を受け入れることを拒絶したのと同様、フランス人は、一八七〇年に与えられたこの屈辱ゆえに、ドイツへの復讐心を次世代に引き継いだのであった。

巨額な賠償金にもかかわらず、抜け目のない財政運営を通じてフランス政府は容易かつ迅速に賠償金額を集め、一八七三年には最後のドイツ軍部隊がフランスの国土から撤退した。フランスは、規模が小さいながらも工業部門が躍進しつつあり、ファッションやワインなどの嗜好品を大量に輸出できる、近代化された豊かで発展した経済状況にあった。普仏戦争は、物質的にフランスの社会基盤にそれほど損害を与えたわけではなかった。フランスは、物質的な社会基盤よりも、教育水準の高い熟達した人材こそが先進的な経済に不可欠であることを再び証明した。それから二年間、政治的不安定と政争を経て、普仏戦争後に選出された臨時政府は、一八七五年一月三〇日に僅差で大統領を選出し、第三共和政が誕生したのである。

一八七〇年から一八七一年の普仏戦争は、フランスがドイツ諸邦によって撃破されたものであり、一八五六年のパリ条約の規定を無効とした。プロイセンとそのほかのドイツ諸邦は統一し、強力なドイツ帝国を形成した一方で、フランス皇帝ナポレオン三世は、フランス第三共和政の成立を承認し、退位した。一八五二年に始まった治世の間、ナポレオン三世はイギリスとの関係改善を目指し、ロシアによるオスマン帝国への介入がフランスの利害になんら影響を与えるものではなかったにもかかわらず、東方問題に関してロシアを牽制し続けた。共和国成立後、フランスはロシアに反対し続けることを放棄した。すでに指摘したように、ロシアはフランスの決定に促され、またビスマルクに支持され、一八五六年の条約で規定されていた黒海条項を拒否した。イギリスだけでは黒海条項を強制することは不可能であり、ロシアは黒海艦隊を再建したのである。

一八七〇年以後、戦勝国も敗戦国も国家の再建を図った。プロイセンは、新たに創設されたドイツ帝国で支配的な位置を占めることになり、フランスは共和国として再び歩み始めた。ビスマルクは要職にとどまり、その後数年間にわたってその権力を維持した。彼こそがオーストリアとフランスを打倒してドイツ国家を建設したのである。ビスマルクは、ドイツの立場を強固にするためには講和が必要であることを熟知していた。フランスは、終戦直後の非常に厳しい時期を乗り越え、国家的損失を補填し、ドイツに賠償金を支払った。他方ドイツは、政治的に不安定な時期を経て、フランスが産業的にも商業的にも顕著な成長過程にあった数年間、部分的にはフランスの賠償支払いによって経済的に活況を迎えていた。フランス第三共和政は、一八八一年にチュニスを、一八八四年にマダガスカルを、一八八〇年代前半にヴェトナムを占領し、海外植民地を獲得、帝国の拡大計画に着手した。仏独両国ともに、初等教育から大学まで完全に世俗的な国民教育制度を組織し、整備した。次の四半世紀の間に、両国は、程度は異なるものの民主主義への道を歩んだ。ヴィルヘルム一世統治下のドイツ議会政府は、軍隊と官僚に限定的ながら影響力を有していた。独仏両国は、ヨーロッパ大陸における指導的な国家という立場を維持しようと決意を固めていたのである。

一八七〇年の普仏戦争の最も顕著な結果の一つは、新たな同盟関係を生み出したことである。その同盟は、特定の目的のために構築される短期的なものではなく、相互防衛条約を宣言するような長期に及ぶ同盟であった。戦勝国、敗戦国ともに、将来考えられる攻撃からの自衛を意図し、同盟構築に専念した。実際、これまで議論されてきたように、新たな同盟関係は、それまでの立場を逆転させ、結果的に容赦なく第一次世界大戦の勃発を導き、地域的な紛争を大戦へと確実に発展させるようなものにほかならなかった。

長期的な同盟関係の中で最初のものは、一八七九年にドイツ帝国とオーストリア＝ハンガリー帝国が締結した独墺同盟である。これは、一八八二年にイタリアが参加することによって三国同盟となった。この列強の布陣に直面し、独裁国家ロシアと民主主義国家フランスは、同盟構築の必要性を認識し、一八九四年に露仏同盟を締結した。イギリスは、露仏同盟に非公式ながら参加し、一九〇四年にフランスとの間で英仏協商を締結して、三国協商が形成されることとなった。のちに明らかになるように、これらの同盟は、実質的に地域紛争の防止を非常に難しくしたのである。

一八八〇年代

クリミア戦争の交戦国を取り巻く環境は、一八八〇年代に大きく変化することになったが、戦勝国が目指した戦争目的のほとんどは達成されることがなく、この戦争によって得られた利益は曖昧だった。オスマン帝国の一体性が維持されることはなく、またオスマン帝国に対するロシアの侵攻はやむことはなかった。オスマン政府は、英仏両国に莫大な戦債を借りており、ロシアとの戦争によって帝国が最終的に瓦解するまでの二〇年間、余裕がまったくなかった。パリ講和条約で設定された国境線は、一八七七年から一八七八年に行われたもう一つの露土戦争後に締結された一八七八年三月のサン・ステファノ条約によって引き直されることになり、さらに四カ月後に開かれたヨーロッパ主要国とトルコによるベルリン会議で再度調整された。

英仏同盟国はトルコの将来を保障し、ロシアの南下政策を阻止できると期待していた。パリ条約でトルコの独立は確認され、参加国のいずれも、スルタンとその帝国臣民の関係に介入しないことにされた。モルダヴィア、ワラキア、セルビアは、自治公国になる権利を獲得した。この戦争（会議）の主要な目的は、とくにロシア海軍を封じ込める新たな連合を創出することであった。しかし一八八〇年代までに、ロシアはトルコ領土を侵略し、バルカン半島におけるナショナリズムと革命を奨励し、オーストリアとヨーロッパ諸国の講和体制に挑戦した。ロシアは、軍隊を再編し、ヨーロッパの連合諸国の干渉を比較的受けにくい極東、コーカサス、中央アジアへの膨張政策を講じた。

安全保障上、その領土を含む資源へのアクセスを求めるヨーロッパの略奪者から、トルコが得たものは皆無だった。実際に、トルコの同盟国であるフランスとイギリスは、中東地域に関する最も熱心な賞金目当ての略奪者にほかならなかった。ロシアは、トルコへの介入を継続し、軍隊を派遣し、海軍戦艦をセヴァストーポリに停泊させていた。一八七〇年代を通じて、ヨーロッパ各国はトルコに改革を強制した。トルコ人は、たしかに改革を約束したが、帝国内部のキリスト教徒の殺害を継続した(たとえば一八七六年四月には、一万二〇〇〇人のブルガリア系住民が虐殺された)。

短期的だが犠牲の多い一連の戦争ののちに、オスマン帝国内のバルカン半島の各公国は、ロシア陸軍の支援を受け、独立を達成した。一八七六年のトルコ支配に対する反乱は、セルビア人の多いボスニア、ヘルツェゴヴィナで勃発した。六月から七月にかけて、セルビアとモンテネグロがトルコに宣戦布告したものの、一〇月末にセルビアが敗北した。イギリス首相ベンジャミン・ディズレイリは、反乱を起こした公国の側からロシアが参戦しないよう牽制し、スエズ運河とコンスタンティノープルにおけるイギリスの利害を防衛すると宣言した。

列強による会議が、一八七六年一一月、コンスタンティノープルで組織された。八月にスルタンに就任したばかりのアブデュルハミト二世は、会議開催の前日に新しいリベラルな改革憲法を公布し、トルコは君主が主権を他国に渡すことはないと断言した。会議は何も達成することなく解散した。一八七六年四月にイギリスとロシアは、アブデュルハミトにさらなる要求を突き付けるために協力した。

五月にアブデュルハミトは改革憲法を破棄し、またクリミア戦争時にそうであったように、イギリスがロシアに対峙するトルコを支援するという可能性を想定して、イギリスとロシアの要求を拒絶した(イギリスは一八七六年五月にベシカ湾に艦隊を派遣していた)。実際に、アブデュルハミトによる、そしてのちに青年トルコ党による近代化改革は、帝国臣民一般に適用されるオスマン人としての市民権を強制した。市民権を求めていなかったバルカン半島のキリスト教徒は、これをそれぞれの民族主義国家建設への障害とみなし、トルコ情勢は悪化したのである。

皇帝アレキサンドル二世はすぐに、宣戦布告によってトルコの拒絶に応え、イギリスは、アブデュルハミトが期待したようにトルコを支援することはなかった。ルーマニアはロシアと同盟を組み、モンテネグロは、この戦争をトルコに対する報復の機会とみなした。一八七七年にトルコ軍は降伏を余儀なくされ、一八七八年一月までに、アドリアノープルのロシア軍に降伏した。セルビア人はまた戦争に途中から参加し、ニシュを占領した。モンテネグロ君主ニコラスは、スピッツアとダルチアーノを掌握した。ロシア軍は小アジアにおいても勝利し、カーズ、アルダハン、エルツェラムの要塞を陥落させて、アルメニア全土を占領した。アブデュルハミトは講和を申し出、一八七八年一月三一日に休戦協定が結ばれることになった。

しかしロシアとイギリスの間の講和とは何だったのだろうか？　一月二三日、イギリス海軍は、コンスタンティノープルに進軍するよう命令を受けた。この命令は、すぐさま撤回されたが、二月九日に再度指令を受けた。ロシア陸軍は、コンスタンティノープル郊外に駐屯しており、プリンキポ諸島沖合にイギリス艦隊が現れたのを見ていたにちがいない。ロシアはもはや軍事的にも財政的にも限界に達しており、ほとんどなすすべをもたなかったが、同様にイギリスもロシアとの新たな戦争を恐れていた。ディズレイリは、インド人部隊にマルタに向かうよう命じたが、おそらくオーストリア＝ハンガリー陸軍によって支援を受けるであろうイギリス艦隊との新たな戦争を始めるつもりはなかった。それゆえ、ロシアは一八七八年三月三日に、トルコ政府と個別にサン・ステファノ条約を結んだ。アレキサンドル二世はコンスタンティノープルに侵攻しないこと、アドリアノープルから撤退することを約束した。さらに、カーズとアルダハンの併合を提案し、エルツェラムから撤退し、アルメニアのほとんどを手放したのである。

一八七七年戦争の結果、ロシアは一八五六年のヨーロッパでの失地回復とドナウ川河口の進入路の確保を果たした。ルーマニアはロシアからそれほど大きな報償を得たわけではなかった。ルーマニアは、ラテン系民族の国家であり、ロシアはスラヴ系民族を鼓舞する傾向にあった。終戦直後、ロシアは、すぐにボスニア、ヘルツェゴヴィナ、セルビアの問題に直面した。一八七六年七月八日、アレキサンドル二世は、ライヒシュタット条約を、また一八七七年一月一五日にブダペスト協定を締結し、フランツ＝フェルディナンドに対してオーストリア＝ハンガリー帝国によるボスニアとヘルツェゴヴィナの占領を承認した。しかし、セルビアはボスニア占拠を求めていた。アレキサンドルは、セルビアはオーストリア＝ハンガリー帝国の影響下におかれるべきだと語りながら、セルビアを見捨てたのである。アレキサンドルは、現実には、セルビアの領土拡大とセルビア人によるニシュ占領に承認を与えていた。また、アレキサンドルは、モンテネグロの領土拡張を主張したが、しかし港湾地域やセルビアとの隣接地域は加えるべきでないとした。さらに、近代ギリシアの沿岸地域と現在スラヴ系のマケドニアとして知られている地域を加えた、領土を拡大した新バルカン国家ブルガリアを創設した。ブルガリアはそれゆえ、ロシアのためのサロニカ（テッサロニキ）とコンスタンティノープルへの通路を確保したのである。

サン・ステファノ条約は、ロシア、そしておそらくイギリスが望んだようには機能しなかった。強大なブルガリアの建国においても、その他の点においても、この条約は、セルビア人、ギリシア人、アルバニア人、ルーマニア人に公平だという印象を与えることはなかった。おそらくこの条約が評価されるとしたら、それは、アルバニア独立を承認したこと、エピラスとテッサリアがギリシアに割譲されたこと、またベッサラビアがルーマニア管轄下におかれたことぐらいであろう。セルビアは、ボスニアに面した北西マケドニアを受け入れる可能性があった。しかし当時、そして今でも問題となっているのは、異なる民族集団が、隣接した地域でまとまって居住するのではなく、さまざまな国境によって分断されることになったことである。セルビア人は、現在、ボスニア、マケドニア、そしてオーストリア領クロアチアにも居住している。ブルガリア人は、マケドニア、テッサリア、ルーマニアの一部に、またアルバニア人はセルビア、マケドニア、北西ギリシアに暮らしている。

サン・ステファノ条約の取り決めは、それほど長続きはしなかった。一八七八年四月一日、イギリス外相は、この条約を修正するためにロシアと交渉を開始した。彼は、オーストリア＝ハンガリー政府が、この条約を修正するためにヨーロッパ各国が参加する会議を要求していると説明した。その主要な関心は、ブルガリアの領土膨張問題だった。イギリス政府もオーストリア＝ハンガリー政府も、ブルガリア領土の縮小を求めていた。イギリスは、ロシアにとってブルガリアこそがコンスタンティノープル進出の足場になると考えていた。それゆえ、この両国は、ドナウ川からバルカン半島に達する地域と規定されていたブルガリア領土を約三分の一に縮小することを要求したのである。イギリス、オーストリア＝ハンガリー、ドイツはまた、急激に進展しつつあった汎スラヴ運動を憂慮していた。

これらの諸国は、抑圧されたスラヴ系民族主義者がハプスブルク帝国に対し反乱を起こすのではないかと懸念した。これら諸国の政府はまた、この地域におけるロシアの影響力の拡大も懸念していた。マケドニアは、トルコに返還されるべきであり、東部ルメリアとして知られている地域は、トルコの管轄下で組織されるべきとされた。

この会議以前に、かなり多くの密約が存在していた。オスマン帝国政府高官と会見したイギリス首相ベンジャミン・ディズレイリは、インドへの帝国航路を確保したが、しかし彼はこれをロシアには伝えなかった。イギリスはまた、一八七八年六月四日にキプロスを獲得する一つの協定を結んだ。キプロスは、ロシアがアルメニアを獲得する可能性に対抗するための、西アジアの橋頭堡とみなされていた。その代わりに、オスマン帝国のスルタンは、キリスト教徒を保護するのに必要な改革を導入することで合意した。イギリスとオーストリア＝ハンガリー帝国は、極秘に、オーストリア＝ハンガリー帝国がボスニアとヘルツェゴヴィナを占領することで合意に達していた。オスマン政府は、この二国間の協定については知らされておらず、また、オーストリアもロシアも、イギリスがトルコからキプロスを獲得する協定については関知していなかったのである。

サン・ステファノ条約の修正を目的とするヨーロッパ会議は、（ビスマルクの主張により）ベルリンで開催されることになり、一八七八年六月一三日、イギリス、オーストリア＝ハンガリー帝国、フランス、ドイツ帝国、イタリア、ロシア帝国、オスマン帝国の代表団が参加して始まった。ギリシア、ルーマニア、セルビア、モンテネグロの代表は、自らの国家にかかわる協議には参加したが、会議の参加国とはみなされていなかった。(9) 会議では、サン・ステファノ条約の規定条項のほとんどが修正されるか、もしくは削除された。列強はまた、新国家として縮小されたブルガリア公国を再編し、オー

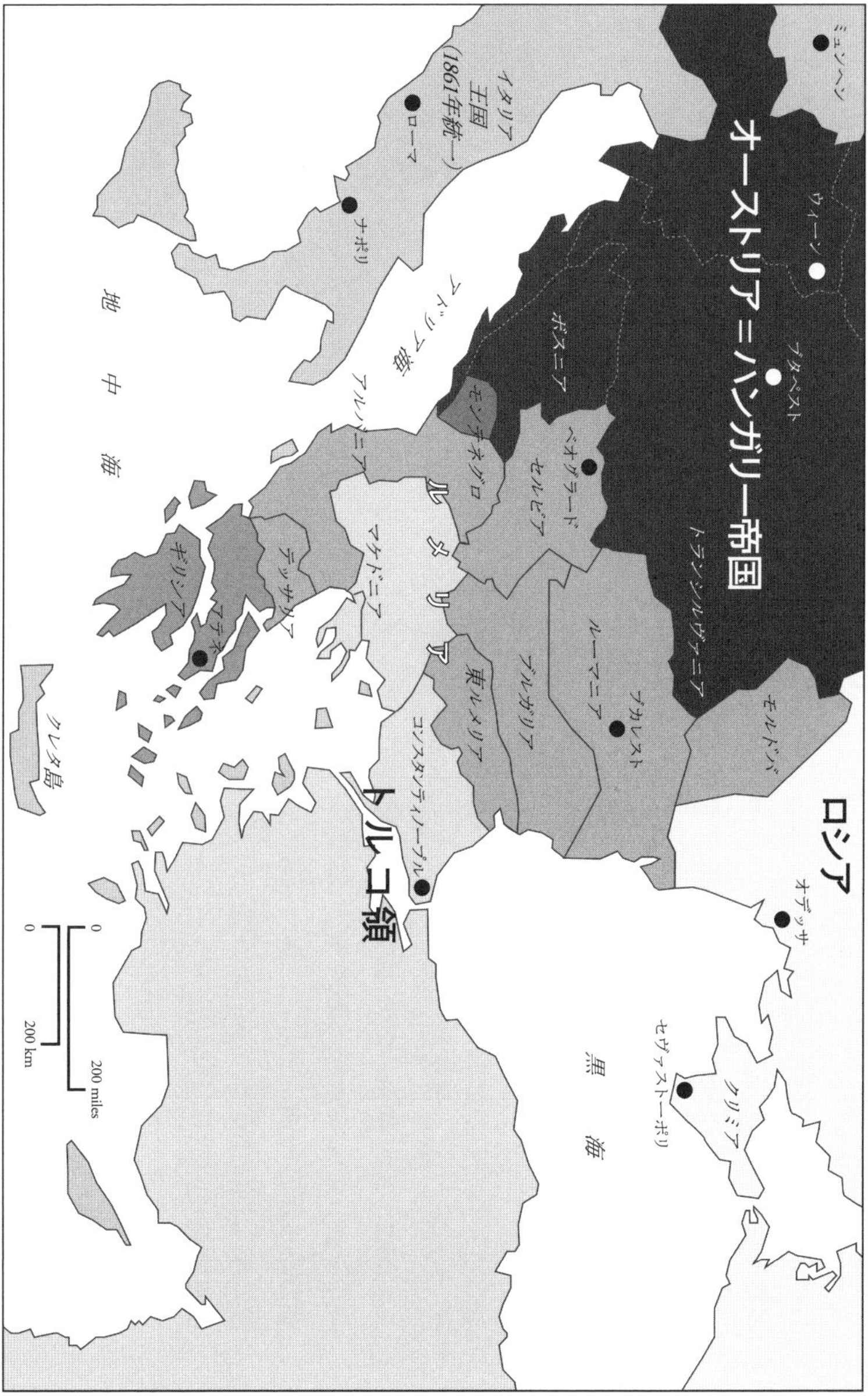

ベルリン会議以降の東ヨーロッパ，1878年

ストリアによるボスニア・ヘルツェゴヴィナの支配を決定した。トルコは、キプロスの行政をイギリスに譲渡したが、その代わりにロシアからイギリスがオスマン帝国を防衛する確約を得た。ロシアは、南部ベッサラビアとカーズ地方を獲得した。

しかし、一九世紀に交渉が行われたそれまでの条約と同様に、一八七八年のベルリン条約がもたらしたものは多くはなかった。イギリスの歴史家ウィリアム・ハーバート・ドーソンは、「「全知全能の神の名の下」、ベルリンで一八七八年七月に締結された条約ほど、調印国によって組織的に、また公然と違反され、無視された厳粛な国際的誓約書は存在しなかった」と述べている。[10] 領土に関する調停も長くはもたず、バルカン半島は、このあと四半世紀以上にわたって不安定であり続けた。七年のうちにブルガリアが東部ルーマニアを吸収し、ギリシアはこの取り決めに満たない条件を強いられ、オーストリアは一九〇八年にボスニア・ヘルツェゴヴィナを占領状態から正式に併合した。スルタンのアブデュルハミトは、キリスト教徒や少数民族を保護するための措置をなんら講じることはなかった。アブデュルハミトは、アルメニア人虐殺を開始し、それは一八八〇年まで続いた。一八八一年までにオスマン帝国は、一八五〇年代と同様に、クリミア戦争の主要戦勝国であったにもかかわらず、少なくとも対外的な脅威と国内の分裂に神経をすり減らしていた。スルタンとその臣民は、一八五三年にロシアに宣戦布告したというその愚行を熟考するに十分な理由があった。他方、イギリスもまた、中東におけるよりも、極東における利益を防衛することが難しい状況にあった。

ロシアは、ベルリン会議においてドイツが（ビスマルクによって）決してロシアを援護しなかったことに不満を抱き、事実上、三帝同盟から手を引いた。ロシアの不満は、一八八五年から一八八六年のブルガリア危機に際して、ドイツが支援しなかったためにさらに高まることになった。ロシアは、おそらくブルガリアが自分たちの支援を歓迎するだろうと期待していたが、しかし情勢を見誤った。アレキサンドル二世とその側近たちは、ブルガリア人の民族意識の高まりを過小評価もしくは無視し、ロシアは容赦ない行動によってブルガリア人を疎外したのである。一八七九年四月、アレキサンドル二世の甥がブルガリア王に任命されたが、彼はあまりにも経験不足であり、首相と陸相にロシア人を指名したため、ブルガリア人民族主義者の怒りを買った。一八八五年、ブルガリアと東ルメリアは、ロシア支配からの解放を求め、再統合を果たした。ロシアは、領土を拡大し敵対的になったブルガリアの姿勢に懸念を抱いた。イギリスとオーストリアは一八七八年には反対していたが、今回は拡大したブルガリアを支持したのである。

驚くべきことではないが、バルカンの諸民族は、ベルリン条約の規約に対して反乱を起こした。セルビアは、ベルリン会議で無視されていた。一八八一年、セルビア人は、オーストリア＝ハンガリー帝国と密約を結び、事実上、従属国となった。このあと、一八八一年一一月、セルビアは突然、ブルガリアに宣戦布告した。セルビアはすぐさま敗北を喫したものの、オーストリア＝ハンガリー帝国はブルガリア君主アレキサンドルに対し、セルビアに侵攻しないよう警告した。それからブルガリアの革命勢力は君主アレキサンドルを退位させ、一八八七年、彼に代わって、ロシアに敵対的な君主フェルディナンドがザクセン＝コーブルクから迎えられることになった。テッサリアは、一八八〇年にギリシアに編入され、マケドニアでは残虐で容赦ない内戦が勃発した。キプロスは結局、イギリスの望みどおりに、東部地中海のジブラルタルのような役割を果たすことはなかった。

クリミア戦争は、その半世紀後にロシア、フランス、イギリスが強大化するドイツの覇権を抑え込もうとした第一次世界大戦を頂点とする、一連の戦争の緒戦にほかならなかった。クリミア戦争は、以後、一五〇年間断なく続いた民族紛争の舞台をも設定した。クリミア戦争に勝者は存在しなかった。一世代の後にも領土の取り決めは紛争を引き起こし、民族的・領土的競合関係は継続し、この地域の戦略的資源をめぐる競争は、戦争勃発を確実なものとしてしまった。クリミア戦争はまた、ロシアにとって、通信システムが脆弱であり、工業化が比較的低水準であることが明らかな国境付近での戦争遂行がきわめて困難であることを明確に示したのであった。

しかしながら、国家のインフラや軍事力がいかに不十分なものであっても、ゲリラは、質量ともに優れた常備軍に対する総力戦で勝利しようとはせず、またそうする必要もないことに留意すべきである。一八七〇年代以降のヨーロッパ、一九六〇年代のヴェトナムにおけるアメリカ合衆国、一九八〇年代のアフガニスタンにおけるロシア、二一世紀最初の一〇年間のアフガニスタンにおけるアメリカ合衆国の経験があまりにも明白に示しているように、ゲリラは、勝利を達成するためにすべきことは、敵国の国内世論が戦争とその要求に疲弊するまで生き延びることだと熟知しているのだ。

第三章　日露戦争の遺産　*1905―1930*

「ここに、勝者はいない」
セルゲイ・ウィッテ、ポーツマス、ニューハンプシャー、一九〇五年

はじめに

一九〇四～一九〇五年に行われた日露戦争は、クリミア戦争と同様、一九世紀から二〇世紀における主要な戦争を研究している人々に見過ごされる傾向にあった。というのも、日露戦争は、二つの世界大戦の恐怖によって軽視され、周辺化されてきたからである。しかしながら、日ロ両国に与えた衝撃とヨーロッパとアジアにおけるその後の展開から考えれば、ロシア帝国と日本との戦争は、短期決戦だったにせよ大きな重要性をもつことは、当然のことのように思える。一部の歴史家は、日露戦争をグローバル・ヒストリーの転換点であると捉えている。日露戦争は、アジアの国家がヨーロッパ列強を敗北させた最初の大規模な戦争であり、アジアと太平洋における帝国主義的競争の新時代を開いたのである。(1) 日本は、ロシアによる朝鮮半島支配を許すまいとして登場してきたが、その軍事的成功こそが、日本の国力の限界を超えさせ、その後の四半世紀にわたる軍事的冒険主義への道を歩ませ、

四〇年後に手ひどい国家的凋落をもたらすことになったのである。

日露戦争は、ともに中立を維持した中国と朝鮮の国境に接する中国東北部で行われた。戦争勃発は、ヨーロッパ植民地列強がアジアで享受していた大国としての地位を、日本が同様に求めたことに大きな原因がある。一九〇四年、日本は熱心に膨張を望んでいた。明治政府の下で再編された日本では、封建主義体制はすでに過去のものとなっていた。一〇年前の一八九四年に勃発した日清戦争での勝利ののち、日本の支配層は——勢力圏もしくは保護領として——中国の租借地の割譲を要求した。しかしながら、日本政府の努力は、実際には何の権威もない、ヨーロッパ列強に言いなりの中国清朝の法廷でなされた協定を通じて封じられた。なかでもロシアは、日本が達成しようとした目標に対する最大の脅威だった。

日本は明らかに、一八九四年から一八九五年に行われた日清戦争の戦勝国であった。戦争を終結させた下関条約は、敗北した敵国に対し厳しい条件を突き付けるものだった。中国は、朝鮮独立の承認を求められ、朝鮮半島に対するいかなる領土要求も放棄させられた。さらに遼東半島（現在は遼寧省の一部、当時は、西部は遼東として、南部は奉天として知られた）、台湾（フォルモーサ）、澎湖群島を日本に割譲するよう求められた。中国はまた日本に巨額の戦争賠償金を支払うことを要求され、一九世紀半ばのアヘン戦争後に中国が欧米列強に対して承認した租借地である沙市《さし》、重慶、蘇州、杭州を日本に開放することで合意した。最終的に、日本は、ヨーロッパ列強と同等の、最恵国待遇の地位を与えられた。

一八九五年に中国に対し日本が勝利した結果得た見返りは、しかしながら、あまりにも短期的なものであった。下関条約からわずか六日のうちに、日本はその条約で得た多くを放棄するよう強制されたのである。ロシア、フランス、ドイツなど中国東北部に租借地や港湾をもつ列強は、のちに三国干渉として知られるようになった介入によって、日本政府に遼東半島の獲得を撤回するよう要求したのである。ロシア皇帝ニコライ二世は、クリミア戦争の結果、黒海を利用できなくなっていたため、不凍港として遼東半島南端に位置する旅順の使用を求めていた。同盟国もなく、これら列強の要求に一国で対処する外交的・軍事的手腕をもたなかった日本政府は、中国からの賠償金の増額と引き換えに遼東半島の獲得を断念せざるをえなかった。しかし日本は、朝鮮半島に関する自由裁量権を獲得した。日本の指導層は、二度とこのような屈辱を味わうまいと決意を固めた。

一九世紀の終わりまでに、中国帝国は分裂すると見られており、ヨーロッパ列強は弱体化した清朝政府を利用した。フランス、ドイツ、イギリスは、自国の金融・商業利益を促進するため、いわゆる勢力圏の中でもとくに重要な拠点を掌握していた。一八九〇年代までにロシアは、策を弄して中国東北部における影響力を獲得しようとし始め、中国から租借した旅順とハルビンを結ぶ鉄道建設に着手した。ロシア側の目的は、八八五〇キロメートルに及ぶ新しいシベリア横断鉄道（一九〇一年完成）によって、唯一の太平洋海軍基地が設置されているが半年は氷で閉ざされるサハリンやウラジオストックへの直行路線を短縮し、またその地を防衛することであった。中国東北部における権益の譲渡は、ロシアにこの地域の事実上の支配権を譲り渡すことであり、この地域のロシアの植民地化を意味した。現在の黒竜江省の都ハルビンはこの地域の中心都市であり、東清鉄道の拠点として繁栄した。鉄道建設の許可を含む遼東半島の租借契約以前にすでに、ロシアは旅順の港湾施設を整備し、大連近郊にも商業港湾都市を築いていたのである。日露間の緊張が高まり、一九〇四年、日本はロシア皇帝ニコライ二世の膨張主義に対抗するため戦争を開始したのであった。

東アジアにおけるこれらすべての策略は、ヨーロッパ内部での膨張政策における競合関係の文脈で起こったことだった。実際、日露戦争は、第一次世界大戦に連なる緒戦とみなすことができる。一八七〇年の普仏戦争でドイツがフランスを撃破して統一して以来、主要列強は、覇権をめぐって複雑な闘争を続けていた。列強は、自国の陸海軍力の増強を模索しながら、同盟構築、資源、海外市場などをめぐって激しく争っていた。イギリスとドイツは、帝国の膨張と海軍の増強において徐々に深刻な競合関係に陥り、両国ともに、ロシアの支持を得られなくとも、せめて中立であることを望んでいた。一九〇二年、イギリス政府は東アジアにおけるドイツとロシアの冒険的外交に対抗し、イギリス帝国の立場をある程度補強するために日英同盟を締結した。日本は、日英同盟を、将来衝突することが不可避な日露関係に対し、ヨーロッパ列強がロシアに有利になるよう介入しないための防護策と位置づけた。フランスは戦勝国ドイツに報復しようと、一八九〇年までにロシアを同盟国として確保することに成功していた。二〇世紀の最初の五年間のうちに、フランスはヨーロッパ大陸と海外（とりわけ北アフリカのモロッコ）における利益をめぐり、イギリスと効果的な二国間協定を結ぶことができると考えていた。こうして、イギリス、フランス、ロシアのいずれもが、ドイツこそがこの三カ国それぞれにとっての共通の脅威であるという理解の下で同盟を構築したのである。ロシアは、中国東北部と東アジアにおける自らの立場を確固たるものにしようとしていた。同時に、一八九六年にフランス政府は、ロシアのやり手の財務大臣セルゲイ・ウィッテに対し、中国東北部に建設中の東清鉄道に融資するロシア＝中国銀行を設立するよう促した。フランスとイギリスは、ロシアの野望に日本が挑戦する可能性の高いアジア地域で、実際にはいかなる陰謀や紛争にも巻き込まれることを望んでいなかった。ヨーロッパの外交官たちは、一八九〇年代と一九〇〇年代、懸念されていながらも、不可避とみなされていたヨーロッパでの大規模な軍事衝突を回避するため、多忙な日々を送っていたのである。

一九〇〇年、清朝中国の西太后が再び政治の表舞台に立ち、外国人への攻撃を通じて国内の反清朝・非暴力運動の関心をそらそうとした。西太后はまた、中国領土の包囲に対抗する手段として、外国人に対する武装民衆による蜂起を奨励した。この蜂起は、義和団の抵抗運動として知られている。この謀略は、西太后にとって、結果がどうであろうと都合のよいものであった。「義和団」が勝利するならば、外国による包囲問題を解決することになる。いっそうありうることとして、義和団が敗北するならば、外国人は潜在的に危険な反清朝派を排除し、清朝の不安定な立場を強化すると考えられた。ロシア派遣軍が、イギリス軍に参加していたオーストラリア軍を含むヨーロッパ派遣軍、日本軍、アメリカ軍による八カ国の連合軍とともに、一九〇〇年六月~八月の秩序回復のための鎮圧行動によって約五万人から一〇万人の義和団を殺害した。総勢七万人の連合軍が、一九〇一年九月に終結することになるこの反乱に対する軍事作戦に参加した。日本は、義和団鎮圧のために一八隻の戦艦と約二万人の部隊を派遣して作戦に貢献した。ロシア軍一八万人が中国東北地域の平定のために戦い、鉄道を防衛した。それでもハリウッド映画は、日本軍がほとんどの戦いに従事したというように描いている。[*]アメリカ軍、イギリス軍、フランス軍の派遣部隊の規模は小さく、ドイツ軍は、自軍が「フン族」と呼ばれる事態を招いていた。ドイツ皇帝ヴィルヘルムは、かつてフン民族がヨーロッパ侵略において示したように、容赦ないよう熱心に説く演説で派遣軍を送り出したのである!

日本は、徐々に高まっていた自国の安全保障上の不満と憂慮をもってこれらの事態を観察しており、

＊　義和団事変を扱った映画『北京の55日』（ニコラス・レイ監督、一九六三年）を指す。

とりわけロシアが中国東北部と遼東半島で立場を強化しつつある状況に関心を抱いていた。一九〇二年に正式な同盟関係を結んだイギリスおよびアメリカ合衆国から支持を受けた日本は、ロシアの中国東北部からの撤退を主張した。一九〇三年一〇月、ロシアがこの地域からの撤兵を拒否したので、日本は、ロシアが朝鮮半島を中国東北部と同様に占領する野望を抱いていると懸念を抱いた。日本の支配階級に属するナショナリスト、膨張主義者、軍国主義者らは、より攻撃的な路線を選択した。ウィッテおよび一部のロシア外交筋は、日本政府との妥協を模索し、中国東北部と朝鮮半島をそれぞれの勢力圏に設定しようとしたが、しかしウィッテに反抗する反動勢力、宮廷に出入りする貴族、陸海軍の指導層は妥協を拒絶した。ロシア皇帝は、日本を脅威であると考えておらず、ウィッテらの見解を受け入れており、一九〇四年二月四日に日本軍がロシア艦隊と旅順の海軍施設への奇襲攻撃を実行に移すまで、ロシア政府は態度をはっきりとはさせなかったのである。日本側は、今回は期待される軍事的勝利の報酬を長期的に維持しようと決意していた。

日露戦争は、両軍にとってきわめて犠牲の多い戦いとなった。近代兵器で装備した、合わせて二〇〇万人からなる兵士が一九〇五年までに中国東北部に派遣された。日本の戦略は、すばやく勝利を収め、中国東北部を支配下におくことであった。一方、ロシアの戦略は、単線のシベリア横断鉄道を経由する補強軍到着まで時間を稼ぐため、戦いを遅らせようとすることだった。日本軍の側では八万四〇〇〇人が戦死し、一四万三〇〇〇人が負傷した。一九〇五年一月、八カ月以上に及ぶたび重なる失策によって多数の兵士が死傷したのちに、日本軍はついに旅順を攻略した。日露互いに三〇〇万人以上、合計で七五万人の陸軍兵士が奉天で会戦した。一九〇五年三月一日から一〇日に行われた短期決戦で、三万人のロシア人が戦死し、一〇万人が傷害を負い、四万人が捕虜となった。日本軍はロシア軍に奉天北部からの撤退を強いたが、しかし日本側も五万人の兵士が戦死し、二万三〇〇〇人が負傷するという損失ゆえに、撤退するロシア軍を追撃できなかった。

日露戦争の最終的勝利は、戦略的な意味では、海軍の優勢にかかっており、内陸都市の占拠はほとんど意味をなさなかった。対馬海峡で一九〇五年五月二七日から五月二九日に行われた日本海海戦で、日本海軍艦隊は、バルティック艦隊と地中海艦隊から集められたロシア海軍派遣艦隊を撃破した。

日露両軍の衝突の規模と激しさ、そしてヨーロッパが参戦するかもしれないという可能性は、全世界を震撼させた。日本は一年で一一万人もの兵士を失った。ロシアの偉大なるバルティック艦隊は、四カ月かけて太平洋に到着し、わずか三六時間の対馬沖の戦いで一六隻の戦艦を失った。一八カ月にわたる戦いで、ロシア軍兵士はただ一つの戦闘にも勝利することができなかった。ロシア人が抱いていた偉大なる軍事国家のイメージは粉々に打ち砕かれた。当時、日露戦争がどれほどまでに人々を呆然とさせたかについては、言い過ぎることはない。歴史家ピーター・ランダルは強調している。「旅順攻略戦において日本軍は、たゆまず進撃を続けた。近代兵器で装備したその戦闘の激しさは身の毛もよだつものであった。全世界は固唾を呑んで見守っていた[2]」。

ドイツは、日露戦争の教訓をよく学んだ。ドイツ軍参謀は、日露戦争を将来行われる戦争の模範として認め、この戦争を調査研究し、それに従って来るべき戦争への準備を進めたのである。第一次世界大戦で最も犠牲の多かったのは、一般に考えられているように一九一七年ではなく、緒戦の一九一四年から一九一五年にかけてのことであった。しかしながら一九一七年の最前線の塹壕における人的損失はぞっとさせるようなものであり、消耗戦において有利な状況にあったドイツも連合国もまた同じように苦しんでいた。最も大量の血が流されたのは、第一次世界大戦の最初の二年間であり、ドイツの塹壕作戦と組み合わされた防御兵器——これこそが日本軍が中国東北部で最初に採用して大きな成功を収めた——が効果的に連合国の攻撃を停止に追い込んだのである。もし短期間で戦闘に勝利できなければ、長期戦を強いられることをドイツ軍は理解していた。一方、連合国は、一九一六年まで放物線を描く長距離榴弾砲を装備した大砲や迫撃砲による塹壕戦を採用することはなかった。

ポーツマス条約

日露両国は一九〇五年の夏までに戦争を終結させようと、きっかけを模索していた。日本軍はほとんどの戦闘で有利に勝利を収めていた。しかし、一八六八年に討幕して日本の指導層を構成するようになった軍部・産業界は、日本が人的資源や財政の問題に直面するようになると、戦争の長期化を避けようとした。開戦当時の過信とは矛盾して、ロシア人もまた、人口が集中するヨーロッパ側から遠く離れた場所での戦争遂行がロシア帝国の国家的脆弱性を暴露し、またその存亡を脅かしていることに気づいた。理論的には、ロシア陸軍が補強されれば、最終的に日本を大陸から駆逐することが可能だったかもしれないが、戦場での惨状や犠牲者数がロシア国内で周知されるにしたがって、国内世論は、ロシア皇帝に戦闘継続の意義を再考するよう強要し始めたのである。ロシア国内における革命や外交的圧力から、ロシアでも戦争を終結させる方法の模索が始まった。

日本がもちかけた、極秘の無視できない予備交渉を経ても、当事国同士では合意にいたることが困難だったため、一九〇五年六月、日露両国は、アメリカ大統領セオドア・ローズヴェルトの講和交渉調停を開始するという呼びかけに公式に応えた。両国がアメリカ合衆国で開催する会議への参加に同

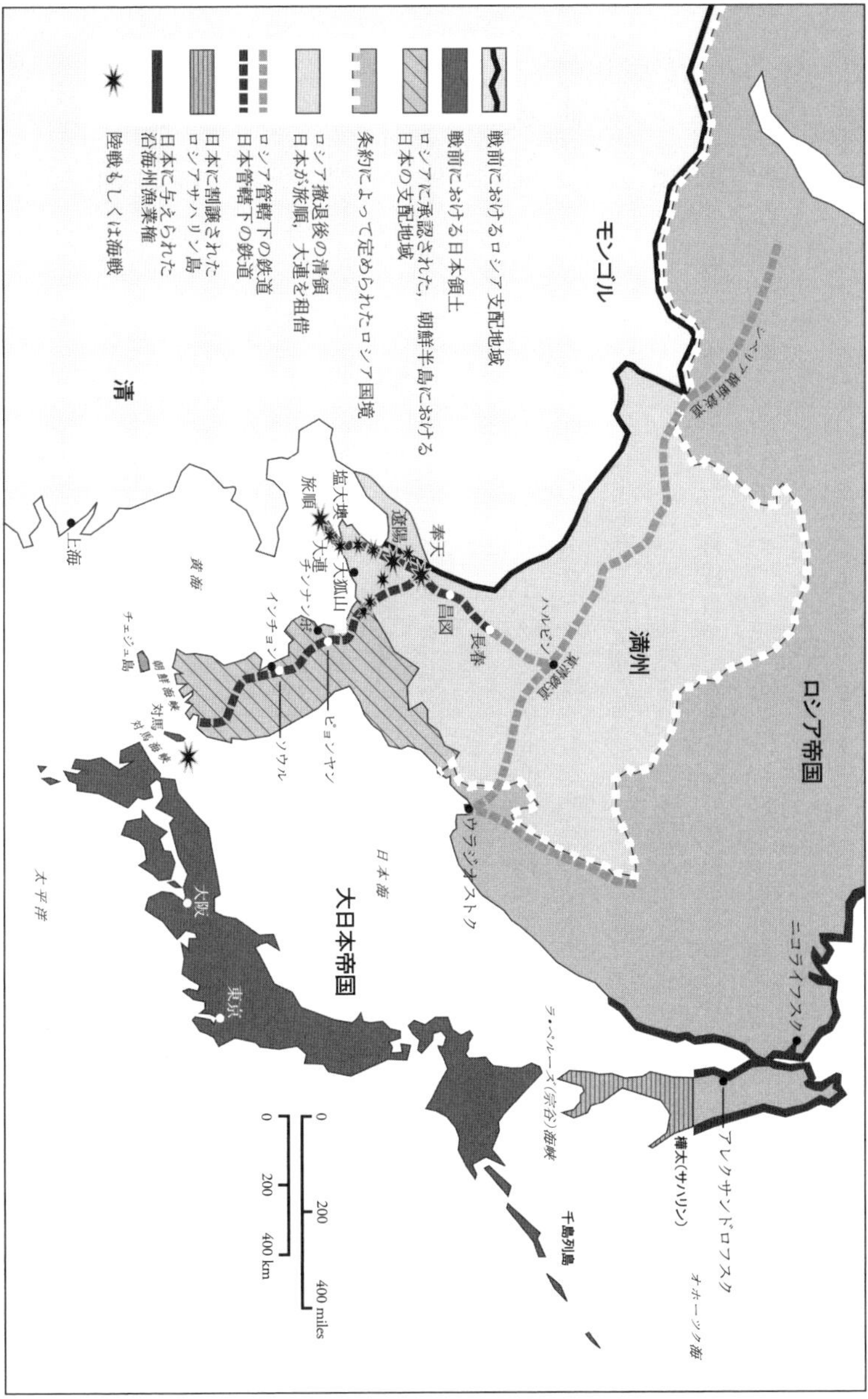

1904–1905年の日露戦争と講和による設定

意したので、ローズヴェルト大統領はニューハンプシャー州ポーツマスでの会合を推奨し、八月九日、交渉が実現した。この時期のポーツマスは、ワシントンよりも気候が穏やかで、またワシントンと比較しても連絡手段、安全管理ともに劣らず万全だった。講和条約は、約一ヵ月後の一九〇五年九月五日に締結された。

アメリカ合衆国にとって、日露戦争の調停は、アジアで行われた戦争の調停を斡旋した最初の機会というわけではなかった。清朝政府の顧問を務めたことのある前国務長官のジョン・W・フォスターが、一八九五年、日清戦争終結に際し、下関条約の草案を起草していた。一八九八年にアメリカ合衆国は、米西戦争でフィリピンを支配下におき、太平洋の大国の一つとして登場した。七年後、セオドア・ローズヴェルトは、西部太平洋地域におけるアメリカ合衆国の利害が損なわれないよう、太平洋地域の調停者の役割を演じることによって、太平洋における自国の利益をさらに確実なものにしようとしたのであった。

大統領就任以前、ローズヴェルトはロシアに対して同情的であった。彼は、アメリカ独立革命以降、一九世紀を通じてロシアは一貫してヨーロッパ列強の中で唯一、アメリカ合衆国に対し友好的であったと認識していた。ロシアは、南北戦争では北軍を支持し、またアメリカにアラスカを売却した。しかし大統領就任後、ローズヴェルトはロシアの極東における野望と膨張を、この地域の米英の利害に対する挑戦だと考えるようになった。日露戦争こそが、ロシア皇帝ならびにロシア帝国に対するローズヴェルトの姿勢の転換をもたらしたのである。ポーツマス会議の開始までにローズヴェルトは、ロシア人を腐敗した不誠実で無力な人々だとみなすようになっていた。同時に、一九〇四年末までには、大統領はロシアに対する日本の要求を支持していたものの、日本が勝利を重ねるにしたがって、極東においてロシアを突出させることのないよう勢力均衡を憂慮し始めたのである。

ローズヴェルトは、ポーツマス条約に結実した三〇日間にわたる交渉を主宰した。アメリカの歴史家ピーター・ランデルならびにユージーン・トラニは、それぞれの著作の中で、この会議について詳細に検討を加えている。(3) 八月九日から九月五日まで、外交官は地元の婦人クラブに歓待され、臨時の柵が設けられた街路に溢れた海外特派員は、ポーツマスを、「東洋」と「西洋」が衝突した破壊行為を終わらせる、希望のかがり火の町と呼んだ。交渉は当初、ニューハンプシャー州ホワイトマウンテンで計画されていた。しかしローズヴェルトは、交渉には一度も出席しなかったものの、ポーツマスの海軍造船所がより安全であると考えた。ライ・ビーチ付近には大西洋横断海底ケーブルがあり、巨大なウェントワースホテルのオーナーが、日露両国代表のために会場を確保した。

ローズヴェルトは、日本の失望にはおかまいなく、勝ち負けを抜きにして、両陣営の外交官を同等にもてなした。ハーヴァード大学で教育を受けた日本の外相小村寿太郎は、ロシアの代表セルゲイ・ウィッテに対し「あなたはまるで勝者を代表しているような物言いだ」と指摘すると、ウィッテは、「ここに、勝者はいない」と返答したのだった。

解決されるべき主要な問題の一つは、ロシアが日本に対して支払う賠償金額であった。ローズヴェルトは日本の勝利を期待していたが、しかし圧倒的な勝利は望んでいなかった。大統領は、日本の決定的な勝利は、実質上、日本が東アジアにおける支配権を確立することを意味し、それゆえアメリカの利害を脅かすと考えたのである。一九〇五年八月二三日にローズヴェルトは日露戦争中にアメリカを訪れていた日本の特別使節である旧友の金子堅太郎男爵に、極秘の書簡を送り、やがて行われる講和会議の場で日本はいかなる賠償金をも放棄すべきであると提言していた。金子男爵は、日米関係を強化するための特別使節としてニューヨークを旅行中だった。金子はローズヴェルトの腹心の友であり、彼の非公式なテニス内閣のメンバーでもあった。* 両者はともにハーヴァード大学で学んでいた。一八九〇年、ローズヴェルトは公務員委員会の長を務めていた当時、金子が西洋の議会制度を学びヨーロッパからアメリカを経由して日本に帰国する際に初めて出会い、以後、両者は頻繁にやり取りしていたのである。(4) ハーヴァード大学でローズヴェルトのクラスメートであった小村はローズヴェルトに強く提言され、躊躇を示しながらも賠償金要求を放棄することに合意したのである。

講和会議代表団がポーツマスに出発したとき、日本軍はサハリンの一部を占拠しており、それを交渉の手段として利用するつもりであった。しかしサハリンと千島列島は、日露間で領有をめぐる係争中の土地ではあるが、ポーツマス会議で取り上げるべきではない別問題であり、交渉が脱線する可能性があった。ロシア外交官ウィッテは、ツァーリから帰国するようにとの極秘のケーブル通信を二度受け取っていた。それにもかかわらず劣勢から策を講じ、ウィッテは条約の最終起草案においてロシアの軍事的損失の衝撃を最小限にすることに成功した。

戦費を埋め合わせるため、日本は、ロシア政府からの確実な賠償金の支払いとサハリン全域の支配を求めていた。しかしロシアは、自国が開始したのではない戦争のために「一コペイカも支払うつもりはない」と主張していた。八月二九日、日本がサハリンの半分を領有する代わりにロシアは賠償金を支払わないという点で同意にいたるまで、交渉は緊張と激しさを増しながら数日間揺れ動いた。ニューハンプシャー州の南部で、電話がひっきりなしに鳴り響いていた。日本の使節団は同意に達したとき、到着して以降初めて笑顔を見せたと報告されている。そして日露両代表団は、祝賀昼食会にそろって参加した。

日本は、朝鮮半島における優越権の強化や中国東北部の租借地獲得といった、賠償金以外の主要な問題で勝利していた。日本はまた、ロシアを中国東北部以北に押し戻すことに成功し、旅順と大連の土地借用権を獲得、朝鮮半島の支配を確実なものとした（その後、数年の間に、日本政府は獲得したこれらの権利を確固たるものにしたのである）。セオドア・ローズヴェルト大統領は、ポーツマス条約を導く外交交渉を主導した役割のため、翌年、ノーベル平和賞を授与され、アメリカ合衆国の国際的な栄誉を高めたのであった。

日露戦争の終結を導いたローズヴェルト大統領の功績は、アメリカ合衆国が太平洋地域に軍事的に介入して利害を防衛することよりも、はるかに好ましい結果をもたらしたといえる。中国東北部からシベリアにおいて日本軍がロシア陸軍を打倒できなかったことから考慮すると、シベリア横断鉄道による継続的なロシア補充部隊の派遣によって、最終的に日本が敗北する可能性は十分に存在した。日本の敗北は、イギリスも、またアメリカも望んではいなかった。ポーツマス条約は、短期的には確実に日本に利益をもたらしたことで、ローズヴェルト大統領は、賢明に戦争を終結させるという困難と、永続的な講和を保障する必要の間で見事にバランスをとったのである。

日露戦争が日本の勝利で終結したにもかかわらず、日本の国内世論と、戦争終結に関して話し合われた講和条約の控えめな条件との間には、特筆に値する隔たりが存在していた。講和条件の発表に際し、すでに広く蔓延していた日本国民の不満が高まった。その内容は、日本が再度、軍事的勝利の成果を奪われたかのような様相を呈していたからだ。これほどまでの人的・物的犠牲を出した戦勝から

＊　セオドア・ローズヴェルトは、ホワイトハウスに初めてテニスコートを設置したことで知られる。大統領との会見を望む人々は、側近とのプレーの終了を待たねばならなかった。

期待されていた二つの特別な要求について、ポーツマス条約は何も言及していなかったのである。一つは領土獲得であり、もう一つは日本に対するロシアの賠償金支払いであった。日本はサハリン全域の支配を意図したが、アメリカ合衆国からの圧力によってサハリン島の半分の管理に甘んじる結果となったため、講和は日本の不信感を高めたのである。

ポーツマス条約の講和条件に関するニュースは、両国の首都であるモスクワと東京の市民を激怒させ、東京では約三万人の暴徒が東京にある交番の七割を破壊する事態となった。ロシアでの受け止め方はそれほど暴力的でなかったものの、この条約は不人気であった。だが、両国民の反発にもかかわらず、ポーツマス条約は短期間で締結された。漁業・通商活動が、かつての交戦国、日露間で速やかに再開された。ロシアの法律顧問は、「文明国家によって平時に締結された講和条約の中でも、同様の事例を見つけるのは困難だろう」と述べた。[5] 日本とロシアは、一九〇七年七月一七日から三〇日の間に条約を締結、取り交わした。一九一〇年七月四日、日露両国は、中国東北部での鉄道建設で協力することで合意に達した。基本的に日露両国で中国東北部を分割し、アメリカ合衆国が長期的に目指していたこの地域の鉄道への参入を許さなかったのである。

日露戦争は、近代においてアジアの国がヨーロッパ列強に初めて勝利した戦争だった。ロシアの敗北は、西洋世界でも、また極東でも衝撃をもって迎えられた。というのも、アジアの国家が、大規模な軍事作戦において強力な常備軍をもつヨーロッパ列強を打ち破ることなど、それまで考えられなかったのである。日本はたしかに戦争終結時において財政難に陥ったものの、ヨーロッパの無敗神話を崩壊させたのであった。日露戦争は、西洋文明以外が工業化を達成することが可能であることを示し、世界の序列化に関するヨーロッパの人種主義的想定に初めてほころびを与えた。日本の栄誉は、近代化された「大国」の一つとして認められたことによって高められた。イギリスは日本の勝利を、一九〇二年の日英同盟後に日本に派遣した軍事教官たちの指導によるものだとしたが、しかしそれだけが勝利の理由ではなかった。ロシアは、太平洋・バルティック艦隊のすべてを失っただけではなく、国際的な名声をも失ったのである。

しかし日本にとって、一九〇四〜一九〇五年の戦争における軍事的勝利がもたらしたのは、一〇年前の日清戦争において勝利の恩恵を得ることを否定された一八九五年四月の三国干渉と同様、日本国民の多数が外交的敗北とみなすものにほかならなかった。このことが、さらに日本人の怒りに油を注ぎ、くすぶり続ける時限爆弾を生み出してしまったのである。

ローズヴェルトは、国民の期待をあまりにも高めてしまった日本の指導者たちを批判した。ローズヴェルトの指摘には一理あるかもしれない。というのも、イギリス高等弁務官アーネスト・サトウ卿が北京から考察していたように、日本陸軍は、通常、賠償金請求の根拠となるような（たとえばウラジオストックのような）要所となる領土を掌握したわけではなかった。ポーツマスにおいてセルゲイ・ウィッテは、意表を突いて小村に仮定的な質問をした。「もし我々がサハリン全土を日本の領有にするとしたら、日本は賠償を求めるだろうか？」。この問いに対して、小村は、日本は賠償金をあきらめないだろうと答えた。しかしこれは、アメリカのメディアに小村の非妥協的な姿勢を印象づけたにすぎなかった。友好的な日米関係は、この時点からぎくしゃくし始めた。ロシアに対する日本の勝利が、アメリカ合衆国において劣勢にあった国家の勝利として広く称賛され、日米友好の頂点を示したものの、その後、日米両国は第二次世界大戦にいたるまで関係を悪化させたというのは皮肉なことである。甚大な人的被害を受けるにもかかわらず戦争の報酬を維持しようという交戦国の強い決意は、長期的目的の達成のためには、戦争がいかに効率の悪い手段であるかということを際立たせることになった。

しかしながら、一九〇五年夏のポーツマスにおける交渉のほかに、日米間で進行中の事案が存在した。セオドア・ローズヴェルトは、戦勝国日本と敗戦国ロシアの間の講和会議を主宰する約一カ月前、アメリカ史上最大の外交使節団をアジアに派遣していた。陸軍長官ウィリアム・タフトに率いられた特使団は、七名の上院議員、二三名の下院議員、陸海軍、各省の代表、そして大統領の娘アリス(とそのボーイフレンド)、総勢七〇人からなっていた。(6) 特使は、遠洋定期船でサンフランシスコからハワイを経由し、日本、フィリピン、中国、朝鮮を周遊してサンフランシスコに帰港した。派遣当時、ローズヴェルトは、自ら国務長官の代理を務めていた。

タフトのアジア歴訪の目的は、アメリカのフィリピン行政にかかわる問題を調査することにあった。途中、タフトは日本を表敬訪問し、日米関係と日露戦争にかかわる問題について協議していた。タフトは、大統領から文書を委ねられたわけでもなく、また口頭で指示を受けたという証拠も存在しないが、疑いなくローズヴェルトは陸軍長官に対して、この二つの問題に関する自身の見解を明らかにしていた。タフトは、一九〇五年七月二七日に日本の総理大臣桂太郎と会見した。両者は会見の中で、日米両国がそれぞれフィリピンと朝鮮半島を支配することについて正式に承認し合った。この会見の「機密」は、桂＝タフト協定として知られている。会合の要約文書を受け取ったローズヴェルトは、当然ながら、タフトの見解を「あらゆる点で」承認した。ローズヴェルトはすでに三月、桂首相のもとに送った若き国務省官僚ジョージ・ケナンを通じて、「日本は旅順を掌握すべきであるし、また朝鮮半島も支配すべきである。この問題は、すでに了承済みである」と伝えていた。(7) そのようにふるまうことで、大統領は、一八八二年に締結したアメリカ＝朝鮮協定に含まれた朝鮮の保護という、アメリカ合衆国の誓約を反故にし、その代わりに日本の膨張主義を戦略的に認めたのである。ローズヴェルトの考えは、日本はアジアにおいて一種の「日本版モンロー・ドクトリン」を築くべきだというものであり、その核心は、帝国主義ゲームへの招待にほかならなかった。しかしローズヴェルトはこの提案を正式に支持したことも、認めたことも決してなかった。

アメリカの歴史家ジェイムズ・ブラッドレーによれば、「日本版モンロー・ドクトリン」という構想は、一八七〇年代にアメリカ外交官チャールズ・ルジャンドル将軍によって日本人に提案されたという。この構想は、日本政府の指導者たちに影響を与え、アメリカの事例に倣うよう彼らを鼓舞した。しかし、これは日本のために提案されたわけではなく、あくまでもアメリカの国益のために提案されたものだった。「スラヴ民族ロシア」を含むヨーロッパ列強を危機的状況に追い込むために日本を説得し、東アジアへのヨーロッパの膨張を妨害することで、ローズヴェルトは、アメリカの通商のために中国市場の開放を可能にした。同時に、ローズヴェルトは金子堅太郎に宛てた書簡の中で、アメリカ最大の植民地であるフィリピンに近づかないよう、はっきりと日本に警告している。

七月末の東京で、桂首相はタフトに対し、日本は一八九五年に中国から獲得した台湾で手いっぱいであり、フィリピンに関して何の意図も抱いていないと力強く保証した。一九〇四年二月、ローズヴェルトは息子に個人的に宛てた手紙の中で、「日本は我々のゲーム」をしていると記しており、ローズヴェルトの見解からするならば、日露戦争とは、本質的には代理戦争だったのである。(8) 社会進化論者で白人至上主義の信者でありながらも、ローズヴェルトは逆説的に、日本人を「名誉白人」として受け入れていた。「日本は、アジアにおいて西洋文明の原則と秩序を理解している唯一のアジアの国家」であり、ローズヴェルトは、「皇国」日本がアジアにおける「当然の指導者」になるべきで、アメリカ合衆国の戦略的・経済的利害の擁護者であると結論づけていた。アメリカ大統領が一九〇五年一二月の日本による朝鮮半島保護領化を承認し、脆弱な緩衝国家であった朝鮮に暮らす人々の運命を見捨てた一九一〇年八月二二日、日本が完全に韓国併合を強行したことを手始めに、この論理は、悲劇的かつ破滅的に、時間の経過とともに日本軍国主義を統制不能な巨大な破壊神へと変質させることになった。朝鮮半島の人々は、日韓併合の日を、「国辱の日」として記憶している。

アメリカ政府の朝鮮半島に対するこの姿勢は、ことさらひどい裏切りであった。ブラッドレーが想起させるように、一八八二年に高宗が世界に朝鮮半島を開放したとき、朝鮮王朝は西側の最初の条約締結国としてアメリカ合衆国を選択した。高宗はアメリカ合衆国が、無防備な朝鮮を日本から防衛してくれるものと信じていた。高宗は、「アメリカは我々にとって長兄であると感じている」と国務省官僚に伝えていた。一九〇五年においても、高宗はローズヴェルトが朝鮮半島を公正に取り扱うものだと信じていた。彼は、ローズヴェルトがワシントンで「朝鮮半島は日本の支配下におくべきだ」と語っていたなどと夢にも思わなかったにちがいない。実際、タフトの表敬訪問から二カ月後、ローズヴェルトはソウルのアメリカ領事館閉鎖を命じ、無力な国家を日本軍に明け渡したのである。その場にいたアメリカの次席外交官は、アメリカ合衆国は朝鮮を「沈みゆく船からネズミがどっと逃げ出すように」放棄したと述べている。アメリカ政府は、日本による朝鮮支配を最初に承認した国家であり、高宗の使節が日本軍の侵攻を止めるよう懇願したとき、ローズヴェルトは冷淡にも、すでに朝鮮半島は日本の一部であるがゆえに、日本政府に対して訴えるべきだと、呆然とする朝鮮の使節団に伝えたのであった。

日露戦争とポーツマス条約の衝撃は、日米両国をはるかに超えて広がった。日本の勝利はロシアに、イギリスと日本に対するさらなる領土の割譲を強いることになった。一九〇七年、ロシアの新しい外相は、中国東北部と北部ペルシア（イラン）における勢力圏を維持するため、中国東北部の南半分と朝鮮半島における日本の支配権を容認し、ペルシア南部、アフガニスタン、チベットにおけるイギリスの支配権を認めた。オスマン帝国とペルシアにおける利益を保全するため、ロシアは、ドイツがロシアの承認し合った。一九一一年の辛亥革命後、ロシアと日本は内モンゴルにおける互いの勢力圏を安全保障上の利害関係を承認する見返りとして、この地域におけるドイツの経済的利害の承認に同意した。最終的に、ロシアは、ドイツと敵対関係に陥ることなく、イギリスとフランスとの間で非公式な三国協商を結び、自国の戦略的・経済的利益の防衛を図ったのである。

ヨーロッパでは、バルカン半島におけるロシアとオーストリア＝ハンガリー帝国の間の競合関係に対して、日露戦争は影響を与えることはなかった。一九〇八年、ロシア外相は、ロシアの特別通過航行権を確保するために、ダーダネルス・ボスフォラス海峡の中立に関する海峡協定の修正を試みた。ロシア外相は、イギリスが反対するとわかっていながらも、オーストリアによるボスニア・ヘルツェゴヴィナの正式な併合を支持することによって、オーストリア＝ハンガリー帝国による協定修正への支持を期待していた。しかし、自国をオスマン帝国の庇護者だとみなすドイツが戦争を匂わせると、オーストリア＝ハンガリー帝国はロシアに対し、ロシアの同盟国であるセルビアへの支援を拒否するよう強要した。

その後、バルカン地域は、各民族集団が独立を求めるにつれ、徐々に不安定さを増した。一九一二年、第一次バルカン戦争において、ブルガリア、セルビア、ギリシア、モンテネグロがオスマン帝国を打ち破ったものの、国境線やバルカン同盟をめぐって合意にいたることはなかった。一九一三年、同盟は決裂し、セルビア、ギリシア、ルーマニアが第二次バルカン戦争でブルガリアを打倒した。オーストリア＝ハンガリー帝国は、この地域においてセルビアと領土をめぐるライバルとなっていたブルガリアの後ろ盾となった。ブルガリアに対するオーストリア＝ハンガリー帝国の野望に対抗するため、ロシアはセルビアとの関係を強化した。この不安定で複雑な同盟と大国による支援体制が、ヨーロッパ全域を巻き込む戦争へと暴発するのは時間の問題だったのである。

四半世紀後

日露戦争から四半世紀経った一九三〇年までに、ポーツマス条約で合意にいたった条件、そして交戦した日露両国は、変質し、その原形をとどめていなかった。もちろん第一次世界大戦が、その合間に世界を作り替えていた。しかし、日露戦争がもたらした変化のプロセスは、終戦直後から始まっていた。日露戦争に対するロシアの反応は、敗戦が変革を導くという、もう一つの事例を示した。さらに、日露戦争から一〇年も経たないうちに勃発した第一次世界大戦は、ロシアですでに起こっていた変動を加速したのである。

ロシア皇帝ニコライ二世にとって、日本に対する敗北は破壊的結果をもたらした。敗戦後の国民の不満は、すでに沸点に達し、平和的デモのためサンクトペテルブルクに集まった二〇万人の市民のうち数百人をロシア軍が殺害した「血の日曜日事件」は、一九〇五年一月に起こった第一次ロシア革命を激化させた。ニコライ二世は、非妥協的な交渉の姿勢をとることで、労働・農業・政治改革の要求を妨害しようと考えていた。広範に起こったストライキに続いたのは、容赦ない弾圧であり、軍隊が生み出した恐怖政治だった。しかし、民衆の不満と失業状態は続いていた。皇帝は、非公式な顧問団を創設し、一九〇六年に初めて招集された地方議会と一般選挙による立法議会を導入したが、しかしツァーリ自身の絶対的権力の放棄を拒絶し、それゆえ、ロシア社会のあらゆる階層から突き付けられる要求に応じることに失敗したのである。

戦争の犠牲は、ロシア経済を悪化させるに余りあるものだったし、ロシアの貿易赤字は穀物輸出量の多さにもかかわらず膨らんでいた。一九〇五年以後すぐにロシア軍の改革が始まり、国家は軍隊装備を整えて増強を図るために、その総額は明らかではないものの、さらなる財政赤字に陥った。一九〇五年のロシア海軍の名誉の喪失は、オーストリア＝ハンガリー帝国やドイツに大きな衝撃を与えた。ロシアはフランスとセルビアの同盟国であり、ロシアの敗北はドイツの将来の戦争計画に顕著な影響を与えた。ドイツは、フランスを仮想敵国としていた。オーストリア＝ハンガリー帝国は、セルビアを敵とみなしていた。ロシア軍が、あまりに弱く軍備が不十分であれば、十分に装備し訓練されたドイツ軍もしくはオーストリア＝ハンガリー軍に対し、大した脅威にはならないという想定が存在した（しかし一九一四年までロシア陸軍は、ヨーロッパ最大規模であり、第一次世界大戦期の最初の段階で重要な役割を演じることになる。ロシア陸軍は、膠着した西部戦線とは異なる様相を呈していた東部戦線でドイツ軍を引き付け、壊滅的な敗北をもたらし、オーストリア＝ハンガリー帝国の解体に大きな役割を果たした）。ロシアの部分的な軍事改革は、戦争国家ドイツと対峙して最終的な敗北を回避するには不十分であり、究極的な改革とみなすことができる、一九一七年のボリシェヴィキ革命を導く要因の一つとなったのである。

アレクシス・ド・トクヴィルが記したように、敗北によって進展することになった改革や運動と革命との相違は、実際に非常に興味深い。

ロシアは一九三〇年までに、もはやツァーリが率いる非能率な貴族政治支配ではなくなっていた。過激なマルクス主義者によるツァーリ政府の転覆に結実した血なまぐさい反乱が第一次世界大戦のさなかに起こり、一九二四年に革命指導者ウラジーミル・レーニンが死去したことによって、はるかに独裁的な支配者であるヨシフ・スターリンが登場した。

一九一七年のロシア革命後、ポーランドとリトアニアの人々は一九二〇年代を通じて、日本がかつて対峙したよりも大規模な二五万〜三〇万人もの軍隊が反乱を鎮圧するために駐留したことにより、新しいソ連政府の支配の下に容赦なく組み込まれることになった。ポーランド反乱運動の指導者たちは、サボタージュとソ連帝国内部を探る新たな諜報活動で協力関係を構築し、日本から支援を受けて反乱を計画するため、日本に密使を送っていた。

日本の政治指導層にとって、日露戦争は、ロシアの指導者とは逆の効果をもたらした。この戦争によって日本は一躍、国際的な脚光を浴び、国家的威信が高まった。この出来事は、軍部と天皇を密接に融合させ、日本のアジア進出の舞台を御膳立てしたのであった。この勝利ののちに、日本はすぐにアジアにおける帝国としての計画遂行に着手し、台湾を掌握し、朝鮮半島を併合、その勢力圏を中国東北部にまで拡大し、さらに中国北部を支配しようとした。日本は、世界第六位の海軍大国となったが、一方でロシア海軍は弱体化した。一九一八年以降、最終的に日本は世界第三位の海軍強国となる。ハーバート・ビックスによれば、昭和天皇裕仁は、子どものころに好んで日露戦争を軍事シミュレーションゲームとして学んでいた。[9] 日本の海軍戦略家たちは、ロシア海軍に対する「一撃」作戦の価値を認識しており、三五年後、真珠湾において再びその戦略を採用することになる。真珠湾攻撃の前夜、日本は中国から撤退することを拒絶した。日本政府枢密院議長の原嘉道が記しているように、撤退は「日露戦争の勝利の果実をあきらめること」にほかならなかった。ロシアという競争相手がなく、また第一次世界大戦期におけるヨーロッパ諸国の注意散漫な状況、さらに世界大恐慌が結合して、日本軍は、中国とアジア全域の支配を目指し、第二次日中戦争ならびに第二次世界大戦の主戦場の一つとなったアジア・太平洋戦争を引き起こしたのである。

ロシアに対する日本の勝利は、しかし海外在住の日本人に対する平等な市民権の承認をもたらすことはなかった。一九〇七年、アメリカと日本は、当時、「紳士協定」と呼ばれた、日本政府による自主的な渡航労働者制限措置について合意に達していた。また新たに組織されたオーストラリア連邦は「白豪主義」を議会で可決し、日系移民の排斥政策を講じていた。米豪両国の政策は、日本人の感情を著しく傷つけた。オーストラリア人は、イギリスが東アジアにおける自国の利益を守るために日本に依存することを快く思っておらず、アジアにおけるイギリスの同盟国日本を深い不信の目で見つめ、潜在的な敵国だとみなしていた。オーストラリア人は、日本の軍事力とイギリスの無関心によって不安になっていた。イギリスはすでに、急速に増強されたドイツ海軍に対抗する努力を開始し、そのためイギリス海軍がオーストラリア防衛を担えなかったがゆえに、日本軍がアジア・太平洋地域のドイツ帝国への攻撃を選択しなければならなくなったのだった。

歴史家の多くは、日露戦争が日本にとっての転換期であったと考えており、その後の日本が軍事的にも政治的にも失敗した理由を理解するための手がかりであるとみなしている。ポーツマス講和会議の期間中、まるで敗戦国のように扱われたという当時の日本社会のあらゆる階層に共有されたコンセンサスや列強の一員となったという「傲慢」な感情と結びついた憤怒は、その結果としてアジアにおけるさまざまな軍事的事件として示されるように、日露戦争の結果に対する不満の高まりとともに激しさを増したのである。その結果、後世の歴史家たちは、日露戦争こそが、日本軍国主義の主要な原因であると考えている。西洋世界に対する日本人の憎悪は、第二次世界大戦期に東アジア、東南アジア、南アジアを侵略する結果をもたらし、巨大な植民地帝国としての「大東亜共栄圏」を作り出す日本政府の軍事的帝国主義的野望を煽ることとなったのである。

一九〇五年のロシアに対する日本の勝利は、朝鮮半島や中国東北部における日本版「ローズヴェルト系論*」の行使をアメリカが奨励したことによって、日本にアジア征服の道を歩ませることになった。しかし一九三一年に始まる征服の道は、一四年間にわたる戦争と、破壊と恐怖において一九〇五年の勝利からは想像もできないような敗北を導くことになった。昭和天皇裕仁が、一九四五年の日本敗戦直後に、一二歳になる皇太子明仁にしたためた手紙で説明しているように、米英両国をあなどったばかりに、日本軍が支払った代償はきわめて甚大だったのである(10)。

＊　一九〇四年、セオドア・ローズヴェルト大統領は、債務不履行に陥ったヴェネズエラが英独伊に武力干渉を受けた際、南北アメリカを含む西半球へのヨーロッパ諸国の不干渉原則を掲げたモンロー宣言（一八二三年）から派生する権限として、カリブ海周辺諸国に対するアメリカ合衆国の「国際警察力の行使」を主張した。以後、アメリカ政府はカリブ海周辺諸国に対して干渉する「棍棒外交」を展開し、この地域をアメリカの「裏庭（勢力圏）」として扱った。

第四章　第一次世界大戦勝利のわずかな報酬　1919―1939

「勝利とは頼りにならない忠告者だ」
『イラストラシオン』誌、パリ、一八七〇年

はじめに

第一次世界大戦が終結してから四半世紀後の一九四三年一一月、ヨーロッパ、南北アメリカ、アジアの国々は人類史上最も破滅的な戦争を行っていた。約六〇〇〇万人、もしくはそれ以上の人々が、野蛮きわまりない第二次世界大戦で命を落とした。それは、一九一八年に勝利を味わった人々が想像したものでは決してなかった。それは、一九一九年のパリ講和会議において戦勝国の政治家が将来の世界について計画し、達成しようとした目的の帰結でもなかった。しかしながら、第一次世界大戦の一〇年前に行われた日露戦争の勝利がそうであったように、勝利はより確実に、二〇世紀の世界大戦と呼ばれる戦争の第二幕を導く状況を作り出すのに一役買ったのである。

第二次世界大戦の原因に対するこのような分析は、素人的であり、還元主義的で、過度に単純化した見解であると思う人もいるだろう。そうした人々は、こういうにちがいない。ヨーロッパにおける

戦争は、一人の屈折した心をもつ人物、すなわちアドルフ・ヒトラーと、一九三〇年にヨーロッパを席捲した国家社会主義政党の人種主義的イデオロギーならびにナチ党によって生み出されたのだと。そしてまたこう強調するだろう。民主主義諸国はどんな手段をもってしても、ヒトラーとナチスと戦う以外に選択肢は存在しなかったのだと。同様に、不可避的に真珠湾でアメリカを攻撃するにいたった日本の軍国主義的・膨張主義的イデオロギーが、アジアを突然襲ったのであると。

しかし、こうした意見こそが、愚直で単純化した見解であろう。第一次世界大戦終結時に戦勝国によって行われた調停が第二次世界大戦の勃発を助長したことは明らかだ。この事実を無視することは、戦争が次なる戦争を生み出すのだという、避けがたい現実を決して認めないことに等しい。すでに考察してきたように、戦争での勝利は、武力行使に頼った人々が求める結果を生み出すことはない。勝利によって、人々が他者の意思に強制的に従うことはない。これこそが、勝者と敗者がともに真実であると考えたことである。第一次世界大戦は、その他の戦争以上に、いかなる意味においても勝者が存在しないことを示した戦争であるといえるだろう。すべての人が、多かれ少なかれ同じように苦しんだのである。終戦時に決定された諸条件は、戦勝国の思惑の如何にかかわらず、征服された国々が自らにとって不公正であるとみなすものを覆そうとする努力を強化しただけだ。

戦争は、短期的には、敗戦国に戦勝国の軍隊を受け入れさせるかもしれない。しかし——長期にわたってあまりにも不釣り合いな——尋常でない環境においては人々を隷属させることが可能であるとしても、それでも戦勝国と敗戦国との最終的な関係は、勝者の側の見通しと一致することはめったにない。パリの週刊誌『イラストラシオン』が一八七〇年九月、フランスが普仏戦争に敗れたのちに主張している。「勝利とは頼りにならない忠告者であり、国々は流された血の上で転びやすくなる。すべての勝利の後には新しい明日がやってくる。ウォータールーの戦いの後にはアウステルリッツの戦いがやってくるように。そしてその中で我々は叫ぶ。勝利者よ、注意せよ」と。[1] この指摘は、戦争のさまざまな原因と勝利の多様な結果に対するより現実的な評価であるといえよう。これと異なる見解は、単純に、国家目標を達成する手段として、軍事力の行使を継続させるという正当化にすぎない。国民国家の内部には、このような意見をもつ集団が数多く存在し、二一世紀の現在においても我々が驚きをもって見出してきたように、多くの非国家的な人間でさえ同様の意見を信奉している。「勝利とは頼りにならない忠告者だ」という考えは、我々にとって一つの驚きであり、自国の政治指導者は、過去を記録することに失敗した我々の悲しい姿にほかならない。

第一次世界大戦にいたる過程において、この自明の真理を認めそこなった理由は、部分的には、戦争が「男性」を、ひいては「国民」を作り出すという一九世紀末に人気を博した信念にあった。イギリスではラドヤード・キプリングの詩や冒険物語が、アメリカ合衆国ではセオドア・ローズヴェルト大統領が、オーストラリアではバンジョー・パターソンが広めた「男らしさを礼賛する文化」は、「屈強なキリスト教信仰」、「明白なる天命」、そして「社会進化論」などさまざまな呼び名で知られるものだが、これらはいずれも戦功を称賛するものだった。最大の悲劇は、あまりに多くの若者が彼らの先達と同様、戦争勃発を歓迎し、戦争への参加に熱狂的に興奮したことだ。[2] この興奮は、一九世紀前半にチャールズ・ダーウィンによって明確に述べられた進化論に関して、「適者生存」という言葉を初めて使用したハーバート・スペンサーなどの著述家たちが社会へと適用した考えに帰すことができる。スペンサーとその支持者たちが名づけた社会進化論は、ダーウィンの進化論を自分たちより脆弱な国家や民族集団を征服し、壊滅させることを含む政治目的へと転化させたのである。社会進化論の推進者たちは、弱小集団を排除する戦争は、最強の国家の適者生存を確実にし、それゆえに世界の現状を改善すると主張した。最悪なことに、社会進化論者たちは、イタリアのファシストがアフリカにおける帝国主義的膨張を正当化し、次にドイツのナチ政権が第二次世界大戦においてヨーロッパ全土のユダヤ人を排除するジェノサイド政策を進めるにあたって利用した、全体主義的かつ人種主義的な見解を提唱していたのである。もちろん社会進化論は、イギリス、フランス、アメリカ合衆国の帝国主義の正当化のために長く利用され続けていた。実際、これらの国々は、イタリアやドイツがこの「社会進化論的」なナショナリズムの潮流に参入するはるか以前から、長期的に社会進化論的言説を構築してきたのであった。

我々が、戦争は無価値であり勝利の報酬ははかないという事実を認識しそこなった理由をさらに付け加えるならば、歴史家が自らの専門領域で認められた枠組みの中でのみ研究しているため、その枠組みにそぐわない作業仮説を検討することに対して躊躇を覚えるという事実が挙げられるだろう。戦史にかかわるおおよそすべての歴史家の研究枠組みとは、国家中心的で、悪意はないとしても、自国が勝利に値するよう合理的かつ正当に行動したとする一方、敵国は邪悪で、誤って導かれており、短絡的な動機から行動したとみなすナショナリスティックなものなのだ。このような研究アプローチは、批判の矛先をいずれかの陣営に振り分け、どちらの側がより残虐で野蛮だったのか、もしくはいかに敗者は罰せられるべきだったかといった論争に我々を巻き込む。こうした論争は明らかに愚かであり、我々には何ももたらさない。こうした議論は、針の上で天使は何人踊れるか、というスコラ学的な問いかけと同様に無益である。

戦争そのものが野蛮で、道徳的にも受け入れがたい行動であるが、戦争にかかわるすべての者は自らを正しいとみなしているため、勝利は意図された目的を達成することはめったにないのだということを証明するアプローチが必要とされている。二〇世紀に行われた戦争が私たちに何か教訓を与えるとするならば、それは、きっと以下のようなことだ。今こそ、戦争遂行について弁明する人々が強調するような、「戦争は必要である」、「痛ましい必要悪である」といった修辞的な詭弁を拒絶するときであり、国もしくは個人的な野心を追求する国家の指導者たちに対し、戦争に対する明白な拒否が一つの選択肢であるべきだと強調するときなのだ。二〇世紀は、それ以前の一〇世紀よりも、[3]戦争を通じて多くの死と破壊をもたらしてきた。しかし、戦争における未曾有の人的犠牲や、戦争によって目的を達成できなかったという事実にもかかわらず、我々は、戦争における勝利が成功を象徴しているという愚かな信念をもって戦争を容認し続けているのではないだろうか。

もちろん、戦争における勝利に有効性がないという教訓は、たしかに存在してきた。しかし我々は、それらの教訓をあまり深く考えてはこなかったし、もしくはそこから間違った結論を導いてきたのだろう。戦争が終結してから四半世紀後の世界がどうであったかという事実以上に、明白な真理を示すものは存在しない。第一次世界大戦時には、日本とアメリカ合衆国の兵士を除き、六〇〇〇万人もの兵士が動員され、そのうちの半数以上が犠牲となった。八〇〇万人以上が戦死し、二一〇〇万人が負傷し、さらに八〇〇万人以上が捕虜となった。第一次世界大戦終結直後のロシア、ドイツ、ポーランド、ハンガリー、アイルランド、イタリアでは、内戦の様相を呈した市民の衝突が起こった。ギリシアとトルコとの紛争は継続したままであり、ヨーロッパ全域でボリシェヴィズムが恐れられた。

本章の目的は、一九一九年にパリに集まった政治家たちに第二次世界大戦勃発の責任を帰することではない。第一次世界大戦の勝利が、勝者の目的を達成することがなかったという、きわめて明白でより重要な点を明らかにすることである。パリ講和条約の擁護者でさえ、第一次世界大戦がその後の出来事の方向を定める大きな流れを作り出したことは認めるだろう。[4]しかし、それでもこうした人々は、すでに述べたようなナショナリスティックな研究枠組みから自由になることができないか、もしくは戦争が不要なものであり、望ましくない行動様式であると考えることが困難なのだろう。そのため、アメリカ合衆国の軍事史家ウィリアムソン・マレーは、二〇〇九年に発表したヴェルサイユ条約に関する洞察の鋭い論文において、戦時のドイツ軍の行動は、「戦争遂行過程において明らかに、文明的価値観に対する過度の破壊をもたらした」と強調し、ドイツに対する厳しい懲罰を擁護している。マレーはまた、戦争を導いた一連の危機を煽動したのは、ドイツの支配者にほかならないと断言している。つまりドイツは大規模な陸軍を維持すると同時に英国海軍に対抗することのできる海軍を増強することができると判断したがゆえに、ヴィルヘルム二世の政策は「道を誤った」のであるとマレーは指摘する。[5]しかしながら、マレーはなぜイギリスが他国を圧倒する海軍をもつ権利があるのか、またイギリスが獲得し、防衛しようと試みた帝国こそが戦争勃発の原因になった可能性については論じてはないのだ。

第一次世界大戦を研究しているイギリス、アメリカ、そしてオーストラリアの歴史家たちが、その関心をあまりにも西欧と西部戦線に向けていることにも、部分的な問題があるだろう。第一次世界大戦を導いた中心的な政治問題の多くはヨーロッパ東部に存在しており、また激戦の多くも東部戦線で行われた。たとえば、セルビアでは、人口の割合からすると、フランスよりもはるかに多くの犠牲が払われた。セルビアの総人口四五〇万人のうち一〇〇万人が命を落としたのに対し、フランスは約四〇〇〇万人の総人口において犠牲者数はセルビアと同じだった。ロシア軍は、第二次世界大戦の状況と同様に、東部戦線においてドイツ軍五〇個師団と対峙していたが、この兵力が西部戦線に投入されていたならば、ドイツは西部戦線における均衡を打開できたにちがいない。西部戦線にのみ焦点をあてる歴史家はまた、中欧や中東に関する諸問題を無視し、ドイツの戦争犯罪や独仏間の賠償金問題を扱うヴェルサイユ条約の条項にのみ関心を示す傾向がある。パウル・フォン・ヒンデンブルク将軍やエーリッヒ・ルーデンドルフ将軍の事実上の独裁的采配の下で、ドイツの戦争目的は、ベルギーとオランダを支配することのみならず、中欧や東欧における覇権の確立をも含んで拡大した。

一九世紀後半にビスマルクが示していた見解において、バルカン地域は、「ポメラニア出身の擲弾兵一人の命にも値しない」にもかかわらず、皇太子フランツ・フェルディナンドが狂信的なセルビア人にサラエヴォで暗殺されたため、オーストリア＝ハンガリー帝国がセルビアを処罰しようとした一九一四年七月、ドイツ皇帝ヴィルヘルム二世は、戦争を引き起こす可能性があると意識しながらもオーストリアを支持する決定を下したのであった。[6] 歴史家のほとんどは、第一次世界大戦の勃発の主要因は、ヨーロッパを二つの陣営に分裂させた競合的な同盟体制であると論じてきた。この前提によって、多くの研究者は第一次世界大戦を「残虐で戦う必要のなかった戦争」であると特徴づけてきた。これは、第二次世界大戦（さらに残虐性を増し、不必要であったかもしれない）を「良い戦争」であると特徴づけてきたこととは、著しい対照をなしている。しかしこの説明には、特別の弁明があるようだ。もし皇帝ヴィルヘルム二世がオーストリア政府に戦争を思いとどまらせることが可能で、戦争が回避しえたならば、これらの研究者たちは、この同盟体制こそが戦争勃発を回避させたのだと論じるにちがいない。

イギリス首相デイヴィッド・ロイド＝ジョージがのちに考察しているように、「我々は（戦争を）避けなければならなかったし、また避けられる可能性もあっただろう」。実際に、ヴィルヘルム二世は、オーストリアに対する支援をすぐに誓っただけでなく、実際にそれを行動に移した。一九三〇年代初頭、ロイド＝ジョージは、第一次世界大戦を引き起こした諸事件を回顧しながら、「ドイツ皇帝は、ヨーロッパ戦争に突き進んでいる、もしくは突き進まされているという考えを抱かなかったわけではないだろう。皇帝は、犠牲の多い戦争ではなく、安上がりの外交的勝利を予想していたのだ」との確信を記している。(7) 皇帝の決意は、ギリシア人の考え出した悲劇と違い、まさしく明白かつ単純な愚かさの産物だった。しかし、八月一日にいったんドイツ軍の動員が始まると、揺るぎない意志をもったヘルムート・フォン・モルトケは、軍事動員の歯車を止めることを嫌った。ドイツの作戦計画は、ベルギー侵攻後にフランスを攻撃し、フランスを打倒したのちに鉄道を用いて兵力を東部戦線に送り、動員の遅れたロシア軍を敗北させるというものだった。ドイツ人は、決定的で短期的な軍事作戦による全面勝利を信じた。ドイツ人は、一九〇四～一九〇五年にロシアを敗北させた日本が採用した作戦に刺激を受けていた。しかし、「シュリーフェン計画」が実行されると、ドイツ軍は東西両戦線で敵軍を決定的に打倒することに失敗し、戦争の長期化を確実にしてしまった。将軍たちに徐々に決定権を譲ることを強いられていた交戦国政府は、「さらなる一撃」による勝利を期待し続けた。軍事的努力と戦争目的の段階的拡大は、勝利を、膨大な国家的犠牲を正当化するためだけのものとした。さらに、勝利と敗北の定義は、一九一四～一九一八年の大戦を通じて徐々に変容した。明敏な軍事史家ブライアン・ボンドによれば、「第一次世界大戦における勝利そのものは、獲得する価値があり印象的だろうが、政治課題はあまりにも複雑で、軍事的成功を恒久的な講和体制へと転換させる手段は欠如したままだった」のである。(8)

一九一八年以後の平和調停

第一次世界大戦は、多くの民族集団からなる四つの帝国の終焉を招いた。ロシア帝国、ドイツ帝国、ハプスブルク帝国、そしてオスマン帝国はすべて、一九一四年から一九一八年の間にヨーロッパを覆い尽くした革命と暴力の波の中で崩壊した。それでも一九一九年にパリに結集した外交官たちは、一〇〇年前にウィーンに集まった外交官らと同様に、ヨーロッパを再編しようと試みた。二〇世紀の調停者たちは、しかし、先達者ほど成功を収めたわけではなかった。政治学者カレヴィ・ホルスティによれば、一九一八年から一九四一年の間に三〇もの国家間紛争が勃発したが、そのうち八つは一九一八年以後の調停に直接の原因をもつものだった（一九一四年にヨーロッパ・中東において二二だった独立国の数が一九一八年には四一に倍増したことがさらに事態を紛糾させることになった）。パリ講和会議で起草された国境をめぐる領土紛争が、武力衝突の最大の原因であり、次いで国家や政権の存続が、そして条約の強制が武力行使の原因であった。戦後調停から建国された国々は、貧しく、政情不安定で、国防の点でも安定しておらず、近隣諸国に対して憤りを抱いていた。[9]

一八一五年のウィーン会議での外交官の計画は、平和は、国家間の「勢力均衡」を通じて維持されるという考えに基づいていた。一九一九年、この「現実政策《リアルポリティーク》」の概念は、アメリカ合衆国大統領ウッドロウ・ウィルソンの理想主義的概念に、明確に取って代わられることになったのである。ウィルソンは、「すべての国家は、他国もしくは他民族に対しその政治形態を押し付けようとすべきではなく、すべての民族は自らの政治形態と自ら発展を遂げる方法を、大国もしくは強力な国家によって妨げられることなく、脅威にさらされることなく、恐れることなく選択する自由を有する」という原則に基づき、パリ講和会議では「勝利なき平和」の先導役を務めることを望んだのであった[10]。

一九一九年一月一八日に始まり、一年後の一九二〇年一月二一日に閉幕したパリ講和会議は、三〇カ国以上から外交官を迎えた。この会議自体が、パリ、ヨーロッパ、そしてほぼ全世界を覆い尽くした、尋常でない出来事だった。パリ講和会議の進行過程で、国際連盟が創設され、いくつもの条約が締結され、第一次世界大戦を正式に終わらせるとともに、ヨーロッパとそれ以外の世界の地図を作り直したのであった。未来の戦争を防止することができると期待された組織、国際連盟の設立に加えて、パリで結ばれた条約は、すでに合意に達していた休戦条件を正式なものとした。

一九一九年九月一〇日、サン・ジェルマン・アン・レ条約が、はるかに領土を縮小した新しいオーストリア共和国と戦勝国との間で結ばれ、いまや解体したオーストリア＝ハンガリー（ハプスブルク）帝国との戦争を終結させた。ヴェルサイユ条約と同様に国際連盟規約に組み入れられたこの条約は、アメリカ合衆国の上院によって批准されることはなかった。オーストリアは、その領土と資源の大部分を奪われ、困窮した新たな国家として再出発した。一九一九年一一月二七日、ヌイイ条約がブルガリアとの間で結ばれた。同年、六月にはトリアノン条約がハンガリーとの間で、八月にセーヴル条約がオスマン帝国との間で結ばれた。その後、セーヴル条約は、一九二三年七月に締結されたローザンヌ条約として再締結されたのだった。

一九二〇年六月二八日、連合国とドイツ帝国（そのときにはすでに新しく建国されたヴァイマル共和国になっていた）は、戦争を終結させ、また国際連盟を創設する規約を含んだヴェルサイユ条約を締結した。この条約は、近現代史研究において現在でも最も論争的な条約の一つに数えられている。ヴェルサイユ条約の主要な問題点は、ドイツにのみ戦争責任を引き受けるよう求める条項を含んでおり、ド

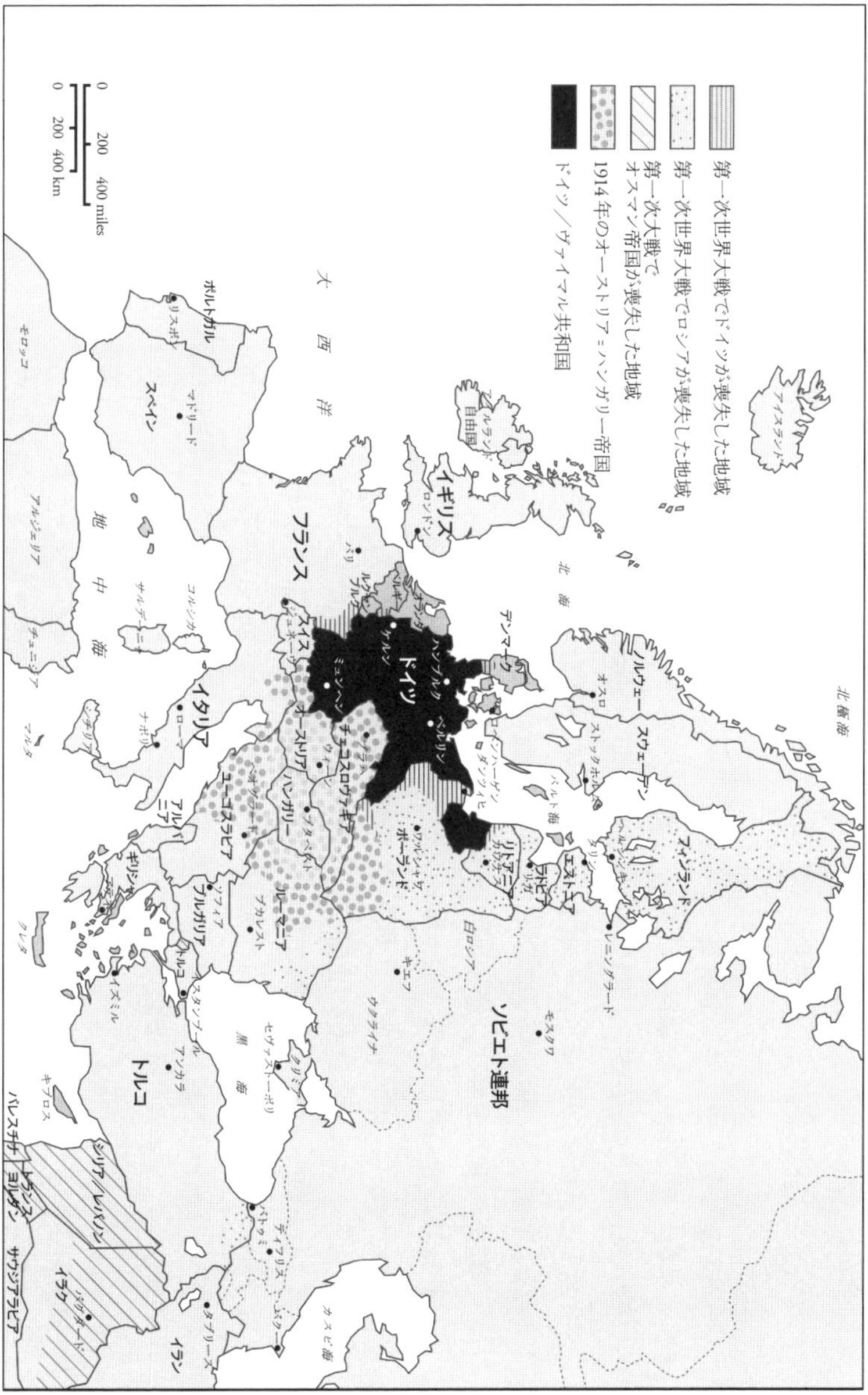

第一次世界大戦後の国境調整，1923年

イツに領土割譲と、さらに連合国への多額の賠償金額を要求したことにある。フランス陸軍元帥フェルナン・フォッシュは、それでもドイツへの懲罰があまりに軽減されているとみなし、「これは講和ではない。二〇年間の休戦にすぎない」と強調した。[11]

第一次世界大戦後、一九一九年のパリ講和会議でなされた主要な国境の調停は、以下のように要約できる。北東ヨーロッパでは四つの新たな国家――フィンランド、エストニア、ラトヴィア、リトアニア――が誕生した。これらの国々はかつてのロシア帝国領土を分割して建国されたものである。オーストリア＝ハンガリー帝国はおおよそ三つの国家に分裂した。新たに誕生した多民族国家(チェコスロヴァキア)、ハンガリー、そしてオーストリアである。ドイツの同盟国だったハンガリーは、その領土の大部分(三分の二)を奪われることになった。ブルガリアも同様に、北部に関してはルーマニアとギリシアに土地を割譲した。ギリシアは南部ブルガリアの大部分を得て拡大した。新たに誕生した多民族国家ユーゴスラヴィアは、イタリアとの国境沿いにアドリア海に沿った若干の領土を獲得した。ドイツは、フランスに対しアルザス＝ロレーヌを割譲し、より規模の小さいヴァイマル共和国となった。さらに、ポーランド回廊に沿って割譲されることになったプロイセン東部とともに、一七九〇年代と一八六〇年代に奪ったポーランド領土を失うことになった。約二〇〇万人(そのほとんどがドイツ語を母語とする人々)がポーランドに編入されることになり、ドイツ人を激怒させた。デンマークは、ドイツからシュレスヴィヒを獲得した。その後、この地域の新政治体制はすべて、議会制民主主義として再建されることになった。

ひょっとすると、パリ会議が達成した成果を最も適切に要約しているのは、ウッドロウ・ウィルソンの友人で顧問でもあったエドワード・M・ハウスかもしれない。一九一九年六月二九日、パリを去るとき、彼は以下のように記している。

振り返ってパリ講和会議を検討してみると、多くのことが承認されたにもかかわらず、後悔すべきことが多い。何がなされるべきだったのかを指摘するのは容易だが、それを実行する方法を見出すことははるかに困難である。ヴェルサイユ条約は有害で、締結されるべきではなかったし、ヴェルサイユ条約はその施行においてヨーロッパを果てしない苦境に巻き込むと主張する人々の意見を、私は認めたいと感じる。しかし、私はまた、騒乱なく帝国が解体されることも、新しい国々が帝国の瓦礫の上に築かれることもないと返答するだろう。新たな国境を作り出すことは、また新たな難題を生み出すことである。難題は、次から次へと生まれるだろう。私自身、違った形の講和を好ましいと考えている一方、パリで欠落していた講和内容のために、異なる条約が結ばれるかどうかは、きわめて疑わしいと思う(12)。

第一次世界大戦の開始を導いた取り決めや同盟、協定が複雑なものだとしても、戦争を終結させた取り決めほどではなかっただろう。パリ講和会議の成功や失敗に関する論争において見落とされがちなことは、勝利した連合国側と敗北した同盟国側のいずれの指導者たちも、同盟国が連合国領土から撤退する以外に、合意にいたった共通の計画も、統一された目的も有していなかったことである。戦争における協力関係を損なわないために、連合国は、独自に戦争目的を定義することを先延ばしにしてきた。事実、第一次世界大戦後、バルカン地域や中東のみならずイタリアの戦後計画をめぐってさえも、英仏両国の間に緊張が存在していた。一九一八年後半になっても、連合国はいかなる講和条件についても準備しておらず、一九一九年のほとんどを通じて戦争が継続すると考えていた。実際に、一九一八年に戦闘が終結したときに達したさまざまな休戦合意の条件は、本質的に一九一九年のパリにおいて、のちに起草された講和条件となったのである。イギリス首相ロイド＝ジョージは、「一度でも休戦が宣言されたならば、我々は戦争再開を不可能なものにすべきだ」と主張し、連合国全体の姿勢を要約した(13)。

ブライアン・ボンドは、戦後、英仏連合国の間に少なくとも四つの矛盾する戦争目的が存在していたと述べている。第一は、連合国それぞれの安全保障体制の強化（たいていは領土拡張による）、第二に、戦死、負傷、物理的破壊への補償のため賠償金を要求することによって侵略国に懲罰を与えること、第三に、新しい国家創設による民族自決の促進、第四にイタリアと中東地域に関して合意に達した秘密条約を実現することである(14)。

フランスはドイツを犠牲にして領土を再び獲得し、自国を強化することでドイツの国力を低下させることを求めた。フランス首相クレマンソーは、フランス勝利の象徴として、より厳しく、ドイツの植民地割譲を意味するアルザス＝ロレーヌ地方の再併合と占領を望んでいた。フランスはまたドイツの全面的非武装化と巨額の賠償金を求めた。クレマンソーは、フランスの要求のすべてを達成することに失敗、一九二〇年一月の選挙に落選し、政権から退いた。一九一八年一月八日、ウッドロウ・ウィルソンは、連合国と協議することなく、またアメリカ合衆国は単なる「参加国」でしかないと主張しながら、連邦上下両院合同会議に対し、自らが提起した有名な戦争目的である「一四カ条」を詳述した。ロイド＝ジョージは、修正と保留条項を主張しながら、大体において一四カ条に同意した。イギリス政府は、ドイツがイギリス海軍とイギリス帝国に、とくに東アジアと太平洋において挑戦不可能にしようと決意していた。それゆえ、イギリスはアジアの同盟国であり、時期的に遅れながらも一九一七年に連合国側について参戦した日本に、ドイツの太平洋における領有地を割譲するよう主張したのである。

イギリス、フランス、ロシアの三カ国は、アルプス地方とアドリア海沿岸地域の領土獲得を約束することによってイタリアを参戦させた。一九一五年に結ばれたロンドン条約には、イタリアによるこれらの領土獲得条項が含まれている。終戦時、イタリアはバルカン地方においてより多くの領土を要求した。のちに判明したように、イタリアは、約束されていたアドリア海沿岸の領土併合を拒絶され、その領土はそれぞれがユーゴスラヴィア、もしくはセルビアに割譲されることになった。バルカン半島は、領土要求の応酬がなされる場となり、今日まで続く不安定な紛争地となっている。

中東は、英仏露三国協商が最終的な講和条件のために協力し合った地域だった。トルコは、スルタンを頂点とする独立国にとどまることで合意にいたったにもかかわらず、完全に軍事動員を解除され、英仏両国が大戦中に作成していた密約に応じるよう要求された。さらにスルタンは、トルコ海軍を明け渡し、ダーダネルス・ボスフォラス海峡を開放し、三国協商に黒海への通行を許可するよう求められたのである。

戦後処理は、ブルガリアが三国協商に対し休戦を申し出た一九一八年九月から始まった。ブルガリアと連合国による休戦条件を決定したサロニカ休戦協定は、ブルガリアに動員解除を求めるだけでなく、ギリシアとセルビアの両国からのブルガリア軍の撤退を求めるものだった。ブルガリアは、一九一八年九月後半、オーストリア＝ハンガリー帝国の指導者を含むドイツ軍司令部から休戦要求を引き出すことになった。その結果、ドイツは一九一八年一一月一一日に休戦協定を受け入れ、最終的に、一九一九年にヴェルサイユ条約の調印にいたった。ブルガリアは、バルカン戦争後、同盟国側から参戦したため、かつてはきわめて強固だったロシアとの関係を損なうことになった。ブルガリアは、一九一二年以降、トラキアへと膨張することを一つの目的として、バルカン半島でオスマン帝国と戦ったからである（トラキアは現在、ブルガリアとトルコの一部であり、この地域はルメリアとも呼ばれる）。

ロシアは、ドイツによる攻撃の下で早々に戦線から離脱し、ルーマニアがそれに続いた。軍隊からの大規模な脱走や、例年以上の寒波と食料不足に起因する市民生活の不安に直面し、ロシア皇帝ニコライ二世は一九一七年三月に退位を強いられることになり、ケレンスキーが率いる臨時政府が設置された。一九一七年一〇月二五日（新暦一一月七日）には、共産主義政党であるボリシェヴィキが、ウラジーミル・レーニンの指導の下で政権を奪取した。ボリシェヴィキは、ロシアを第一次世界大戦から離脱させることに心を砕いたが、しかしドイツ政府は桁違いの譲歩を要求した。ロシアと同盟国側の休戦は一二月に合意に達し、一二月二二日から、ブレスト＝リトフスク（現在のポーランド国境に近いベラルーシのブレスト）で講和交渉が行われることになった。ドイツ政府は、すでにドイツ軍が占領しているポーランドとリトアニアの独立を要求したが、他方、ボリシェヴィキ政府は「併合なき、賠償なき講和」を主張したのであった。

ドイツ政府は、参戦を表明したアメリカ軍のヨーロッパ到着前に英仏連合国を敗北させようと、ロシアとの単独講和を望んだ。しかし、ドイツは領土割譲を主張して譲らなかったため、ボリシェヴィキの外相レオン・トロツキーは、交渉から撤退し、その結果、「戦争なき、講和なき状況」に陥ることになった。ドイツは、一九一八年二月一九日に、休戦を覆すことで応え、それから二週間のうちにウクライナ、ベラルーシ、バルト海諸国のほとんどを占領したのである。ドイツ海軍艦隊がバルト海に侵入し、フィンランドならびに当時のロシアの首都ペトログラードに迫ると、三月三日になってボリシェヴィキ政府は、かつて拒絶したときよりもはるかに悪条件の休戦協定に合意せざるをえなくなった。ブレスト＝リトフスク条約は、一方はボリシェヴィキ政府、他方はドイツ帝国、オーストリア＝ハンガリー帝国、ブルガリア、オスマン帝国との間で締結された。こうして東部戦線での戦闘は終結したのである。

ブレスト＝リトフスク条約は、ロシアに対し、エストニア、ラトヴィア、リトアニア、ポーランド、ベラルーシ、ウクライナという新しい国家――パリ講和条約を通じて認められた――に対する権利のすべてを撤回するよう求めるものだった。ロシアはすでにフィンランドに対する権利を放棄していた。ロシアはまた、約三〇年前に行われた露土戦争でオスマン帝国から奪取した領土のすべての返還を求められた。これは、勝利によって獲得した報酬が長期にわたってもちこたえることのなかった事例の一つである。この条約の取り決めによって、ロシアは五五〇〇万人の人口――全人口の三分の一にあたる――と、領土のうち農業地帯の三二パーセントにあたる約一六〇万平方キロメートル、鉄鉱石産出の七〇パーセント、工業地帯のほぼ半分、それに炭鉱の九〇パーセントを喪失した。レーニンは、これを「恥ずべき講和」といった。(15) この条約は、ドイツの支配層がラトヴィアとリトアニアの新たな王に即位するという、ほかでもない条件とともに、「ドイツ帝国とオーストリア＝ハンガリー帝国は、住民との合意に基づいてこれらの領土の将来を決定する」という規定を含んでいた。これらの取り決めは、わずか一九一八年一一月までしか効力を保つことはなく、このあと、フィンランド、エストニア、ラトヴィア、リトアニア、ウクライナ、ポーランドは、実際に独立した主権国家となることが認められ、ドイツがこれら地域の統治者として認めた貴族は、その王位を放棄せざるをえなくなったのである。

ブレスト＝リトフスク条約が実際に有効だったのは二カ月間であった。一九一八年五月、トルコは新たに建国されたアルメニア共和国への侵攻によって条約に背き、ドイツは一一月初旬にこの条約を無効にしたのである。ロシアも一九一八年一一月の休戦から二日後にこの条約を廃棄した。ブルガリア降伏後、オスマン帝国も降伏し、ドイツにとって最重要な同盟国であるオーストリア＝ハンガリー帝国がそれに続いた。一一月までにドイツ軍司令官であるエーリッヒ・ルーデンドルフは、早期休戦を望み、一九一八年一一月一一日に降伏し、休戦協定を受け入れた。

ポーランドは、ブレスト＝リトフスク条約において言及されておらず、ポーランド＝ロシア国境の問題も解決していなかった。ヴェルサイユ条約もまたこの問題を調停することはなかった。ソ連代表は、パリに招待されていなかったため、会議に参加した外交官たちは、一九二〇年代半ばにイギリス外相の名にちなんだカーゾン・ラインとして知られることになる暫定的な国境線を策定した。伝統的に競合していたこの二つの国家の国境が正式に決定されなかったのは、当時の状況を考慮すると驚くにあたらない。ボリシェヴィキが新国家ソヴィエト社会主義共和国連邦における権力を獲得しようとして内戦状態に陥っており、ドイツとオーストリア＝ハンガリーにおいても政府は存在していない状況だったのである。一八一五年のウィーン会議以来、ポーランド領土のほとんどはロシアの支配下におかれていた。正式にロシア帝国に組み込まれていたウクライナとベラルーシは、独立達成と国境の画定を望んでおり、ヴェルサイユ条約によって新たに独立国となったポーランドも同様だった。問題は、これらの国々が同じ領土をめぐって争っていたことであった。実際、第一次世界大戦後の中欧・東欧地域に建国された新しい独立国はすべて、国境をめぐり互いに争っていたのである。この地域は、完全に混沌とした状況に陥ったのであった。

ポーランドは、かつてロシアに編入された領土の再獲得を望んでおり、一九一九年二月から四月にかけて西部ウクライナに侵攻した。以後一八ヵ月間続いた戦いは凄惨なものであったが、しかし勝敗はつかず、一九二〇年一〇月に戦闘を中止することで合意した。リガ講和条約が一九二一年三月一八日に公式に締結され、係争地はポーランドとソヴィエト＝ロシアの二ヵ国で分割されることとなり、最終的に両国の国境は、カーゾン・ラインから東に約二〇〇キロに沿って設定されることになった。リガ条約は、戦間期におけるソ連とポーランドの国境を決定したものであった。しかし、四半世紀後の第二次世界大戦勃発時に、リガ条約でポーランドに編入された地域のほとんどはソ連邦の一部となり、その後、ポーランドの東部国境は連合国によって、ほぼカーゾン・ラインに沿って設定されることになったのである。

とはいえ、ブレスト＝リトフスク条約だけが、平和の永続することのなかった戦時に結ばれた条約というわけではなかった。破壊的な一年を経たルーマニアは一九一八年五月七日、領土の一部を放棄し、ドイツに対して九九年間にわたり油田使用権を貸与することに同意するブカレスト条約を結ぶよう同盟国に強要された。ドイツはさらに、ルーマニアの農村から二〇〇万トンもの穀物を徴発した。石油や穀物は、一九一九年末までドイツが戦争を継続するために必要とされたものだったのである。一九一九年、ドイツは、ヴェルサイユ条約においてブカレスト条約によって与えられたすべての特権の放棄を余儀なくされた。

同時期のロシア南部では、一九二一年三月にボリシェヴィキが、進行中のロシア内戦に乗じてグルジア共和国に侵攻して占領した。その結果、一九二一年一〇月に結ばれたカルス条約によって、トルコとこの地域のソヴィエト共和国連邦は新しい国境線を設定することで合意した。トルコは、一八七七年から七八年に行われた露土戦争で、帝政ロシアに対して失った領土を取り戻した。アルメニア共和国統治下の領土は、全面的にトルコに割譲され、グルジア人の統治していた領土のほとんどは、ソ連に組み込まれた。一九二二年四月、ドイツとソ連は、ブレスト＝リトフスク条約を破棄し、新しい条約に調印することになる。

ヴェルサイユ条約

第一次世界大戦終結から一世代ののちに勝者と敗者がおかれた状況を評価するためには、第二次世界大戦を引き起こしたといわれる一九一九年のヴェルサイユ条約の取り決めの重要性を見直す必要がある。これは、現在もなお論争的なテーマである。ある者は、ヴェルサイユ条約の条件は、ドイツ人のほとんどが実際に敗北したことを理解できなかったという点で、あまりにも寛大なものだったと論じている。もしヴェルサイユ条約がドイツの経済や政治を完全に崩壊させたならば、ドイツ人は、新たな戦争を引き起こすことになるヒトラーや国家社会主義者に追従しようとは思わなかったにちがいないと考える人々がいる。他方で、講和が選択の余地を許さなかったがゆえにドイツは条約破棄を模索し、ヴェルサイユ条約でなされた要求を無効にするため再軍備を進め、戦争によって報復しようとしたと論じる人々もいる。歴史家ロバート・パルマーとジョエル・コルトンは、ヴェルサイユ条約によって生み出された状況を以下のように要約している。つまり、「和解のためには厳しすぎ、ドイツを崩壊させるほどには厳しくなかったのである(16)」。

第一次世界大戦末期、ドイツ人の多くは自分たちが敗北したとは感じていなかった。ドイツ陸軍は、ともすればベルリンまで迫る攻撃に対し、もはや応戦できないような状況に達していたかもしれないが、しかし連合国は強制的にドイツの政治構造を再編する努力はしていなかった。ベルリンやその他の諸都市も占領されたわけではなかった。ドイツ兵は捕虜として拘留されたわけでも、またドイツ人自身が占領した地域で捕虜を酷使したように、奴隷労働を強いられたわけでもなかった。ドイツは、戦争から勝利の雰囲気を作り出していたのである。一九一八年一一月二八日、ドイツ兵たちがボンの街路を行進していたとき、国旗を振りながら花を投げる市民で溢れていた。二週間後、部隊がベルリンの大通りを行進していた際には、新しいドイツ首相フリードリヒ・エプターが、「戦場から無事に帰還した貴殿らを称賛します」という言葉で迎え入れたのである。[17] しかし、ブライアン・ボンドが指摘しているように、ドイツ人にとって第一次世界大戦は、陸海軍の謀反と、バヴァリアとベルリンでの革命、ヴィルヘルム二世の退位強制にともなう混沌をもって終焉を迎えたのであった。[18]

戦後の取り決めにおいて見られる問題がつねにそうであるように、ヴェルサイユ条約は、兵士たちではなく政治家たちが調印したものだった。一九〇五年の日露戦争勝利後の日本人のように、軍人は講和プロセスとその結果の講和条約によって手ひどく裏切られたと考えたにちがいない。日露戦争の場合、日本政府はロシア政府に賠償金を要求したものの叶わなかった。ドイツの場合、要求された賠償金はドイツ経済を混乱させるほど莫大だった。そして両国ともに、押し付けられた不公正に報いるべく、軍の近代化を図って軍備を増強し、報復を決意するようになったのである。日本の場合はドイツよりも幾分長い時間がかかったものの、一九三〇年代までには再び戦争への道を突き進み始めた。第一次世界大戦の敗北からドイツが得た教訓は、それでも戦争において決定的な勝利を得ることができるということだった。来たるべき戦争における勝利とは、敵の軍事力の破壊を目的とした、機甲化部隊による電撃戦によって達成されるだろうし、そうした戦争は、民間人と社会インフラこそが航空戦力の妥当かつ最優先の標的になる「総力戦」になるだろう。同様に、戦線から離脱した一九一七年には少なくとも部分的に勝利したロシアは、一九〇五年の敗北に対処したのとまったく同じ方法で勝利に応えたのである。

ドイツのさまざまな派閥の政治団体は、ヴェルサイユ条約の中でも、とりわけドイツが戦争を開始したと非難する項目を国家の名誉に対する侮辱であると批判した。ドイツ人は、ヴェルサイユ条約を、ドイツに対して選択の余地のない絶対的命令として提示されたものと理解した。新たに組織されたヴァイマル共和国の国民議会での激しい議論ののちに、ドイツ政府は一九一九年六月二八日、躊躇しながらもヴェルサイユ条約に調印し、議会は二〇九対一一六の票数で一九一九年七月九日に条約を批准した。その結果、ヴェルサイユ条約に反対するデモが行われ、保守派、ナショナリスト、退役した軍部の指導者たちが、条約を非難しながら国民議会議事堂を取り囲んだ。ヴァイマル共和国の支持者は、保守派から、ドイツ帝国を「背後からの一突き*」によって崩壊させた者であるとみなされた。ヴァイマルの政治家、社会主義者、共産主義者、そしてユダヤ人は、疑いの目を向けられることになった。災難だったのは、一九一八年一一月にドイツが降伏したとき、ドイツ陸軍はベルギーとフランスの領土に展開しており、翌年の春季攻勢によって勝利が目前であると考えられていたことである。東部戦線において、ドイツはすでにロシアとの戦争に勝利しており、ブレスト＝リトフスク条約によってドイツに有利な条件を獲得していた。ドイツの敗北は、決定的な攻撃に必要な兵士への補給に失敗した、軍需産業におけるストライキの責任だとみなされた。

ヴェルサイユ条約によって引き起こされたドイツ人の憤怒は、最終的にナチ党を勃興させることになる心理的土壌に種をまくこととなった。ズデーテン地方（チェコスロヴァキア西部に位置しており、ドイツ人が多く暮らしていた）とともにポーゼン西部プロイセンの何百万人ものドイツ人は、領土割譲の結果、敵対的な外国人の支配下におかれた。一九二一年に、ポーゼン西部プロイセンに暮らす約一〇〇万人のドイツ人のうち三分の二にあたる人々が、ポーランド人による排斥のために、先祖代々の土地を去った。民族間の衝突が先鋭化したため、併合された領土を再び取り戻すという国民の要求が導かれ、ヒトラーによる一九三八年のチェコスロヴァキアとポーランドの併合の口実となったのである。軍事力増強は、ヴェルサイユ条約に対する直接的な挑戦としてすぐに始まった。実際、権力を掌握する過程で、アドルフ・ヒトラーは、ヴェルサイユ条約で効力を有していた軍備や領土に関する条項を覆そうと決意したのだった。

歴史家たちは、ヴェルサイユ条約は、ドイツが連合国に押し付けようとしていた講和条件と比較するならば、きわめて寛大なものであったと主張している。一九一八年にドイツが敗北したロシアに課したブレスト＝リトフスク条約と比較するとき、ヴェルサイユ条約はなるほど、非常に寛大に思える。すでに記したように、ブレスト＝リトフスク条約においてロシアは、総人口のかなりの部分の領民（民族的にはロシア人ではなかった）や産業地帯や資源を奪われ、六〇億マルクという巨額の賠償金を課せられていたのである。[19]

第一次世界大戦は、何も解決しなかった。ドイツは、戦争によっても、また戦後調停によっても紛

＊　ここでは、ドイツ国内の社会主義者・共産主義者によるサボタージュやストライキを指す。

砕されたわけではなかった。ドイツは、賠償金を支払いを完了することもなかった。三国協商が勝利のために払った犠牲は、敗北したドイツ人の犠牲をはるかに上回るものだった。[20]そしてドイツは一九一三年の時点よりもさらに強力な国家として出現した。戦略的には、ドイツは一九一四年においてよりも、ヴェルサイユ条約後においてはるかに有利な立場にあった。戦前、ロシアとオーストリア＝ハンガリー帝国は、ヨーロッパ東部でドイツの国力と均衡を保っていた。しかし、第一次世界大戦後、オーストリア＝ハンガリー帝国は細分化されて脆弱な国家群になり、ロシア帝国は革命と内戦によって破壊され、新たに独立したポーランドは、敗戦国ドイツに匹敵するような国家ではありえなかった。ヨーロッパの西部では、ドイツはフランスとベルギー両国によって封じ込められると想定されていたが、しかし両国ともにドイツより人口は少なく、また経済的にも脆弱だった。イギリスの歴史家コレリ・バーネットが結論づけているように、ヴェルサイユ条約は、ドイツを弱体化させたのではなく、結果的に「ドイツの国力を強化した」のだ。[21]もし英仏両国がドイツを永久に弱体化させたかったのならば、ビスマルクがやり遂げたドイツ統一を無効のものにしてドイツを小さな領邦へと細分化し、ヨーロッパの平和を二度と乱さない小国にすべきだったのだ。こうした措置を講ずることなく、ヨーロッパにおける勢力均衡を構築できなかったがために、イギリスは、「第一次世界大戦に参加し、その主要目的を達成することに失敗」したのであった。[22]それゆえ、たとえヴェルサイユ条約が「容赦ない」条件であったとしても、ドイツの経済は戦前のレベルまで速やかに復活を遂げたのであった。

四半世紀後

いうまでもなく、パリで合意された内容のうち、四半世紀を耐えて存在するものは何一つなかった。条約違反は、ほぼ条約締結直後から始まり、一九三〇年代までに条約条項の多くは無視されるようになった。崩壊した帝国の残滓から建設された新国家群もまた、四半世紀、存続することはなかった。国家間の相違を解決する機関として設置された国際連盟は、効力がなく不十分なものであった一方で、新秩序は不安を内包しており、新たな不満とナショナリスティックな野望を生み出していた。ドイツに負わされた講和条件――アメリカ陸軍司令官「ブラック・ジャック」・パーシングが追求したような無条件降伏ではなかった――は、短期的にドイツを無力化するにすぎなかった。戦後の経済不況は、一九三〇年代の世界規模の大恐慌を引き起こし、中欧・東欧の新興民主主義諸国を衰弱させた。ヨーロッパの主要国、すなわちヴァイマル共和国、ソヴィエト社会主義共和国連邦、イタリアは、今までない熱意をもって容赦なく新しい国際秩序に抵抗し始めた。一九三九年、ヴェルサイユ条約によって作り出されたすべての構築物が崩壊し始めた。ウィンストン・チャーチルの言葉を借りれば、第一次世界大戦という巨人の戦争が終結するやいなや、小人《ピグミー》の戦争が始まったのである[23]。その兆候は、戦争終結以前からすでに現れていた。

一九一九年以降の二〇年間、敗北したすべての国家――ロシア、ドイツ、オーストリア、ハンガリー、そしてブルガリア――は、領土回復の機会をうかがっていた。新秩序は生み出されることはなかった。起こったことのすべてが国家を疲弊させ、不満の矛先が国内に向かい、各国内の政治公約、人種差別、階級闘争、内戦、そしてファシズムの中に暴力が現出するようになったのである。各国の内紛が、ヨーロッパ経済の疲弊によってさらに悪化した。多くの国々が、戦争と国際貿易によってすでに破産しており、投資は遮断され、すべての地域が荒廃し、非生産的な状況に陥っていた。回復の見込みのない国々が存在していた。一九二九〜一九三六年の世界大恐慌の間、ドイツとフランスの間の貿易は八三パーセント減少した。一九三〇年代は経済問題の解決策を見出そうとする中で、イデオロギー闘争が暴力へと転化した。

フランスは、一八七〇年の普仏戦争の屈辱的な敗北に対して復讐を遂げたと考えていたが、二〇年後、気づいてみればドイツからの攻撃に再びさらされていた。これはイギリスも同様であった。二つの世界戦争で勝利したにもかかわらず、人的、経済的、資源における犠牲は、イギリスの国力をはるかに超えていた。一九一四年の時点でイギリスは世界最大の帝国であり、しばしば「日の沈まぬ帝国」といわれていたものの、一九四五年には、それは過去の栄光となり、勝利したにもかかわらず衰退国家へと凋落することになったのである。ロシアは、一九〇五年にそうであったのと同様に、一九一七年に国内的には治安を、また、対外的には国境警備を強化し始めていた。

ドイツは、一九一九年には早くもヴェルサイユ条約の規約に違反し、すばやく行政措置を講じて軍事力の再建プロセスを開始していた。一九二二年四月、外交関係を復活させ、財政上の主張を互いに放棄し、将来の協力関係を約束するためにイタリアのジェノヴァで開催されていた世界経済会議において、ドイツはソ連と大胆にもラパッロ条約を締結した。一九三二年、ドイツ政府は、連合国がヴェルサイユ条約第五編の序文においてドイツに求めていた軍備制限事項を実行していないことに言及しながら、もはやヴェルサイユ条約の軍備制限に従う必要はないと宣言した。一九三五年三月にアドルフ・ヒトラーは、ヴェルサイユ条約を公然と批判し、徴兵制を導入し、再軍備を開始した。再軍備は、

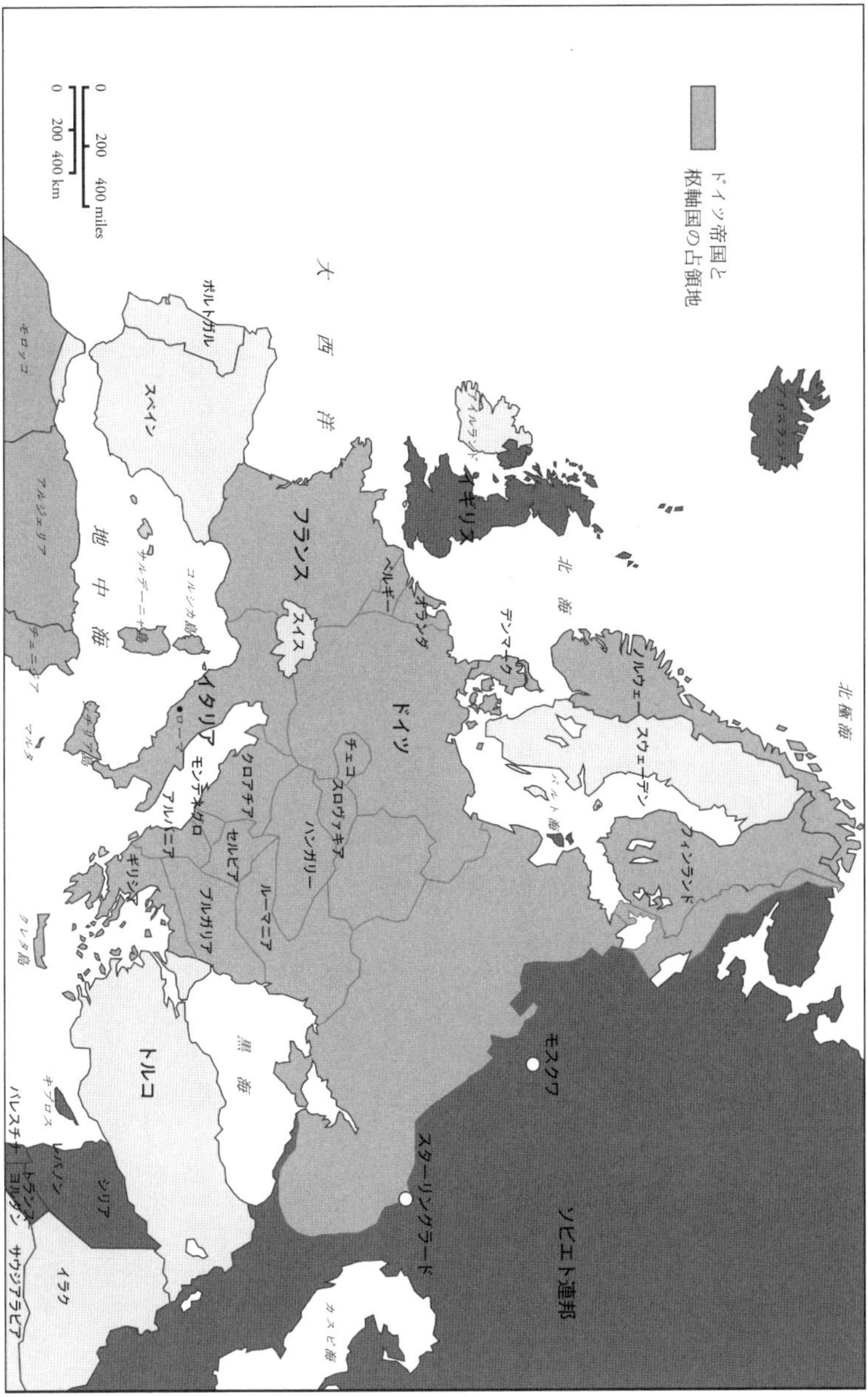

1942年11月のヨーロッパ：枢軸国の支配地域

新装備の海軍、史上初の完全機甲化師団、そして空軍を中心とするものだった。一九三五年六月、イギリス政府は、英独海軍協定に調印し、ドイツがヴェルサイユ条約を効果的に撤回することを容認した。一九三六〜一九三八年、ヒトラーはラインラント非武装地帯の再占領を手始めに、オーストリア併合に続いて、イギリス、フランス、イタリアの承認をもってチェコスロヴァキアのズデーテン地方を併合し、ヴェルサイユ条約の規約を無視した。そして一九三九年三月、チェコスロヴァキア全土を占領し、最終的に、一九三九年九月一日、ポーランドに侵攻したのである。

第二次世界大戦に触れるまでもなく、やはり第一次世界大戦後から四半世紀の間にいくつかの問題のパターンが現れていた。その中で最も顕著だったのは、戦勝国・敗戦国にかかわらず、ヨーロッパとアジアの国々では、政府が経済のあらゆる側面に対して統制を強化したことであった。経済統制のプロセスは、戦争終結と勝利を導くために構築されたさまざまな行政府の各部局や各委員会による国家総動員体制として、第一次世界大戦中にすでに始まっていた。第一次世界大戦前に、列強は帝国を構築し、あるいは再構築を試み、帝国内の関税を管轄していた。交戦国政府は、戦争を通じて労働力や経済の生産性、鉱物や天然資源の使用、その他あらゆる資源の活用などに関して統制を強化した。自由市場競争は制限され、労働運動は弾圧された。海外貿易と輸出の統制も強まった。

第一次世界大戦後の物資と現金の不足は、世界規模の物価上昇と各国のインフレを引き起こし、消費財の供給不足が加速した。交戦国が発行した国債は、国民の生活水準を脅かすほどの高税率をもたらした。一方で、第一次世界大戦にそれほどかかわることのなかった国々の生産能力は、戦中・戦後に高まり、世界経済におけるヨーロッパの支配体制を揺るがすようになっていた。

移民制限措置が導入され、外国人への嫌悪が強まったため、人種抗争が一九二〇年代から一九三〇年代を通じて生じた。第一次世界大戦中に、各国政府は思想や表現の自由の放棄を強制し、この傾向は、終戦後もしばらく続いた。大戦中に各国の市民に吹き込まれた、敵側のほうが野蛮で邪悪だという信念と嫌悪感に基づく姿勢は、戦後の平時においても消し去ることが困難なことが証明された。次の戦争の勃発は、もはや時間の問題だったのである。

パリに集まった調停者たちは、ナショナリズムと自由民主主義は連帯が可能であるという間違った考えに同意した。東西ヨーロッパにおける多民族の混在状況は、引き直された国境にふさわしいものではなく、多くの少数民族集団が外国人による支配を受けていると感じるほどに民族集団は分断されていた。チェコスロヴァキア、ポーランド、ルーマニアで、そしてリトアニアにおいてさえも、ナショナリストの野心によってマイノリティの権利が侵害されるに及んで緊張が高まった。そのため一九一九年にパリで合意にいたった取り決めは、一九三〇年代までに、すでにもちこたえることが不可能になっていたのである。

事実、誰もがこの第一次世界大戦後の取り決めに不満を抱いた。終戦直後、連合国はボリシェヴィキに率いられた強大で潜在的に膨張主義的なソ連ほどには、復活したドイツを恐れてはいなかった。フランス人は、ラインラントを獲得することができず、また将来、仏独の間で戦争が起こった場合の英米両国からの軍事支援の確証が得られなかったことに裏切りを感じていた。アメリカ政府は、伝統的な孤立主義外交に回帰し、国内においては新移民の労働運動などの「赤の脅威」問題への対応に腐心しながら、決してヴェルサイユ条約を批准しなかった。アメリカ政府はできるだけ早く恒久平和を実現することを目標とし、アメリカ政府が負った戦債に対する財政的補償を求めた。イタリア政府は、オスマン帝国崩壊に際して、英仏両国が北アフリカと中東を分け合ったことを感知し、自国が公平な扱いをされなかったと考えていた。ロシアでは内戦が終息し、ボリシェヴィキは、ソ連がなんら役割を果たすことなく決定された、かつてロシア帝国領内だったソ連国境東部地域に多くの国家が誕生したという東ヨーロッパ情勢を好ましく思わなかった。東アジアでは中国政府が、日本は太平洋の島嶼をドイツから獲得したにもかかわらず、自国に対しては何も見返りがなかったことに不満を抱いた。ドイツでは、国家社会主義が勢いづくことになった。

ヴェルサイユ条約の一環としてジュネーヴに設置された国際連盟は、実際、順調に機能したわけではなかった。一九世紀のウィーン体制と同様に、国際連盟は、列強によって提起された問題しか扱わなかった。アメリカ政府は参加しておらず、ドイツは一九二六年に、ソ連は一九三四年にやっと参加が認められた。国際連盟は、英仏両国と西欧帝国主義諸国が支配権を維持するための最後の手段にすぎず、そうするうちに世界の勢力関係はすばやく変化しつつあった。第一次世界大戦とヴェルサイユ条約は、ヨーロッパ問題の暫定的な安定に部分的に成功したにもかかわらず、四半世紀もしないうちにぶり返すことになる根本的な国際問題の処理に失敗していた。

第一次世界大戦終結時になされた決定が四半世紀もちこたえることがなかったもう一つの重要な地域は、中東だった。中東に関する調停が失敗したおもな要因は、オスマン帝国をどのように分割するのかという問題をめぐる連合国間の競合関係にあった。イギリス・フランスともに、長きにわたって重要な戦略地域とみなしてきた中東に長期的な直轄領の保有を求めていた。しかし、それぞれの保護領もしくは勢力圏の境界線に関して合意にいたることは決してなかった。この問題の原因は、部分的には、ウッドロウ・ウィルソン大統領の提唱した民族自決原則に固執するアメリカ合衆国が、保護領になることも勢力圏に組み込まれることも望んでいない現地住民の多様な民意に配慮するべきだと主張したことにあった。

この問題の多い、戦略的に重要な中東の将来は、一九一九年のパリ講和会議で調整されることはなかった。パリに集まった外交官らは、オスマン帝国で展開していた混沌とした状況を把握する追加協議が行われるまでの暫定的な取り決めを交わしただけだった。ヴェルサイユ条約は、ドイツがオスマン帝国から得ていた権益や企業の権利を含む特権を取り消すのみだった。最終的にオスマン帝国は、英仏連合国が密約で決定した境界線に沿って分割されることになった。[*] 一九二〇年四月、主要連合国四カ国のイギリス、フランス、イタリアの各首脳と日本政府の全権大使松井慶四郎がイタリアのサン＝レモで会談した。これは、ウィルソン大統領が忌むべき領土争奪戦であると批判した会談である。四カ国は、イギリスがメソポタミアとパレスチナを委任統治領とすること――パレスチナは一九二一年にパレスチナとトランスヨルダンという二つの地域に分割された――、フランスがレバノンを含むシリアを委任統治領とすること、アラビア半島のヒジャズ王国はアラビア人による統治が行われることで合意にいたった。[24] シリアとパレスチナを分断する境界線は、サン＝レモ会議に先立つ一カ月ほど前に開始された、いわゆるロンドン会議として知られる一連の会合において決定されたものである。

これらの密約は、一九一八年一一月に英仏連合軍によるコンスタンティノープル占領後、連合国が

＊　一九一六年五月に結ばれたこの密約はサイクス＝ピコ協定と呼ばれる。この協定により、フランスがシリアとレバノンを、イギリスがイラクやパレスナチを勢力範囲とした。最初はロシアが参加していたが、一九一七年にこの協定を暴露した。イギリスがアラブ国家の独立を約束したフサイン＝マクマホン協定と矛盾していたため、アラブはイギリスに対する不信感を募らせた。第一世界大戦後のサン＝レモ会議で、アラブ諸国の国境線が設定された。

一九二〇年八月にオスマン帝国に調印するよう強制したセーヴル条約において具体化された。ソ連とアメリカ合衆国はこの条約から排除されていた。一九二一年二月、イギリス政府は、植民地省に新しく中東局を設置したのちに、イギリスが指名した首長によってイラクとトランスヨルダンを間接的に統治すると決定した。

トルコの民族主義者は、セーヴル条約、そしてオスマン帝国の解体に反対した。一九一八年に始まり一九二二年後半まで続いた、フランス、ギリシア、アルメニア、イタリア、イギリスに対する一連の軍事作戦ののち、トルコ民族主義指導者ムスタファ・ケマル・アタチュルク——アンカラに設置されたトルコ大国民議会の初代大統領に就任した——は休戦に合意した。一九二二年一〇月一一日に締結されたムダンヤ休戦協定である。一一月一日、大国民議会は、オスマン帝国のスルタン制度の廃止を決定した。一九二二年一一月一七日、イギリス海軍戦艦が最後のスルタンをマルタ島へと移送した。これが、オスマン帝国の最後だった。一一月二二日、スイスのローザンヌにおいて一一週間続いた会議では、新しいトルコ政府を認めていなかったセーヴル条約に代わる条約案の協議が行われていた。一九二三年に調印されたローザンヌ条約は、新生トルコ共和国を承認してセーヴル条約を破棄する条項を追加したものの、本質的にはセーヴル条約の政治的取り決めを確認したにすぎなかった。この条約によって、ギリシア、ブルガリアとトルコの国境線が引き直されることになったのである。

英仏両国が一括して引き受けた、安定した、西欧によって支配された中東地域という英仏伊とアメリカ合衆国の構想は、すぐに破綻した。たとえば、パレスチナに関して、イギリス政府は、イギリス支配がもたらす結果について明白に状況を把握しているわけではなかった。イギリス政府は、実際、一九一七年一一月に発表されたバルフォア宣言の中で述べられた、ユダヤ人の民族的郷土を建設できるよう関与し続ける一方で、いかにパレスチナ全域において自治を進展させるか、解決策を見出してはいなかったのである。イギリスは、中東地域における戦略的利益を防衛するため、可能な限り長期にわたってパレスチナに駐留することを考えていた。その結果、実際に宣言された委任統治システムの目的が諸国の独立を支援するべきであるにもかかわらず、パレスチナからの退去戦略は計画されなかったのである。ユダヤ人とアラブ人の間に高まっていた緊張やイギリス支配に対する抵抗運動は、イギリスが委任統治を引き受けることが明らかになるやいなや突発し、一九三〇年代後半までに治安維持のため二万人の兵士を駐留させなければならなかった。イギリス軍は、武力を行使し、頻発する暴力行為や抵抗運動を押さえつけようとしたが、成功することはなかった。一九三七年にこの政策が失敗に終わったとき、イギリス政府は、パレスチナを二つに分割する案を提示したが、この提案に対しユダヤ人もアラブ人も満足しなかった。パレスチナ人とシオニストの間の暴力行為は続き、一九四八年のイスラエル国家建設後にも事態は改善しなかった。イラク、シリア、そしてエジプトも同様に、戦間期に独立を要求していたのである。

連合国——戦前の英仏露三国協商とその植民地——は、勝利のために甚大な犠牲を払った。人命の犠牲だけで途方もないものだった。戦死者の総数、そして各国別の戦死者数は、暴力の規模と戦争がもたらした死を明瞭に示している。連合国側は五七〇万人もの兵士を失い、同盟国側も四〇〇万人が戦死した。兵士と民間人を合わせた死傷者の総数は、三七〇〇万人にのぼるが、そのうち一六〇〇万人が命を落とし、二一〇〇万人が負傷した。また死者の総数のうち、兵士は九七〇万人、民間人は六八〇万人を数えた。イギリス軍の戦死者数は、全人口の二パーセントにあたる約一〇〇万人であり、さらに一六六万人が負傷した。約六万一〇〇〇人のオーストラリア兵士が戦死し、一五万人が負傷し、毒ガスにさらされ、捕虜としてとらわれたが、彼らは全人口約五〇〇万人の四パーセントに相当した。フランスでは、一三二万二〇〇〇人が戦死し、約三〇〇万人が負傷したが、戦死者の四人に一人は二四歳以下の若者だった。ロシア帝国軍は人口の一・九パーセントに相当する三三〇万人を失った。イギリスよりも人口が少なかったイタリアは、総人口の三・五パーセントにあたる一二〇万人が犠牲となった。戦争勃発の原因となったセルビアでは、四五〇万人のうち七五万人、総人口の一六パーセント以上の人的被害を受けた。飢饉と伝染病の蔓延が、何百万人もの民間人を死にいたらしめた。敗北した同盟国側の被害も同様に甚大だった。ドイツ帝国における兵士と市民の死者総数は、人口の三・八パーセントにあたる二四七万人、オーストリア＝ハンガリー帝国は、総人口の三パーセントにあたる一五六万人が犠牲になったが、他方でオスマン帝国における戦死者数は二九〇万人、総人口の一三・七パーセントにも相当した。連合国の死傷者を考えるとき、どうすればこれほどの犠牲を一つの勝利だとみなすことができるだろうか？

また、戦勝国・敗戦国はともに出生率の低下に直面した。身体、精神、もしくはその両方のトラウマによって家族を養うことができなくなった人々についてはいうまでもなく、青年たちの戦死によって、英仏両国では、家庭生活が日常を取り戻し、出生率が戦前と同じレベルに回復するまで、まるまる一世代以上かかった。一九三八年のフランスでは、一九〜二一歳の人口は、戦争が起こらなかった場合の推計の半数にすぎなかった。

連合国は、戦争に勝利したにもかかわらず、経済・社会状況・政治生命に甚大な破壊的衝撃をもたらした一九三〇年代の世界大恐慌から逃れることはできなかった。その原因が現在も経済学者の論争の的になっている世界大恐慌は、最も長期間の、最も広範かつ深刻だった二〇世紀の恐慌であり、そのダメージは、第一次世界大戦の勝者、敗者にかかわりなく影響を与えた。大恐慌は、勝者と敗者の区別を無意味にしてしまったのである。

ヨーロッパ諸国は、第一次世界大戦に巻き込まれる過程で巨額の戦債を累積していった。これらの戦債はヨーロッパ経済とアメリカ経済を結び付けることとなり、一九二〇年代に再建を目指した諸国の経済を不安定なものにした。アメリカ合衆国は、戦債に加え、一九二四年から一九三〇年の間にヨーロッパに対する八〇億ドルもの信用貸付を行ったため、一九二九〜一九三〇年にウォール街が破綻に陥ったとき、その戦債と信用貸付も停止し、ヨーロッパの景気は、突然かつ深刻に冷え込むことになった。

個人所得、税収、利益、物価のいずれもが下落し、国際貿易も三分の二もしくは半分に縮小した。アメリカ合衆国の失業率は二五パーセントを超え、その他の国々で失業率は三三パーセントに達するところもあった。重化学工業に依存していた世界中の都市は、悪影響に見舞われた。多くの国々で、実際に都市部で建設作業が停止した。農村地域は、作物価格がおおよそ六〇パーセントも下落したため、苦境に陥った。一次産品や鉱物資源の輸出に依存していたオーストラリアは、とりわけ打ちのめされ、一九三二年における失業率は二九パーセントに達した。換金作物の生産、採掘、木材伐採といった第一次産業に依存している地域では、ほとんど職業の選択肢がないという需要の落ち込みに直面し、その結果、大多数が困窮した。

第一次世界大戦後のイギリスの経済生産高は、恐慌前の一九一八〜一九二一年の二五パーセントまで落ち込み、大恐慌が終わるまで回復することはなかった。イギリス以外の地域と比較すると、一九二九年から一九三三年まで、イギリスの経済生産高の減少は緩やかだった。しかし、イギリス製品に対する世界的な需要は、突如、劇的に落ち込み、工業地域での失業率は極端に上昇した。一九三三年、重工業の深刻な衰退によって、グラスゴーの労働者の三〇パーセントが失業した。イギリス北東部では、造船業が九〇パーセントも落ち込んだため、この地域の都市や町の労働者の七〇パーセントが失業した。それゆえイギリスでは、失業者の示威行動である「飢餓行進」が、一九二〇年代後半から一九三〇年代にかけて全国的に行われ、その結果、二〇万人以上の失業男性が囚人作業宿舎に収容されたのである。

世界大恐慌の衝撃は、自給率の高いフランスではさほど感じられなかった。フランス経済は、基本的には中小規模の企業から構成されており、一九三〇年代におけるフランス農業は、その四分の三が一〇ヘクタール以下の小規模農家からなっていた。しかしながら、暴動や社会主義人民戦線の出現を促すほど、困苦欠乏や失業は深刻化しつつあった。レオン・ブルムに率いられた社会主義者と急進派の同盟である人民戦線は、共産主義者の協力を得て、一九三六年から一九三七年の短期間ながら、極右が政権を奪取するまで国政を担った。

ヴェルサイユ条約の下でドイツは、国家の支払い能力をはるかに超える賠償金を求められ、再び一九二三年に支払不履行に陥った。その後、フランスとベルギーの両軍は、ドイツの炭坑と鋼鉄産業の中心であるルール川渓谷地帯を占領した。この占領は、ドイツ国民の怒りを買った。ドイツ人労働者は、サボタージュで抵抗し、さらにドイツ経済の停滞を招くことになった。連合国賠償委員会は、解決策を探るため、初代アメリカ予算局局長チャールズ・ドーズを議長とする委員会を設置した。一九二四年八月、ドーズ委員会は、ルール地方からの連合国の撤退を求め、ドイツの支払いの年間総額を減額し、アメリカ合衆国がドイツに融資して英仏両国への賠償金支払いを支援すると宣言した。このドーズ・プランはドイツ政府に受け入れられ、一九二四年九月から施行された。ドイツの経済活動は回復し、賠償金支払いは速やかになされたが、しかしウォール街で株価が大暴落した一九二九年、アメリカ政府はドーズ・プランを停止した。その結果、ドイツの国内生産は突然停滞し、賠償金支払いは一九三二年まで猶予された。

ヨーロッパ諸国の経済的な困窮は、市民生活を不安にし、極端なナショナリズムの高揚を促した。一九三三年一月にナチ党がドイツで権力の座に就いたとき、アドルフ・ヒトラーが行った最初の行動の一つは、賠償金を破棄することだった。ドイツは、ヒトラー率いる強国として再軍備し再出発する目的で考案された景気刺激策によって、大恐慌からの経済復興を開始した最初の国家となった。

興味深いことに、西部戦線での最後の戦死者が出てから九〇年経った二〇一〇年一〇月になるまで、ドイツは第一次世界大戦の賠償金、約一億ドルにのぼる最後の分割金を支払っていた。第二次世界大戦でドイツが敗北したのち、一九五三年にロンドンで戦勝国が合意に達した協定では、ドイツは再統合するまではその賠償金を支払う必要はないことが決定された。冷戦の緊張によって四五年間分断されていたドイツ国民の再統合から二〇年後、この問題はついに終わりを迎えたのであった。

イタリアは、第一次世界大戦後、貧しく弱体化した状態だった。第一次世界大戦自体が、不人気で非常に犠牲の多いものだったため、イタリア経済は停滞したままだった。インフレと巨額の戦債と長引く不況が、大量の失業者、食料危機、ストライキとともに戦後も続いた。ベニト・ムッソリーニは、ファシストのイデオロギーを唱導しながら一九二二年に権力の座に就き、ほとんど成功することはなかったが、経済の近代化を試みた。国家による経済統制は、不均衡かつ無計画に適用された。本質的に脆弱なイタリア経済は、世界大恐慌によってひどく打ちのめされたが、ムッソリーニの講じた再軍備による経済刺激策は、部分的に成功を収めた。不況に見舞われた経済を活性化させるイタリアの試みの一つが、一九三五年一〇月に始まるエチオピア侵略であった。

日本政府もまた、世界大恐慌に対する解決策を見出すため、軍事行動を選択した。パリ講和会議において、日本は、西欧諸国から受けた手ひどい仕打ちに対し、孤立と怒りを深めていた。第一次世界大戦参戦前に、日本の指導層の間では、いずれの側から参戦すべきかをめぐっていくつかの議論が存在していた。ロシアは、論理的にも、また地域的にも敵国であったが、ドイツは国家建設のよりよいロール・モデルだった。日本の指導層の多くがプロイセンの権威主義、ロマンティックなナショナリズム、そして疑似科学的人種主義に引き付けられていた。(25) イギリスが中国ならびに北太平洋において、ドイツの攻撃から国益を防衛する目的で日本軍に協力を要請したため、日本は、一九一四年八月下旬に三国協商の側から参戦した。この要請は、日本の利害と一致していた。日本政府は、これをドイツ租借地である中国の遼東半島ならびに赤道以北に位置するマリアナ諸島、カロリン諸島、そしてマーシャル諸島など太平洋の領土獲得の機会とみなしたのである。

イギリス、フランス、イタリアは、一九一七年に日本がこれらの領土を戦後に獲得する密約に合意した。その見返りに日本は、ドイツが所有していた赤道以南のニューギニア、ソロモン諸島、サモアといった太平洋諸島をイギリスが併合することを支持した。これらの取り決めはまた、中国東北部における自国の立場を強化するという日本の長期計画とも適合していた。一九一五年一月、日本は二一カ条要求として知られる一連の要求リストを中国に提出した。それは、日中戦争と日露戦争において日本が獲得した中国東北部と内モンゴルに対する日本の支配を強化するのみならず、日本側が構想していた政治的、経済的、軍事的統制によって中国を事実上日本の保護領にしようとするものだった。

この要求に対する国際的な反発に直面し、日本は領土要求以外のほとんどを撤回したが、第一次世界大戦後において、日本は遼東半島における治外法権の保持に固執した。この合意は、一九一八年五月、日本と中国の間で締結された秘密条約において再確認された。

一九一九年四月末、ヴェルサイユ条約によって遼東半島におけるドイツ租借地の主権を、中国に返還するのではなく、日本に移譲することが正式に決定された。この決定は、分裂し苦悩する中国にとってとりわけ不快なものだった。中国は、アメリカ合衆国による最初の参戦要請に応えて、一九一七年八月一四日に同盟諸国に対して宣戦布告し、ヨーロッパの戦線に三〇万人もの兵士を派遣していた。中国の軍事的貢献は多くはなかったものの、一四万人もの中国人労働者が、フランスの塹壕のほとんどを掘り進め、またイギリス軍に代わって戦場への補給路・鉄道網を建設したのである。三国協商側に貢献した同盟国として、中国のナショナリストは確実に自国を戦勝国とみなす権利があった。パリ講和会議の調停者たちによる中国への裏切りは、一九一九年五月四日に始まる、北京での学生運動やストライキの引き金になった。労働者、商人、企業家が学生たちと合流し、大衆抗議運動は上海にも飛び火した。ヴェルサイユ条約への反発があまりにも強く、大衆によるデモは二〇の省、一〇〇以上の都市に拡大したため、中国政府はヴェルサイユ条約批准を拒絶したのである。五・四運動として知られるこの抗議活動は、幻滅した中国人指導層が西欧との協力体制や民主主義モデルから離反するきっかけとなった。中国代表はパリ講和会議に集まった世界の指導者たちに向かって、「これは、我々が極東に半世紀にわたる平和状態を保障できるかどうか、もしくは一〇年以内に戦争を導く状況を生み出すかどうかという問題なのだ」と宣言し、遼東半島は中国主権下に返還されるべきだと強調した。[26]しかし、顧維鈞《こいきん》中国大使が任を離れた二年後の一九三一年に、日本軍による満州事変が勃発したのである。

パリでの会合において、日本政府は、国際連盟憲章に、加盟国の国籍者すべてに対する平等で公平な取り扱いを保障する「人種平等条項」を追加するよう提案した。この条項は、加盟国出身者の人種や国籍にかかわらず、法的にも、また実際的にも差別しないことを規定していた。不幸にも、白豪主義を掲げ、アジア系移民を排斥していたオーストラリアのロビー活動にかなりの程度後押しされたイギリス政府が、この条項に反対した。また、この提案が多数票をもって可決されたにもかかわらず、委員会の議長を務めていたウッドロウ・ウィルソン大統領は、決議通過には満場一致が必要であると論じ、多数派票を封じた。当時のオーストラリア首相ビリー・ヒューズの中傷めいた主張により、国際連盟が人種平等条項の追加に失敗したため、日本人はそれまでほとんど注目していなかったオーストラリアに対し、強硬で敵対的な視線を向けるようになった。日本人は、まさしく不当な扱いをされたと感じ、その目的を達成するために「独立独行」による解決策を目指すようになったのである。

日本政府は、パリ講和会議が中国東北部と内モンゴルにおける日本の特別な利害を認めなかったため不満を募らせ、また米海軍太平洋艦隊の増強に懸念を抱くようになっていた。日本政府は、一九一七年に交わされた石井＝ランシング協定において、アメリカ合衆国政府が、中国における日本の「特殊権益」に同意を示したと考えていた。しかし一九二〇年代初頭までに、日本政府は、アメリカ合衆国が日本の中国進出に反対していると確信し、新たに獲得した太平洋の委任統治領の防備を固め、建艦競争に着手した。実際、英米両国はともに、日本政府が西太平洋と中国で両国の利害と衝突する膨張主義的政策を開始したことに懸念を抱いていた。イギリスは、海軍力の優勢を維持するため、アメリカは他を寄せ付けない海軍を建設するため、日本はこの二ヵ国の海軍に追いつくため、第一次世界大戦終結直後から、それぞれの目標を達成すべく軍拡競争に突入したのである。新たにアメリカ大統領に就任したウォーレン・ハーディング政権は、一九二一年一一月に国際連盟の主催ではなく、九カ国を招聘し、海軍軍拡競争を封じ込めるため、また太平洋と東アジアの将来の申し合わせを議論するため、国際的に軍事・海軍問題を協議するワシントン会議を開催した。一九二一年一一月一二日から一九二二年二月六日まで開かれたこの会議には、ソ連は招待されなかった。アメリカ政府の第一の目的は、西太平洋における日本の海軍力の拡張を食い止め、最終的に日本の膨張政策を制限することだった。アメリカ政府はまた、イギリスとのいかなる対立をも回避することを望んだ。この目的のために、アメリカ政府は日英同盟の破棄を求め、日本に関しては望ましい海軍保有率を設定し、他方、日本に対して正式に中国における「門戸開放政策」の受諾を求めた。イギリス政府は、シンガポール、香港、そして自治領諸国を含むアジア・太平洋地域の利益を維持すること以外に、なんら特別な要求は行わなかった。日本の第一の目的は、米英両国と海軍条約を締結することであり、第二の目的は、中国東北部と内モンゴル地域における日本の「特殊権益」に関して公式な承認を得ることだった。

アメリカ、イギリス、フランス、イタリア、日本によって締結されたワシントン海軍軍縮条約は、米英両国を同率にして日本を第三位に位置づけるものであり、その割合は五対五対三であった。日本帝国海軍の国粋主義者はこれを西欧の手による、さらなる不公平な扱いの例であると考えるようになり、こうした考えが一九三六年一二月に日本政府がワシントン条約を破棄するおもな要因となった。ワシントン海軍会議において、中国は遼東半島を取り戻すことで合意し、同年、日本は中国の主権と領土保全を保障することに合意した。この取り決めも、日本政府が満蒙地域に侵攻し、その豊かな天然資源を搾取することで失効した。中国側の訴えに応え、国際連盟は日本政府に対し「満州」から迅すぐさま遼東半島を奪取したのであった。

速に撤退するよう求めたが、日本政府は、この申し立てを無視した。国際連盟は加盟国に対して、日本との通商を停止するよう要請したものの、加盟国は従わなかった。国際連盟が日本軍の撤退を再度要求したのち、日本政府は国際連盟からの脱退を決定した。一九三七年、日本軍は中国本土を攻撃し、すぐさま遼東半島を奪取したのであった。

第一次世界大戦は、ロシアに途方もない被害をもたらした。総人口の一・九パーセントが戦死し、さらに三・三パーセントに相当する、約四九五万人の兵士が負傷した。ロシアは戦争から離脱した直後から、その後七〇年間続くロシアの歴史を形づくることになる激しい内戦に突入していた。ボリシェヴィキは、一九二二年に新たにソヴィエト社会主義共和国連邦と名付けられた巨大で多種多様な民族からなる国家を率い、共産主義原理に基づく大規模な近代化計画に着手した。ソ連は、西はルーマニアからポーランド国境地帯に、東はオホーツク海に至る地域に広がる国土に一〇〇以上の異なる言語、五〇以上の異なる民族を包摂していた。

ウラジーミル・レーニンによって短期間率いられ、一九二七年以降、ヨシフ・スターリンによって統治された新しいソ連政府は、産業や資本の育成のために中央集権化された統制を行う新経済政策と、旧来の帝国システムの遺物から近代国家を建設する試みとして農業を集団化する五年計画を導入した。その結果、ソ連は、大恐慌によって資本主義諸国がこうむった失業問題を経験することなく、一九三九年までには、アメリカ合衆国とドイツに次いで世界第三位の工業生産を達成した。この驚くべき革命は、抑圧的かつ残酷な独裁政権が何百万人もの農民を産業労働に就かせることで、飢餓と飢饉による犠牲を生み出した。一九三二年から三三年にかけて、ウクライナでは五〇〇万人もの農民が餓死するという大規模な飢饉を経験したが、これは、スターリンによるジェノサイド行為の一つとみなされている。何百万もの人々が、スターリン政権を批判する者たちを収容するためにシベリアに建設された強制労働キャンプで命を落とした。さらに、ソ連の急速な工業化は、指導層の独断的で攻撃的な共産主義イデオロギーとともに進められたため、ドイツ、日本、アメリカ合衆国の警戒を呼び起こした。一九三〇年代の終わりまでにヨーロッパやアメリカの人々の多くは、ナチスドイツよりもソ連の行く末を脅威と考えるようになっていた。とかくするうち、第一次世界大戦の戦勝国は、打倒したはずの敗戦国が、征服者である戦勝国側を攻撃するのは時間の問題であることに気づいた。すべての戦争を終わらせるはずの戦争は、まもなく次の戦争を引き起こしたのだった。

第五章　無条件降伏――第二次世界大戦の帰結　1945―1970

「君は復讐か平和か、どちらかを得ることができるだろうが、
両方を得ることはできない」
ハーバート・フーバーのハリー・S・トルーマンへの書簡（一九四六年）

はじめに

第二次世界大戦後から一世代後のヨーロッパとアジアの歴史を考察すると、勝利から得た報酬を認めることが困難であることがわかる。第一次世界大戦終結から四半世紀後、戦勝国と敗戦国が経験し直面した状況を区別することがたとえ複雑な作業であるとしても、第二次世界大戦終結から四半世紀後に征服者と被占領国の状況を切り離して考える難しさとは比較にならない。ドイツを打ち破る目的の一つが、中欧と東欧地域を解放し、それらの国土を保全することであったとしても、戦争の結果を勝利と呼ぶことができるだろうか。アドルフ・ヒトラーに対する連合国の勝利は、ソ連の多大な貢献なく達成することは不可能であっただろう。しかし、ドイツに対する連合国の攻撃の過程で、ソ連軍が東ヨーロッパのほとんどを占領し、ソ連はその後、半世紀にわたってヨーロッパの大部分の人々を

完全に支配し続けたのだった。

戦勝国の意思にかかわらず、戦後の情勢は流動的だった。敗北した旧敵ドイツと日本は、第二次世界大戦後のヨーロッパとアジアの急激に変化する状況に対し、「無料乗車券」を与えられたかのようだった。伝統的に、賠償金は、戦争の被害から復興するための手段として勝者が敗戦国に要求していたが、第二次世界大戦後、ドイツと日本は、罰金の支払いを要求されず、戦勝国のアメリカ合衆国が供与する経済支援プログラムの受益者となった。一九四五年二月にクリミア半島で開催されたヤルタ会談で、イギリス、アメリカ、ソ連の指導者――ウィンストン・S・チャーチル、フランクリン・D・ローズヴェルト、そしてヨシフ・スターリン――は、この大同盟三カ国にフランスを加えてドイツを分割占領することで合意にいたっていたが、一九四八〜一九四九年、スターリンは、ドイツ最大の都市であるベルリンを支配するため封鎖に踏み切った。ベルリン封鎖に米英両国は空輸作戦で対抗し、一九四九年五月に封鎖は解かれた。しかし、スターリンの行動に対して米英両政府内部で巻き起こった恐怖と、冷戦の段階的拡大によって生じた敵愾心ゆえに、ドイツは、ドイツ連邦共和国（西ドイツ）とドイツ民主共和国（東ドイツ）へと分裂し、家族は離散し、隣接していた町や村が分断された。米軍に占領されていた西ドイツは、実際、一夜にして、もはや敗北したかつての敵国ではなく、新たな敵であるソ連に立ち向かうための重要な同盟国の一つとなったのだった。西ドイツはアメリカによる膨大な経済・軍事支援を得て、もう一つの戦勝国であるソ連からの支援を受けた東ドイツとは異なる政治的・経済的復興を遂げることになった。これが、一九八九年にベルリンの壁が崩壊するまでの半世紀にも及ぶ状態だった。統合したドイツは、アメリカ合衆国の重要な同盟国であり続け、米軍はいまだドイツ国内の軍事基地に駐留し続けている。

日本はドイツと同様、敗北して占領されることになり、一九五〇年六月の朝鮮戦争の勃発によって、憎悪の対象だった敵国から、戦略的に重要な基地を提供するアメリカの同盟国へと変容した。アメリカ合衆国と国連軍は、日本国内の基地を使用し、共産中国に支援を受けた北朝鮮と対峙する韓国を支援するため朝鮮戦争を遂行した。二一世紀の最初の一〇年が過ぎても日本には米軍基地が存続し、朝鮮半島は、非常に不安定な非武装地帯を挟んで向き合っている二つの敵対的な政権に分断されたままである。

第二次世界大戦後の時代に、ともに勝者の側にあったフランスとイギリスがかつての地位を取り戻すことが二度となかった一方で、打倒されたドイツと日本が戦後四半世紀を経て主要な国家として再登場してきた。日独両国は、現在でも主要国であり続けている。ともに勝利の側にあったアメリカ合衆国とソ連は、互いを弱体化させるため、莫大な資金を投じた軍拡競争と、核戦争を現実的に引き起こす恐れのあった世界規模のイデオロギー闘争によって身動きできない状況へと陥った。この文脈において、第二次世界大戦の勝利とは、どのような意味があったといえるだろうか?

第二次世界大戦について再考するとき、「二〇世紀の世界戦争」のヨーロッパにおける第二ステージは、ナチ党指導者アドルフ・ヒトラーが、侵攻しないという約束を反故にして一九三九年九月一日にポーランドを侵略したため、ポーランドに対する軍事的支援を公約していた英仏両国政府が対独宣戦布告をしたことから始まったと、たいていの人は考える。しかし実際には、世界戦争の第二ステージは一九三九年九月より以前、日本が大東亜戦争と位置づけたアジア地域での戦争勃発によって始まっていたのである。

一九三一年、日本は社会不安と飢饉の拡大に直面し、大恐慌によって打ちのめされた経済を立て直す試みとして満州侵略を開始した。日本は数十年にわたって、中国の豊かな天然資源や食糧、労働力などの経済的資源を確保するため、政治的にも軍事的にも脆弱な中国政府を支配しようと策動していた。一九三二年二月、日本政府は、満蒙地域を網羅する満州国という傀儡国家を樹立した。それから数年後の一九三七年七月、日中戦争が始まるまで数年間にわたって断続的に軍事的「事変」が起こった。日本軍による真珠湾攻撃が、第二次世界大戦を太平洋戦線へと拡大させる以前に、日中戦争中に起こった最も忌まわしい事件は、一九三七年一二月に南京市で起こった三万人の民間人が殺害され二万人から八万人もの女性が暴行されたという「南京事件」であった。

一方、ヨーロッパでは、ヴェルサイユ条約によって禁止されていたにもかかわらず、ドイツが一九三八年にオーストリアを併合、さらに同年九月にドイツとチェコスロヴァキアの国境地帯のズデーテン地方を獲得した。一九三九年三月にドイツ軍はプラハを占領し、チェコスロヴァキアを解体した。イタリアも追従し、一九三九年四月七日、アルバニアに侵攻した。ベニト・ムッソリーニは、その著書『ファシズム・ドクトリン』の中で「ファシズムとは、永続的な平和の可能性、もしくはその効用を信じるものではない」と宣言した。(1) ファシストは、戦争こそが進歩のための積極的な力であると一般に考えており、それゆえ新たなヨーロッパ戦争の可能性を熱望していたのである。

一九三九年の終わりまでに、ヨーロッパ、アジア、南北アメリカ諸国に生きる人々は、史上最悪の戦争状態へと巻き込まれていった。一億人もの兵士が動員された。主要な参戦国は、第一次世界大戦の「総力戦」よりもはるかに大規模に経済・産業・科学部門を軍需生産に組み込み、また民間・軍事資源の間の区別を打ち消していった。ホロコーストを含む一般市民に対する目立った残虐行為が示すように、第二次世界大戦は、人類史上最も死傷率の高い戦争となり、六〇〇〇万人もの犠牲者を生み出したのである。殺戮行為は、ベルリンが瓦礫の山となり、日本の二つの都市が核に焼き尽くされたとき、ようやく終結したのである。

しかし第二次世界大戦は、前の大戦のようには終結しなかった。すべての講和を含む平和条約を締結するための講和会議は開催されなかった。ヨーロッパで戦争を遂行した連合国側の指導者、チャーチル、ローズヴェルト、スターリンは、各国の要求する条件や、戦勝国として世界をどのように方向づけるのかに関して、戦時中、いくつかの合意に達していた。一九四三年二月のカサブランカ会談では、ローズヴェルトとチャーチルは、ヨーロッパでの戦争は、ドイツの無条件降伏なく終結することはないという点を確認した。彼らは、ドイツが二度とヨーロッパにおける平和の脅威になることを許さないという点で一致したのである。

ローズヴェルトとその政治顧問たちは、一九四三年二月の終わりに、カサブランカから五キロほどの距離にあるアンファの豪華な別荘が建ち並ぶ地区の三階建てホテルで、チャーチルとその取り巻きの外交官や軍参謀と会見していた。二月二四日、米英両国首脳は、集まった報道陣のために記者会見を開いた。ローズヴェルトは、ライトグレーのスーツに黒っぽいネクタイを締めていた。一方、チャーチルは、山高帽をかぶり、ダークブルーのスーツにベストを着用して葉巻をくわえていた。ローズヴェルトは晴れやかな様子で、今後の戦争遂行方針に関して米英同盟は「完全な合意」に達したと宣言した。

世界平和は、日独両国の戦争指導部の権力を完全に打倒することによってしか実現しえない。このことは、日独伊枢軸国の無条件降伏を、第二次世界大戦の明快な目的と位置づけることにほかならない。枢軸国の無条件降伏は、のちの世代の人々にとっても道理にかなった世界平和の確約を意味するだろう。無条件降伏は、ドイツ人、もしくはイタリア人や日本人の絶滅ではなく、他民族の征服と支配を正当化する枢軸国の哲学を破壊することを意味する。

ローズヴェルトはさらに加えて、米英両首脳は枢軸国の無条件降伏が、ソ連、中国、またその他の連合国にとっても等しく戦争目的になることに自信があると述べた。[2]

第二次世界大戦におけるドイツ（そして日本）への無条件降伏要求は、前例のないことであった。無条件降伏とは、まさしく完全な条件なき降伏という意味である。戦勝国は、敵国の軍事力の破壊、そして政治・軍事機構全体にほかならない敵国政府の解体を求める。これは戦争終結の時期を一方的に決定する勝者の宣言なのである。戦争の軍事的終結と政治的終結が同時に起こるのだ。通常では、降伏の第一歩は、戦略的降伏、すなわち軍事上の降伏と武装解除である。これは軍事的であると同時に政治的行為である。無条件降伏とは、調停に関し勝者と交渉する者が存在しないことを意味する。それゆえ、交渉のため、最初に新しい政府を創出しなければならない。レイモンド・オコナーが指摘しているように、無条件降伏をもってしても各陣営は、部隊の武装解除、戦争捕虜の解放、国境の設定、そして降伏文書における国内問題を統括する次期政権の創出といった特定の本質的条件を無視することはできない。[3]一九四二年一〇月にローズヴェルト大統領は、戦争終結に触れながら、こう断言した。「我々にとって自明なことは、日独伊枢軸国、もしくはこのいずれかの国が、この終戦後にあって武装し続けるならば、または再軍備が許されるならば、これらの国は、野蛮な世界征服の行程を不可避的に再び歩み始めるだろう。それゆえ、枢軸国は武装解除され、また非武装のままでなければならない」[4]。

しかし、大統領がいかにして無条件降伏という表現を思いついたのかの説明には背景があった。「君たちイギリス人も、古い逸話を知っているだろう。かつて北軍にU・S・グラントという将軍がいたことを」。ローズヴェルトは述べた。「その名は、ユリシーズ・シンプソン・グラントだが、私自身やチャーチル首相の幼き日、グラント将軍は「無条件降伏のグラント」と呼ばれていたのだよ」。大統領はのちに主張している。彼とチャーチルの二人は、カサブランカ会談後に開催される記者会見の準備時間がなく、「そのとき、私は側近たちがグラントを「古き無条件降伏」と呼んでいたことからひらめきを得て、無条件降伏に言及したのだった」[5]。ローズヴェルトはまた、カサブランカ会談を「無条件降伏会議」とさえ呼んでいたのである[6]。

おそらくローズヴェルト大統領は、米英両国の側近たちが南北戦争の逸話を思い出すことを期待していたのだろう。それは、アメリカ南北戦争期の一八六二年、ドネルソン砦の戦いにおいて、南部連合軍司令官サイモン・ボリバー・バックナーから降伏条件について尋ねられた際の、グラントの返答だった。「無条件かつ即時降伏以外は受け入れられない。私は、南軍の陣地をすばやく移動したいのだ」。しかしグラントの場合の降伏と同様、ローズヴェルトにとっても無条件降伏は、完全な無条件ではなかった。南北戦争終結時、南軍司令官ロバート・E・リーの降伏に際し、グラントは、リー指揮下の南軍兵士に対し、仮保釈状態で、武器を携えて愛馬とともに帰郷することを許可したのである。

無条件降伏とは、詭弁にすぎなかった。無条件降伏を要求したとき、ローズヴェルトは、記者会見用に準備した、実際に無条件降伏に相当する政策についての文章を含んだ覚書を自身の膝に載せていた。無条件降伏という言葉が出てきたのは偶然であったが、しかしその意味と方針は、とりわけ厳しいものだった。無条件降伏は、アメリカ国内における民主党内部からの批判をかわすための大統領の試みであり、スローガンとして、この戦争にそれまで欠如していた道義的目的を与えるものだった。

ローズヴェルト大統領は、カサブランカにおいて無条件降伏という構想を突然思いついたわけではなかった。アメリカ合衆国の戦争経験には、無条件降伏の多くの先例が存在していた。アメリカ軍事史家ラッセル・ウェグリーは、敵国の軍隊のみならず男女の非戦闘員を含むすべての資源の破壊――ウェグリーが「殲滅戦略」と名づけた現象――は、南北戦争以降にアメリカの戦争様式として定着した。殲滅戦略は、全面勝利を達成する手段とみなされてきた。北軍総司令官グラント将軍の指示に従い、南部連合のジョージア州を破壊しつくした将軍ジョージ・シャーマンは述べている。「もしアメリカ国民が、この作戦の野蛮さと残酷さに対して苦痛の声を上げるとしても、戦争は戦争であり、人気の追求ではない。もし南部人が平和を求めるならば、彼らとその親族は、戦争をやめなければならない」[7]。第一次世界大戦時、パーシング将軍は、連合国兵士がベルリンへと進軍する際、同様のレトリックを用いながら、米軍の目前にあるすべてを一掃し、ドイツ国民に敗北の意味を知らしめろと唱えていたのであった。

しかし、もし仮に戦争における勝利の目的が、敵国を自国軍に従わせるものであったとしても、そのような破壊と恐怖の戦略が成功したかどうか、推し量ることは容易ではない。なぜなら殲滅戦略は、かつての敵をより強烈で執念深い宿敵へと転換させる危険を冒すことであり、長期的な和解の目的を損なうからである。この文脈において、アポマトックスにおける南北戦争終結の降伏儀式での一つの事件は、非常に興味深い。ジョシュア・ローレンス・チェンバレン准将は、南部連合軍の降伏式典を組織する任を負った連邦軍兵士であった。チェンバレンは、善意が示された儀礼は、未来への良き約束になると反乱軍将校に述べた。しかし、南部連合軍の兵士は答えた。「貴殿は我々を許すというが、我々は許されようとは思わない。我々の心中には、貴殿が思ってもみないような怨恨が渦巻いている。我々は、貴殿を憎んでいるのだ(8)」。

チャーチルは、公的にはローズヴェルトの無条件降伏の要求に合意したと述べていたが、無条件降伏という方針は、破壊的な結果をもって戦争を終結させようというローズヴェルトとその首席顧問たちを除いて、イギリス代表からも、またソ連代表からも強い反発を受けていた。スターリンは、この決定についてロシア国民に決して知らせることはなかった。ドイツが単に軍事的に敗北するだけでなく完璧に破壊されるべきであるという計画は、ローズヴェルトにとっては非常に訴えるものであっただろうが、しかし、無条件降伏政策は、戦争を長期化させ、何よりこれまでにない膨大な犠牲者を生み出す可能性があった。イギリスの秘密諜報部（SIS）の長官スチュワート・グラハム・メンジースは、現在すでに進行しているいくつもの秘密作戦にとってのみならず、ドイツ人を追い詰められたネズミのごとく絶望的なまでの残虐性をもって戦わせる可能性があるゆえに、無条件降伏には破滅的な意味があると考えていた。ヒトラーのプロパガンダ長官ヨーゼフ・ゲッベルスは、この考えに同意していた。ゲッベルスは、ローズヴェルトの無条件降伏声明を、「世界史上、最悪の道化による最初の命令」と呼び、同僚に向かってこう述べた。

私は、これほどまでに国民を奮起させるスローガンを思いつきさえしなかった。仮に、西側の敵が我々にいったとしよう。「我々は敵と取引することはない。我々の目的は、ただ敵を破壊することだけだ」。このようなことをいわれたドイツ人は、好むと好まざるとにかかわらず、全力で戦うほかないではないか![9]

一九四三年一〇月のモスクワ外相会談と一九四三年一二月のテヘラン会談において、連合国は、ドイツの解体のほか、ソ連=ポーランド国境、東プロイセン、ユーゴスラヴィア、ハンガリー、ルーマニア、ブルガリア、ギリシア、バルト三国に関するさまざまな合意に達した。戦後のドイツ占領政策は、一九四五年二月のヤルタ会談で決定された。アメリカ政府は、打倒されたドイツをのちに「改革され、平和的で、経済的にも侵略的でない」国家にすると決意を固めていた一方、ソ連は、ドイツに二〇〇億ドル以上の賠償金を要求した。[10] 一九四五年四月三〇日、ベルリンでの戦闘の最中にアドルフ・ヒトラーが自殺したため、ヒトラーの後継者とされたカール・デーニッツ海軍大将兼大統領が降伏文書に調印した。五月七日、アルフレッド・ヨードル将軍、西側を代表してアイゼンハワー連合国司令官、そしてソ連を代表してイワン・ススロパロフ将軍によって軍事的な無条件降伏が確認された。五月八日、スターリン(ならびにイギリス)の主張によって行われた二度目の降伏式で、イギリスとソ連それぞれの代表が参加し、ドイツ国防軍ヴィルヘルム・カイテル元帥がベルリンで降伏文書に調印した。勝利した連合国は、デーニッツを大統領として承認せず、その代わりにドイツの自治権を剥奪して最終合意にいたった。[11]

連合国は、戦闘終結後すぐに、ベルリン郊外のポツダムで会合し、一九四五年八月二日、ポツダム協定においてドイツ統治に関する条件を決定した。二月のヤルタ会談で決定された事項を再確認するポツダム会議において、合意に達した協定は、暫定的なもののうちの一つであり、「目的にふさわしい政府が組織され、その新ドイツ政府が国家として講和条約を結ぶことによって最終的に承認される」というものだった[12]。

一九四五年のポツダム会談では、ドイツにとっての戦後政府設置、賠償、再移住などに関する一連の協定や計画が考案された。ズデーテン地方など、一九三八年以降にドイツがヨーロッパにおいて併合したすべての領土は返還され、ドイツの東側国境はオーデル＝ナイセ線の西側に変更、これによりドイツは一九三七年時点と比較するとおおよそ二五パーセントの領土を喪失することになった[13]。他方、フランスは、ドイツの炭田地帯の大部分の支配権を獲得したのである。

この修正案の最大の受益者は、一九一八年に失った領土を回復したソ連だった。ドイツ、フィンランド、ポーランド、チェコスロヴァキア、ルーマニア、日本の犠牲の下で領土を拡大したソ連は、第二次世界大戦勃発直前に中立を宣言していた三つの独立国エストニア、ラトヴィア、リトアニアを一九四〇年に併合し、さらに、戦時中に占領していたイラン北部全域に分離政府を樹立させようと試みていた。

フランスは、一九四七年に自国の経済的支配の下でドイツのザール地方を独立保護領として併合したものの、ポツダム修正案による恩恵は一時的であり、得るものが少なかった。ポーランドは、オーデル＝ナイセ線に国境が修正され、シレジアの産業地帯を含むドイツ東部領土のほとんどを併合した結果、ソ連に対する領土的損失が補償された。戦勝国が引き直した新しい国境線によって、かなりの数にのぼるドイツ人が、敵対的な周辺諸国の領土に自分たちが編入されたと気づかされた。実際、新たなドイツ東部国境の外側に居住することになった中欧地域のドイツ人とオーストリア人のすべてが、結果的に難民生活を数年にわたり強いられた。約一七〇〇万人のドイツ人がその影響を受け、そのうち一〇〇万人から二〇〇万人もの人々が迫害によって命を落とした。

ヤルタ会談では、ポーランドの西側国境が、ソ連によるポーランド東部占領を埋め合わせるためにドイツ領土をどれほど侵食するのかについては決定されておらず、ポツダム会談では、占領されたドイツ新政府とその将来や賠償金といった問題についても解決していなかった。これらの問題——「ドイツ問題」——や将来のドイツをめぐる、アメリカ政府とソ連政府の根本的に異なる見解は、その後、半世紀にわたって戦勝国を分裂させる中心問題となった。一九八〇年代後半の冷戦終結まで、相応しい単一ドイツ政府を樹立するためになされたことは何もなかった。フランス、アメリカ、イギリスの占領地区はのちに西ドイツ（ドイツ連邦共和国）となり、他方、ソ連の占領地区は東ドイツ（ベルリンの西側占領地区を除きドイツ民主共和国）となった。二つのドイツは、一九九〇年の講和条約まで完全な主権をもたない占領された国家であり続けたのである。

戦後協定

第二次世界大戦後の冷戦プロパガンダのうねりの中で、終戦後ドイツを占領した戦勝四カ国（フランス、イギリス、アメリカ、ソ連）が、敗戦国ドイツと一九九〇年まで最終的な和解をもたらす諸条約に調印していなかったという事実を、我々が見過ごしてしまったのは仕方がないことかもしれない。なぜならこれらの諸国は、条約に調印することが不可能だったからだ。一九四五年の戦闘停止後、ドイツ第三帝国は、二つの地域に分断された。一九八九年に「ベルリンの壁」が崩壊したとき、二つのドイツ政府はそれぞれの国民の支持を受けながら、統一した完全な民主的主権国家ドイツになることを望み、ポツダム宣言の受諾を初めて表明したのである。その結果、「ドイツ最終規定条約」が一九

1945年12月のヨーロッパ

九〇年九月一二日にモスクワで締結され、この条約こそが一九九〇年一〇月三日のドイツ統合の第一歩となった。この条約の条件の下で、四カ国は、かつてドイツで保持してきたベルリン統治を含むすべての権利を放棄した。その結果、統合したドイツは、一九九一年三月一五日に完全なる主権を回復したのである。たしかに「ドイツ最終規定条約」は、東西ドイツが別個に分裂した政体としてそれぞれ調印したものではあったが、統合した単一国家ドイツが条約を批准したのである。

この条約は、ソ連軍のすべてがドイツ領内から一九九四年末までに撤退することを明記していた。ドイツは、統合した軍隊の兵員を三七万人以上にならないよう限定し、また陸軍と空軍の兵員については三四万五〇〇〇人以下に制限すると決定した。ドイツ政府は、核兵器や生物化学兵器の製造、保有、管理を禁止し、とりわけ核不拡散条約が引き続きドイツに適用されることを再度断言した。ドイツを非核武装地帯とするため、外国の軍隊、核兵器、核運搬兵器は、かつての東ドイツに配備されることも、派遣されることもないということが確認された。

統一ドイツは、オーデル＝ナイセ線の東側領土を将来的に要求はしないと確約しながら、国際的に承認されているポーランドとの国境、そして一九四五年以降にドイツが受け入れてきた領土変更を確認した。ドイツは、この趣旨の条約をポーランドとともに個別条約として一九九〇年一一月一四日に締結したのである。

一九四五年の戦闘終結後、勝利した連合国は、一九四六年七月二九日から一〇月一五日まで開催されたもう一つのパリ会議においてドイツの同盟国であったイタリア、ルーマニア、ハンガリー、ブルガリア、フィンランドと速やかに講和交渉を開始した。一九四六年のパリ講和条約は、一九四七年二月一〇日に一括調印された。この条約は、イタリア、ルーマニア、ハンガリー、ブルガリア、フィンランドに、国際問題に関して主権国家としての外交自主権をもつことを許可し、これらの各国を国際連合の加盟国とした。この条約はまた、賠償金の支払い、各国の少数民族の権利保障、イタリアのアフリカ植民地帝国の解体、イタリア＝ユーゴスラヴィア国境、ハンガリー＝スロヴァキア国境、ルーマニア＝ハンガリー国境、ソ連＝ルーマニア国境、ブルガリア＝ルーマニア国境、フランス＝イタリア国境、ソ連＝フィンランド国境を含む領土の調整を規定した。パリ条約は、調停した諸国が国際連合憲章と世界人権宣言を遵守し、幅広く人権と市民の基本的自由を擁護するよう求めていた。イタリアは、エチオピアの独立を認めるよう求められ、リビア、エリトリア、イタリア領ソマリランドを含む植民地への要求を放棄させられた(14)。

連合国の指導者たちはポツダム会議において、もう一つの問題であるアジア・太平洋戦争の戦後処理についても討議した。ドイツはすでに敗北していたが、日本に対する戦争はまさしく最終局面にあった。一九四五年七月二六日に公布されたこの宣言は、のちに「ポツダム宣言」として知られることになる。アメリカ大統領ハリー・S・トルーマン、イギリス首相ウィンストン・チャーチル、そして参加はしていなかったが中華民国大統領蔣介石の名の下で改めて宣誓され、発表されたポツダム宣言は、日本帝国に求める降伏条件の概要を示していた。ポツダム会談は、一九四三年一一月にエジプトのカイロで開催された会議で、ローズヴェルトとチャーチル、蔣介石が発表した公式声明よりも詳細にわたって示されていた。一九四三年一一月二六日の金曜日、この三人の戦争指導者は、敗戦後の日本に課す全体的な条件と個別条件を設定したカイロ宣言に調印した。この宣言は、加えて日本の無条件降伏を要求していた。すなわち、この三大同盟国は、日本国の侵略を制止し、かつこれを罰するために戦争に従事している。これら三大同盟国は、自国のために何ら利得を要求することなく、また領土膨張を意図してもいない。この同盟国の目的は、日本国より一九一四年の第一次世界大戦開始以後において日本国が奪取し、または占領した太平洋における一切の島嶼を剥奪すること、ならびに満州、台湾、澎湖島のように日本国が中国人より盗取した一切の地域を中華民国に返還することにある。日本国はまた、暴力と貪欲により日本国が略取した他の一切の地域から駆逐されなければならない。前記三大国は、朝鮮の人民の奴隷状態に留意しやがて朝鮮を自由かつ独立の国にするよう決意した。(15)

スターリンは、日本を刺激することを望まなかったために、カイロ会談には参加しなかった。日ソ両国は一九四一年四月、五年間時限の中立条約を締結していたのである。カイロ会談から数日後、スターリンは、イランのテヘランでチャーチルとローズヴェルトと会談し、そこでヨーロッパとアジアの将来に関する協議が行われた。

ポツダム宣言は、日本が無条件降伏を受け入れるか、さもなくば「迅速かつ完全なる壊滅」に直面することを再確認していた。またこの宣言は、断固たる決意とともに、連合国の軍事力による全面攻撃が、「日本国軍隊の不可避かつ完全なる壊滅、また必然的に日本国本土の完全なる破壊を意味する」ものであると強調していた。終戦後、日本は、「戦争遂行能力を破砕され、平和、安全、正義の新秩序が建設されたという確証」にいたるまで連合国によって占領されることになった。その新秩序とは、言論、信仰、思想の自由を確立すると同時に、基本的人権の尊重を含むものであった。日本国民を欺き、世界征服という暴挙に導いた軍部の権威と影響力は永久に除去されることになった。

日本は、経済を支え、必要とされる現物の取り立てや賠償金の支払いを可能にする産業を維持することを許可されるようになるが、しかし日本の再軍備を可能にするような産業は許されなかった。再軍備の目的のためではない原料の入手は可能となり、最終的に日本は世界貿易に参加できるようになるとされた。宣言の最後に、勝利した連合国は、日本国民が自由に表明する意志に従って平和的傾向を有する責任ある政府が樹立されたとき、占領軍を日本から撤収させるものとされた。予想された重大な問題の一つである、権限の縮小された天皇の地位については言及されていなかった。蔣介石は、カイロにおいて、天皇の処遇については日本国民が決定すべきだと強調していたのである。

おそらくは、この宣言が一般的な声明にすぎなかったゆえに、日本政府はポツダム宣言を無視することを選び、その結果、トルーマンの原爆使用という決定をもたらしたのである。このときまでに、スターリンはソ連軍を日本を敗北させるために投入すると決めていた。アメリカ政府は、一九四五年八月六日早朝、広島に原子爆弾を投下した。二日後の八月八日、スターリンがポツダム会談で誓約したように、ソ連は日本に宣戦布告し、その六日間のうちに昭和天皇裕仁が抵抗を制止するよう軍部に指令するまで、ソ連軍による大規模攻撃が満州と朝鮮半島の日本軍に対して行われ、八万人以上の日本軍兵士が戦死した。それは、一九〇四年から一九〇五年にかけて行われた日露戦争時の奉天の戦いで日本軍が四万人のロシア軍兵士を戦死させたことへの報復だった。一九四五年九月二日、第二次世界大戦における戦闘を終結させるため、ダグラス・マッカーサー将軍は、米海軍戦艦ミズーリ号上で簡易な儀式を行い、連合国を代表して日本の降伏を受け入れた。

連合国と日本の間の講和条約は、一般にサンフランシスコ講和条約として知られており、公式には一九五一年九月八日に四九カ国によってサンフランシスコで調印された。この講和条約は、一九五二年四月二八日に施行された。またこれは、皇国としての日本の地位の正式な終焉をもたらし、また連合国の民間人や日本軍の戦争犯罪に苦しんだかつての戦争捕虜たちへの補償を割り振った。一九四七年のパリ講和会議と同様、サンフランシスコ講和条約は、連合国の目的を明確に述べた国際連合憲章と世界人権宣言を最大限活用するものだった。日米安全保障条約が同年に締結されたことにともなって、一九五一年の条約は日米関係を形成し、以後四半世紀以上にわたって、国際舞台における日本の役割を決定づけるものとなったのである。

アメリカ政府は、中華民国と中華人民共和国の双方に対し、サンフランシスコ講和会議への参加招待を拒否した。というのも中国国民党と中国共産党との間で、内戦と政府の正統性をめぐる論争が継続していたからである。北朝鮮と韓国もまた同様の理由で招待されなかった[16]。しかし、戦争当時は国家として存在していなかったパキスタンは、招待を受けた。なぜならパキスタンがイギリス領インドを代表する国家であり、対日戦争を戦った主要国家とみなされたからである。

主要連合国の一つであるソ連は、サンフランシスコ講和会議から排除されるべきではなかったが、外務大臣代理アンドレイ・グロムイコに率いられたソ連代表団は、米英両国が起草した条約案に猛然と抗議した。ソ連代表は、条約起草の準備段階においてソ連が事前に助言を求められず、またこの条約案は事実上、ソ連を排除した個別条約であると不満を表明した。米英の条約案は、軍国主義の勃興に対していかなる保障も与えることなくアメリカ合衆国の軍事基地として日本を設定し、ソ連に対抗する同盟国に日本を引き込むものだった。さらにソ連は、日本の侵略の主要な犠牲国であるにもかかわらず、中華人民共和国が参加招待されなかったことにも不満を抱いていた。サンフランシスコ講和条約は、台湾やその他の島嶼に関する中国の権利を侵害しており、日本の幾多の島嶼領土をアメリカ合衆国に割譲するとしていたため、それらはソ連にとっては正当化できない条件だとグロムイコは主張した。最終的に、サンフランシスコ講和条約は、南樺太ならびに千島列島に関するソ連の主権を承認しておらず、ヤルタ協定に違反していた。これらの反対意見に基づいてチェコスロヴァキア、ポーランド、ソ連が条約調印を拒否した結果、講和会議に参加した五二カ国のうち、最終的に四九カ国が調印してサンフランシスコ講和条約は締結されることになったのである。[17]

一九五六年一〇月にソ連と日本は、両国間の戦争状態を終結させる日ソ共同宣言に調印し、外交関係を回復した。しかし一九九一年のソ連崩壊以来、ロシアと日本が結んだ個別的な平和条約は存在していない。ロシアと日本の両政府は、二〇〇九年二月に公式に戦争を終わらせる交渉を再開したが、二〇一〇年までこの両国はいまだ講和条約を締結していない。一九四五年、広島と長崎への原爆投下の後にソ連軍が侵攻した日本の北方に位置する島嶼領土が問題となったからである。ソ連政府は、火山島である南千島列島――日本人は北方領土と呼んでいる――から日本人住民一万七〇〇〇人すべてを駆逐した。島民の一部が最終的に帰還を許可されたが、ソ連はこの地域の所有権を放棄する傾向は見せていない。千島列島は、いまだ日ロ両国の間の主要な論争点であり続けている。サンフランシスコ講和条約は、日本政府に対し、一九〇一年の義和団事変に由来する条約上の権利、ならびに朝鮮半島、台湾、イギリス植民地香港、千島列島、澎湖諸島、南沙諸島、南極大陸、そして樺太を放棄するよう求めていた。小笠原諸島ならびに奄美諸島、宮古島、八重山諸島を含む琉球諸島は、アメリカ合衆国の信託統治下におかれた。[18] 日本はまた、戦時中に引き起こされた損害に対する補償を経済支援で行うことに合意した。フィリピンと南ヴェトナムは一九五六年から一九五九年にそれぞれ補償を受けることになる。サンフランシスコ講和条約は、それまでの条約を無効にし、日本の軍事力をその性質において純粋な防衛的戦力とすることを規定したのであった。

この条約は、台湾の主権問題を未解決のまま残すことになった。一部の人々は、日本が台湾での主権を放棄したがゆえに、台湾は独立国となり、中国に所属することはなかったと論じている。この主張は、中華人民共和国と中華民国の両政府によって否定されている。中華人民共和国と同様、中華民国も中国の正統な政府として、台湾における主権を主張している。両者は、ポツダム宣言とカイロ宣言を受諾した日本の降伏文書にその論拠をおいている。この二つの宣言は、単に、台湾は中華民国に返還されると宣言しており、まさしくこの点こそが論争の的となっているのである。

未来への約束

第二次世界大戦における連合国の勝利は、その未来に何を約束したのだろうか？　連合国はその勝利を通じて何を達成したのだろうか？　第二次世界大戦は、最後の「良い戦争」であった、あるいは、少なくとも「結局はそれほど悪い戦争ではなかった」と指摘されることがある。(19)結果的に、ナチズムとファシズムは破壊され、国際連合、世界銀行、国際通貨基金が設立され、欠乏に見舞われた数年後のヨーロッパは、その後二〇年にわたる繁栄の時代を経験した。戦勝国の軍隊で戦った兵士たちは、自らが示した勇気、英雄的行為、自己犠牲ゆえに「最も偉大な世代」と喧伝されてきた。勝者が下した決断は、世界のその他の国や地域にとっても、将来的な意味をもった。ヨーロッパの国境は再び引き直され、ドイツは分断された。一九四九年に一二カ国が創設した北大西洋条約機構（NATO）はヨーロッパの秩序を維持した。イギリスは社会福祉国家として生まれ変わり、パレスチナは分断されてイスラエルが建国された。日本の敗北と、連合国による日本占領統治は、欧米化と急速な近代化によって、日本を西側の強力な産業経済大国へと導いた。一九五四年には、オーストラリア、フランス、ニュージーランド、パキスタン、フィリピン、タイ、イギリス、アメリカ合衆国が極東防衛を目的に東南アジア条約機構を構築した。しかし、悪い面も存在した。アメリカ合衆国とソヴィエト社会主義共和国連邦という二つの強力な戦勝国によって支配された二極化した世界が、戦前の多極的な世界に取って替わった。共産主義者たちが東ヨーロッパと中国を支配し、朝鮮半島、インド、のちにヴェトナムが分割され、さらに長期にわたる凄惨な戦争を導くことになったのである。

一九四五年の戦争終結時、ヨーロッパの大部分とアジアのほとんどが絨毯爆撃や大量殺戮に続いて起こった混乱状態の中で荒廃していた。一九四五年以降の四半世紀、ヨーロッパは「奇跡の復興」を成し遂げたという支配的な見解が存在している。この時期は、一種の平和と繁栄、楽観主義の時代だった。第一次世界大戦後の四半世紀との比較が、この見解を導く基準となるだろう。しかし一九五〇年代から一九七〇年代までの時期をそのように特徴づけることは、東ヨーロッパの実情を無視することになる。トニー・ジャットは、戦後ヨーロッパを描いた、二〇〇七年に出版されたその優れた研究において、オーストリア国境からウラル山脈に至る東ヨーロッパは、「招かれざるソ連軍の存在ゆえに」平和だったにすぎないと述べている。「東ヨーロッパは、戦車よって抑圧された刑務所の裏庭における平和だったのだ。[20]」西ヨーロッパにおいても、借款やヒモ付き補助金という形態をとった巨大な経済支援策をともなう、駐留占領軍として際立った米軍の存在が、アメリカの覇権に挑戦する可能性のある急進的な政権の登場を抑止した。第二次世界大戦後に発展を遂げた西ヨーロッパは、楽観主義、もしくは一九八〇年代に登場したヨーロッパ連合の将来を見据えた、先見的な理想主義者が作り出したものではなかった。西ヨーロッパとは、ジャットの言葉を借りれば、過去への回帰を避けようとする指導者たちによって作り出された「心配ごとに苛まれた不安な子ども」だった。ソ連邦もまた、同様の心配ごとに悩まされていたのである。

第二次世界大戦終結から四半世紀後、一九四五年には決して見ることのできなかった状況が出現している。実際、第二次世界大戦の戦勝国は、敗戦国とともに苦しい状況にあった。アメリカ合衆国という例外を除き、ヨーロッパ諸国はその帝国を喪失し、ヨーロッパとアジアでの講和を達成することなく、軍事化された社会への変容を強いられることになった。戦闘から帰還した者たちは、第二次世界大戦中に彼らが目撃したか、もしくは従事した残虐行為によって、身体的というよりもむしろ精神的なダメージを受けていた。戦争で傷を負った者たちは、その家族や次世代の子どもたちに有害な影響を与えることになった。多くの復員兵にとって身体的・精神的な回復には非常に時間がかかったが、なかにはついに回復しなかった人々も存在した。第二次世界大戦の勝利は、アメリカ合衆国とイギリスの指導者が自らを世界の指導者であり、教育者であるとみなすような、傲慢で望ましくない傾向を作り出した。この優越感によって米英両国は、アジア、中東、アフリカの諸民族の感情を著しく害することになった。この感覚はおそらく米国務長官ジョン・フォスター・ダレスが典型的に示したものである。ダレスは、善と悪の戦いというマニ教的観点から世界を見つめ、そして世界の国々に対し、アメリカ側につくのか、それともつかないのかと要求した人物である。

我々がいま一度、第二次世界大戦が生み出した恐るべき人的犠牲を思い起こすことには、大きな意味がある。第二次世界大戦は、ホロコーストによって非業の死を遂げた人々を含め、世界中で六〇〇〇万人にのぼる犠牲者を生み出した人類史上最大の、そして最も破壊的な戦争だった。ソ連は、全犠牲者の半数近くにのぼる二七〇〇万人の国民を失った。終戦近くになると、ヨーロッパ全域で四〇〇万人の難民が生まれた。アジアにおいて、戦争が直接・間接の原因で亡くなった中国人は、約一五〇〇万人とされている。今日インドネシアとして知られているが、当時は植民地だったオランダ領東インドでの犠牲者は、一〇〇万人から数百万人だと見られている。フィリピンにおける終戦間近の狂乱状態の中、日本軍は、マニラだけで約一〇〇万人もの民間人を殺害した。太平洋戦争における米軍の戦死者は、約一〇万人と見られている。日本における戦死者は、兵士が二〇〇万人、そして民間人一〇〇万人、あわせて当時の総人口の四パーセントを喪失した。

第二次世界大戦は、近代史の中で初めて、兵士よりも民間人が多く殺害された点で異質な戦争だった。戦争で命を落とした三〇〇〇万人を超える人々が一般市民だったのである。ソ連はかつてない犠牲に苦しむことになった。一九四一年から一九四五年の間に、ソ連軍兵士九〇〇万人が戦死し、一八〇〇万人が負傷した。民間人の犠牲は膨大だった。おおよそ一四〇〇万人から一九〇〇万人もの人々が殺害された。一九三〇年代、四〇年代、そして五〇年代、東ヨーロッパとソ連国境西部地域、現在のポーランド、バルト三国、ウクライナ、ベラルーシ、ロシア西部において、この地をめぐって戦ったドイツとソ連の両軍によって一四〇〇万人以上の人々が命を落とした。ソ連西部の占領地域で、民間人はドイツ軍によって射殺されるか、餓死あるいは凍死した。戦争に起因する犠牲は、ソ連では総人口の約一四パーセント、ポーランドでは戦前人口の一六パーセント以上だった。これと対照的に、アメリカ合衆国の戦死者は、戦前における人口の〇・三パーセントであった。

アメリカ合衆国の歴史家ウィリアム・H・チェンバレンによれば、ドイツでは一〇〇戸の住宅につき約二〇戸が破壊された。日本では二二五万戸、イギリスでは四六万戸の住宅が破壊された。ギリシアでは五人に一人が住居を失い、ロッテルダムでは二万八〇〇〇戸の住宅が完全に消滅した。皮肉なことに、フランス人は敵であるドイツの空爆からではなく、解放者である米英連合国による空襲に苦しめられたのである。

戦争によってもたらされた被害を現金に換算すると、当時の価値で約四兆ドルになる。一九五〇年に米陸軍長官ゴードン・グレイは、一つの戦争によってもたらされる被害は、直接的な損害の四倍に達すると述べたことがある。アメリカ合衆国においては、その財政上の影響は甚大だった。その額は、当時の評価額で三五〇〇億ドルにもなった。あらゆる税率が引き上げられた。第二次世界大戦こそが、現在も採用されている所得税強制徴収の事実上の契機になったのだ。五〇〇〇万人もの人々が課税台帳に追加記載された。アメリカ市民にとっての犠牲は単に経済的なものにとどまらなかった。一〇〇〇万人もの市民が徴兵され、市民的自由は抑圧され、異議申し立ては制限された。第二次世界大戦は、核兵器によるホロコーストを引き起こす瀬戸際の、何十億ドルもの費用、何千もの人々の生命の犠牲をともなう「永遠平和のための永久戦争」としての「冷戦」を生み出したのである。

四半世紀後

一九四五年においても、また四半世紀後の一九七〇年においても、世界は平和ではなかった。ヨーロッパとアジアの情勢の展開は、戦勝国の指導者のどの期待にも添うものではなかった。チャーチルの帝国は崩壊し、東ヨーロッパとアジアの情勢はスターリンの望みどおりにはならず、フランスの戦後指導者シャルル・ド・ゴールはドイツとの和解を強いられ、アメリカ合衆国は世界最強の国家として登場したものの、アメリカ合衆国が冷戦に巻き込まれたことが示すように、ヨーロッパとアジアの情勢は、ローズヴェルトの予想したものとはかけ離れたものだった[21]。中国において蔣介石は、共産党との戦いに敗れ、中国本土から追われることになった。ヨーロッパにおいて、連合国の勝利がもたらした一つの約束は、ドイツ復活の恐怖を終わらせること、そしてドイツを二度と復活させないという保証であった。ドイツ軍の強さとドイツ人の国家への献身ぶりは、「第三のドイツ戦争」が起こらないとも限らないと多くの人に信じこませたのである。アジア・太平洋戦争の終結は、現人神である天皇と軍国主義者による日本の支配体制と日本の構想した大東亜共栄圏に終止符を打つことになった。

ヨーロッパにおいて勝利した連合国の期待は、すぐさま瓦解し始めた。戦勝国は、ヨーロッパ、とりわけドイツの未来をめぐって分裂の度合いを深めていた。彼らを団結させていた唯一の目的は、ヒトラーを打倒することにほかならなかった。米英両国はたしかに同盟国であったが、しかし米英ソは同盟国とはいえなかった。「大同盟」という概念は、プロパガンダによる発明であり、当時は完全に受け入れられていた。しかし、この三カ国は、共同交戦国にすぎなかった[22]。これら三カ国は、それぞれがドイツと同時に戦っていたのである。連合国はドイツの復活を恐れたが、米ソ両国は互いを恐れ、不信感を抱いた。戦うべき敵がもはやいなくなった後、勝利を達成するまでの間に危険なほどに高まった両国の不信感は、公然となり、強まることになったのである。

スターリンとトルーマンはともに、仲裁者ではなかった。彼らは、平和を永続させるよりも、自国に有利になるよう競争した。米ソ両国ともに、相手が自らの立場を強固にするために講じる措置は、国家安全保障やヨーロッパの安全保障を脅かすものだとみなした。問題の一部は、この両国がそれぞれ異なる言語で議論していたことにある。ソ連は、領土保全という立場で自らの安全保障について述べていた。一方、アメリカの指導者は、国家安全保障をイデオロギーの観点から論じていた。スターリンは国境について言及していたのだが、トルーマンは抽象的な概念を論じていたのである。

アメリカ合衆国は、最長でも二年程度を想定し、長期的にヨーロッパに駐留するつもりはなかった。戦争遂行によって疲弊したイギリスは、ヒトラーを打ち破り、中東・インドにおけるイギリスの国益を維持し、イギリス帝国を保全し防衛すること以外、ヨーロッパに対して何の目的も有していなかった。ソ連は、喪失した西部領土を回復し、バルカン諸国に対する支配権を再び獲得しようとし、また東部のみならず西部国境の保全を図ろうとした。一方、フランスは瓦礫の国になっていた。

この文脈においてこそ、ローズヴェルトの戦争目的の一つが、ヨーロッパ帝国、とりわけイギリスとフランスの帝国を解体することであったことが想起される。アメリカ政府は、フランスがそのインドシナにおける植民地領土を回復すること、もしくはオランダがインドネシア植民地を再び占領することを支援するつもりはなかった。インドネシアは、戦時期に日本に占領されたのちに、現地のナショナリストがインドネシア国家として独立を宣言していた。オランダは一九四九年にインドネシアを喪失し、フランスは一九五四年にヴェトナムを失った。他方、アメリカ合衆国の戦時同盟国の一つであったベルギーは、中央アフリカの支配の正当性を再確認することに成功していた。

ヒトラーは実際に敗北し、ドイツが併合した領土は奪われることになった。ドイツ全土が荒廃していた。ドイツの都市のほとんどが瓦礫の山と化しており、輸送システムはかろうじて稼働している状況で、ドイツの地方には居場所を失った五二〇万人が散り散りにさまよっていた。約二〇〇〇万人ものドイツ人が住居を失った。連合国は、ドイツの非ナチ化、脱工業化、民主化の手はずを整えていた。しかし戦闘が終了した途端、ドイツでは一九三〇年代初頭に禁止されたときと同様の支持層ならびに綱領を有した組織政党が再び登場した。しかし、ドイツは四つの占領区に分割され、フランス、イギリス、アメリカ、ソ連という連合国によってそれぞれ支配されることになったのである。

西側連合国のドイツ占領区においては、戦前の政府が再組織されるか、もしくは新たに民主的政府が組織された。かつての連合国であったポーランドなどの領土を含む、ソ連軍に占領された諸国諸地域では、共産主義政権が樹立された。これらの諸国は、ソ連の衛星国となった。栄光に満ちたソ連軍の手による解放の約束は、ヨーロッパ全域に影響力の拡大を意図した帝国による非征服者への抑圧とみなされるようになった。さらに、ヨーロッパにおける駐留米軍の存続は、反米感情や、アメリカ合衆国に対する敵意に等しい幻滅を導くことになった。

ソ連が後援する共産主義の膨張を恐れ、イギリス政府はアメリカ合衆国にソ連支配下のドイツから西側支配地域を切り離し、西部ドイツ占領地域の経済統合を試みるよう促した。ソ連は、西側から支援を受けて息を吹き返すドイツを恐れながらも、敗戦国ドイツを統合し、中立化しようと画策した。ドイツの将来的な復興や方向性が定まらない中で、イギリスとフランスは、ドイツを封じ込め、ソ連の野望に対抗するという二つの目的をもって、一九四七年に英仏同盟相互条約、別名ダンケルク条約を締結したのである。

第二次世界大戦後、ソ連の勢力圏がポーランドの西側国境まで拡大し、スターリンがソ連の軍事的プレゼンスを維持すると主張したため、米英両国は、とくにバルカン半島や中東に共産主義が広がるのではないかと脅威を感じた。この恐れからイギリス政府は、一九四四年一二月、イタリアとドイツの支配から解放されたギリシアで内戦が勃発した際、ユーゴスラヴィア、アルバニア、ブルガリアの後ろ盾を得た共産主義者と戦うギリシア王党派を支援するようになった。一九四五年一一月の選挙で勝利したユーゴスラヴィアの新大統領ティトーは、強大化したユーゴスラヴィアがアルバニア、ブルガリアとギリシアのほとんどを吸収する、一種のバルカン連邦を樹立すべく模索していた。米英両国の反対にもかかわらず、経済的に苦境にあったヨーロッパの多くの国々では、共産党が支持を獲得する時期を経験した。ヨーロッパの復興は、ドイツ経済の回復と復活にかかっていることが、一九四七年までに米英両国の目に明らかになった。スターリンはドイツの再建よりも賠償金を求めていたがゆえに、ドイツを復興させる努力に反対していた。

ソ連当局は、ハンガリー、フィンランド、ルーマニア、イタリアにも賠償金を求め、ドイツ産業の解体の一環として労働力の徴用や工場施設・資本財の移転を要求した。三〇〇万人を超えるドイツ人の元戦争捕虜と民間人がソ連での強制労働に従事した。元戦争捕虜はまた、イギリスやフランスでも労務についた。アメリカ合衆国は、一〇〇億ドルの価値があると見積もられた知財補償として、特許や設計図などの形態で賠償を得た（しかし、それらはアメリカ合衆国が支出した戦費のわずか三パーセントにも満たなかった）。

当初、アメリカ政府は、ローズヴェルト大統領の早期の戦後構想に従い、ドイツに対して非常に厳しい条件を課すべきであると提案していた。一九四四年、米財務長官ヘンリー・モーゲンソーは、戦争に動員された産業資源をドイツから奪うことを提案していた。ドイツは、石炭と鉄資源の供給地であるルール地方とシレジア地方の主要工業地帯を失うことになり、再びフランス占領下におかれていたドイツ系の人々の暮らすザール地方とアルザス＝ロレーヌを奪取されることになった。連合国は、完全、もしくは部分的な脱工業化と現存の生産能力に制限を課すことにより、ドイツの戦争遂行能力を崩壊させることで合意にいたったものの、この計画は決して実行されることはなかった。一九四六年に立てられた最初のドイツ産業計画は、一五〇〇もの生産工場の破壊を要求した。その目的は、ドイツの重工業生産水準をおおよそ一九三八年の五〇パーセントまで引き下げることにあった。

しかし脱工業化はついに遂行されることはなかった。ドイツは長期にわたってヨーロッパにおける工業大国であり、ドイツの困窮化はヨーロッパの復興全体を遅らせた。ドイツの継続的な物資不足はまた、最も深刻な不足分を埋め合わせる義務を負った占領国側にも莫大な支出を強いた。ヨーロッパにおける継続的な貧困と飢餓状態ならびに冷戦開始を考慮し、一九四七年七月にトルーマン大統領は、安定した生産性のあるドイツの経済的貢献と秩序正しい豊かなヨーロッパこそが、アメリカ合衆国の安全保障に必要だと宣言した。この変更を端的に示した政策こそが、マーシャル・プランとして知られる「ヨーロッパ復興計画」にほかならなかった。これは、アメリカ連邦政府に対し、ヨーロッパ復興のために数十億ドルの配分を求める計画だった。一九四八年七月、計画遂行のためにパリで会議が開催されたが、ソ連は出席しなかった。(西)ドイツの人々は、マーシャル・プランによって国家再建に踏み出すことになったのである。

一九四八年のベルリン危機は、かつての同盟国間の緊張を高めた。イギリスとフランスは、一九四八年三月一七日にベネルクス三国とともに、「ドイツによる新たな侵略に備えた」五〇年間にわたる相互防衛条約としてのブリュッセル条約を締結した。同日、米連邦議会は、ヨーロッパに経済支援を供与するマーシャル・プランを承認した[23]。一九五一年までにアメリカ合衆国は、調印一二カ国に、借款や支援策を通じて一二〇億ドルを供与したが、その多くが西ドイツにもたらされた。

これらの合意は、一九四九年四月にアメリカ合衆国と西ヨーロッパ諸国によって締結された北大西洋条約へと変貌を遂げることになる。北大西洋条約機構(NATO)を生み出したこの条約は、加盟国のいずれが攻撃された場合でも同盟国が相互防衛を誓約するものであり、米軍駐留と西ドイツへの核兵器の配備という結果をもたらした。一九五一年までに、米軍の海外派遣軍の全体の三分の二にあたる二〇万人が西ドイツに駐留したが、それは米軍全体の二〇パーセントにあたった。しばしば見過ごされがちなことだが、米軍のヨーロッパ駐留に加え、NATOを成立させたおもな理由は、ソ連を排除すると同時にドイツを封じ込めることにほかならなかった。ドイツ駐留米軍の数は、ヴェトナム戦争中に若干減少したものの、一九五一年当時と同様に、一九七〇年においてさえ二〇万人を超える規模を維持していた。たとえば、一九七三年にその数は約二二万八〇〇〇人に達していたのである。

一九五一年四月一八日、西ドイツとイタリアは、歴史的決定の一つとしてベネルクス三国とともにヨーロッパ石炭鉄鋼共同体（ECSC）を設立し、一九五一年のパリ条約を締結した。この条約は、西ヨーロッパにおける外交的・経済的な安定を創出するとみなされた。戦時中の主要な敵国同士が、かつて戦争遂行のために集中的に利用されてきた重要資源の石炭と鉄鋼生産を共有することになったのである。会議に出席した指導者全員がヨーロッパ宣言に調印し、新たなヨーロッパを生み出した。この宣言は、フランス大統領シャルル・ド・ゴールが反対したにもかかわらず、超国家的な原則が新たな民主的ヨーロッパ機構の基礎であることを強調したのである。

イギリス国民は戦時中、ひどく苦しんだ。都市の多くが幅広く破壊され、戦い抜くために莫大な費用を必要とした。損失を埋め合わせてきたイギリス帝国の意義は、ナショナリストの運動による一九四七年八月のインドとパキスタン独立のときには、すでに疑問符を投げかけられていた。その後すぐにマレーシアやその他の東南アジア植民地が独立を達成した。オランダは、東インド（インドネシア）を失い、フランスはインドシナを喪失した。その後、数十年の間に、アジア・アフリカの植民地のほとんどが独立を果たした。一九七〇年までに、第二次世界大戦の戦勝国であったヨーロッパ植民地帝国、イギリス、フランス、オランダ、ベルギーは、アジアとアフリカの植民地を失うことになったのである。必要とされた大規模な軍事的プレゼンスを維持するための莫大な費用をまかなうことができず、これらの諸国は、植民地各地のナショナリズム運動によって一掃されたのであった。

勝利したヨーロッパ列強は、第二次世界大戦から四半世紀のうちに、彼らがかつて創り出した世界を喪失した。ヨーロッパ諸国のすべてが、戦争の結果、敗北を喫したといえよう。一九七〇年までにヨーロッパはもはや世界の中心ではなくなり、また世界各地のほとんどで支配権を喪失していた。ドイツを打倒したことによって、ヨーロッパとその自治領は疲弊したのである。イギリスとフランスは、敗北したドイツとイタリアと同様、帝国を喪失した。アメリカ合衆国とソヴィエト社会主義共和国連邦は、ともに勝者であり、新たな権力の中枢となった。歴史家マイケル・ハワードが描き出したように、一九四五年の最も特徴的な出来事は、「ソ連軍と米軍がエルベ川に臨む町トルガウで出会い、もはや二度と世界を支配することはない古いヨーロッパの廃墟の上で握手を交わしたこと」であった(24)。しかしその直後から、この気乗りしない、不自然な米ソ同盟は、四半世紀どころか半世紀も続く、支配権をめぐる消耗戦へと突入し、中国に対して新たな世界強国への入口を開くことになったのである。

ヨーロッパの政治的・外交的展望は、一九七〇年代半ばまでにまったく異なるものになっていた。一九四五年に連合国は、ドワイト・アイゼンハワー将軍が強調していたように、自らを征服者であるとみなしていたかもしれないが、しかし短期間のうちに、連合国は戦利品をいかに分け合うのか、合意が不可能であることを理解した。そのため連合国は、かつての戦勝国が数えきれないくらい繰り返したのと同様の行動をとった。終戦から五年も経たないうちに、戦勝国は、代理国家に通常兵器を供与して局地戦争を行うと同時に、旧敵の復興と再軍備を促進し、さらに半世紀にわたる核軍拡競争を開始したのである。これら一連の活動は、「冷戦」と名付けられた。「冷戦」という名称が偽装したものは、冷戦における米ソ両国の行動が一九世紀の大国の行動様式の反復にほかならず、一九世紀と同様の理由で実行された現実的な戦争だったことである。冷戦における策動はまた、長期的に見ても戦争の勝利がその目的を達成することはないという確かな証拠を示した。第二次世界大戦後の戦勝国間の衝突や緊張は、一九七〇年代に最大限に高まることになったのである。

戦勝国は、ヨーロッパ周辺地域の多くの問題を未解決のまま放置していた。ギリシアは、終戦後からさらに三五年もの間、アルバニアと戦争状態にあり、内戦によって分裂した。ギリシア国王と軍隊は西側諸国にとって信頼に足る同盟者だったため、その忠誠心ゆえにアメリカ合衆国は、王党派を防衛し、ひどく消耗した経済を補強するマーシャル・プランによる経済支援を約束した。

しかし、一九六七年の軍事クーデターによって国王がローマに追放されると、一九七四年に文民統治が復活するまで、軍事政権が抑圧的な体制で七年にわたりギリシアを支配した。ポルトガルでは、一九七四年に軍事クーデターを経験し、文民統治に戻るまで二年間、軍隊に支配された。スペインは、一九七五年にフランシスコ・フランコ総統が亡くなるまで、ファシスト政権の下にあった。一九八〇年代初頭まで、ギリシア、ポルトガル、スペインのいずれもが、変革を実行し、議会制民主主義への移行を果たした。この期間、これらの諸国は、外交政策においてはつねにNATOならびに西側諸国と協力し、共同歩調をとった。

一九六〇年代後半、西ドイツは経済的に他のヨーロッパ諸国を凌駕するようになっていたが、ウィンストン・チャーチルが「鉄のカーテン」と名付けた分断の背後で、ソ連は疲弊した東ヨーロッパの

冷戦終結後のヨーロッパ

諸国を支配していた。いわゆる冷戦は、核兵器使用を含むもう一つの世界大戦争を引き起こす可能性とともに、ヨーロッパのみならず世界を覆い尽くしていた。ソ連に続いてイギリス、フランス、中国が核兵器を保有し、巨大な核兵器武器庫が構築されることになった。いっそう特徴的だったのは、世界中の人々が、地球を壊滅させるだろう戦争を始める誘惑にかられた両陣営を抑止するために考案された、相互確証破壊（MAD）という概念とともに生きることを学んだことだ。

だが、一九六〇年代の一〇年間に経験した経済的好況と未曾有の繁栄は、一九七〇年代に突然幕を下ろし、その結果、第二次世界大戦の戦勝国と敗戦国はともに経済不況に苦しむことになった。一九七〇年代の経済不況にはいくつもの原因が存在した。一九七二年にイギリスのポンドが、一九七三年にアメリカのドルが変動相場制へと移行し、ヨーロッパ全域の鉄鋼所など、一九六〇年代の鉱山業と製造業における伝統的な集約的雇用の消滅がとくに加速した。高い失業率とインフレ、景気後退がそれに続いた。しかしこの経済破綻について最も多く指摘されてきた要因は、おそらく中東における戦後調停問題に遡る。

イギリス政府は、中東での委任統治による軍事的支配に固執し、繰り返し権利を主張したが、一九四六年から一九四七年までに、パレスチナにおける軍事的プレゼンスを維持することが明らかにできなくなった。イギリス政府は、新たに設立された国際連合にこの地域の将来を決定するよう依頼したが、これがシオニストとパレスチナ武装グループの間の内戦を引き起こすことになったのである。その結果、国連総会は、エルサレムを国際管理下に置き、ユダヤ人国家とアラブ人国家に分割することを決議した。一九四八年五月にイギリス軍が撤退するとユダヤ人国家イスラエル樹立が宣言された。その直後から、新国家イスラエルとアラブ人による全面戦争が勃発した。この戦争は、イスラエルと近隣のアラブ諸国の間で二五年にわたって戦われた一連の中東戦争（一九四八～四九年、一九五六年、一九六七年、一九七三年）の緒戦となった。この戦争は、アラブ＝イスラエル紛争として知られている。興味深いことに、一九四八年から一九四九年の戦争に勝利したと主張しているイスラエルは、アラブ諸国やパレスチナ人の双方に対して、自国が直面する際立った諸問題のいずれに関しても満足のゆく結果を押し付けることはできなかった。

第四次中東戦争は、エジプト軍とシリア軍がイスラエル占領下のシナイ半島とゴラン高原のイスラエル軍を攻撃した一九七三年に始まった。数日のうちに、アラブの産油国はイスラエルを支援しているとしてアメリカ合衆国への石油禁輸を声明し、原油価格を七〇パーセント引き上げた。戦争自体は一〇月二五日にエジプトとシリアが停戦に応じたことによって終結したが、不満を抱いた産油国は一二月に再び原油価格を引き上げた。その年を通じて石油価格は二倍以上になったため、石油に深く依存していたヨーロッパ諸国全体で広範なインフレと高い失業を引き起こすことになった。

一九七〇年代の景気後退にともなって、政府による統制が強化され、民衆に不安と幻滅をもたらした。幻滅は、政府に対して暴力やテロ活動に訴える急進的な過激派集団の登場に見出すことができる。アイルランドではセクトや分離主義者の暴力が頻発し、アイルランド共和軍が登場した。スペインでは、「祖国バスクと自由（ETA）」運動が、ドイツではバーダー・マインホフ団と、左派で反帝国主義的な赤軍派が、誘拐・殺害活動を繰り返した。アラブ＝イスラエル紛争は、一九七二年にパレスチナの集団「黒い九月」がミュンヘン・オリンピックに参加するイスラエルの選手を誘拐し、殺害した際、直接的にヨーロッパに波及することになったのである。

一九四五年に戦勝国によって創出された世界は、一九六八年に粉々に崩壊し始めた。この年、若い世代は、一九四五年以後のヨーロッパと北アメリカで徐々に形成されてきた順応主義を劇的なまでに拒絶した。新たな音楽、芸術、思想が、グローバルな抗議と反逆の運動と結びつき、ヨーロッパとアメリカ合衆国で広がった。アメリカでは、若者たちがヴェトナム戦争と対ラテンアメリカ政策に激しく抗議し、公民権のために行進した。ヨーロッパでは、若い世代のチェコスロヴァキア人が、八月にソ連軍の戦車によって鎮圧されるまで、「プラハの春」という解放と自由を経験した。翌年、ドイツは社会民主党のヴィリー・ブラントの勝利とともに、記念碑的な、長く待望されてきた政治変革を経験した。ブラントの演説は、ナチズムの最終的敗北とみなされたのである。*

しかし一九六八年はまた、イギリス、アメリカ、フランスが国政レベルで右傾化に大きく舵を切った年でもあった。リチャード・ニクソンがアメリカ大統領に選出され、フランスでは、一九六九年、シャルル・ド・ゴール大統領に忠実な首相ジョルジュ・ポンピドゥが後継者となり、イギリスでは一九七〇年に労働党のハロルド・ウィルソンに代わり保守党のエドワード・ヒースが国政を担うことになった。中国では、一九六七年から六八年にかけて文化大革命が最高潮に達し、権威主義的で強制的な官僚共産主義が容赦なく人民に押し付けられることになったのだった。

アイルランド生まれの歴史家フレッド・ハリディは、一九六八年に関する論文において、この年の右傾化と抑圧は、一九四五年以来存続してきた政権崩壊の始まりだったと分析している。ソ連指導者レオニード・ブレジネフと東欧衛星国首脳陣によるチェコスロヴァキア侵攻決定は、実際、共産主義社会の革新的な進歩がいまだ可能であるという最後の、かすかな希望を抹殺したのだとハリディは指摘している。この侵攻による犠牲者の中には、改革よりもむしろ共産主義の継承を熟慮していた次世代の共産党改革者たちが含まれていた。中国では、体制そのものは生きながらえたものの、文化大革命による暴力、恐怖、社会的ダメージは、国内で中国共産党の教義への信念を失わせることになった。おおよそ一九六八年前後の時期において、かかわった人々すべての熱狂的行動は、共産主義革命への関与を終わらせることになったのである。[25]

振り返ってみると、第二次世界大戦後に構築されたヨーロッパ諸国における資本主義・民主主義的制度、アメリカ合衆国の覇権という国際システムは、一九六〇年代後半から一九七〇年代前半の一連の事件によって、それほど深刻にダメージを受けることはなかったかもしれない。このシステムは、二〇〇一年九月一一日に初めて最大の衝撃を受けたのだといえよう。他方で、この間にも、ロシア革命と中国革命に、またヨーロッパの共産主義に、死と墓標をもたらすことになった。このプロセスは一九六八年に始まり、一九八九年から一九九一年に終了した。世界がドイツ統一とロシア崩壊を目撃したこのとき、一九四五年に戦勝国が決定した取り決めがついに終焉を迎えた。付記しておくならば、当時、イギリス首相マーガレット・サッチャーはドイツ統一を望んでおらず、他方、ソ連の指導者ミハエル・ゴルバチョフは、ソ連を近代化させる最良の方策として西ドイツとの大規模な経済協力を決定していたことは興味深いことである。一九八九年六月四日に北京の天安門広場で民主化運動の若者たちが人民解放軍の戦車と劇的に対峙することになり、中国の評判をひどく貶めた年であったことを、我々はまた想起するのである。

＊　一九六九年の選挙後、社会民主党と自由民主党の連立政権が誕生し、ヴィリー・ブラントが首相に就任した。ブラント政権は、東ドイツを承認する「新東方政策」を掲げ、東西デタントの担い手となった。

太平洋戦域

アジア・太平洋戦争に終結をもたらした降伏文書ほど、勝利の価値を定義し、評価する証拠を明示する事例は存在しないといえる。我々は、東京湾に浮かぶ米海軍戦艦ミズーリの甲板上で、厳然としたダグラス・マッカーサー将軍に率いられ、堂々と整列した米海軍人員に囲まれながら日本代表が降伏文書に署名した九月二日の降伏式典を、残虐で容赦ない敵を打ち負かし、屈辱を与えた象徴とみなしがちである。(26)

困難な状況は、しかし降伏以前にすでに始まっていた。ドイツの場合と同様、連合国は、日本に無条件降伏を求めた。しかし、ジョン・W・ダワーが指摘しているように、昭和天皇裕仁が日本国民に向けた、それ自体が希有な出来事であった玉音放送において、一四年にわたる戦争の終結を宣言した際、一度として明確に「降伏」にも「敗北」にも言及していなかった。天皇は単に、戦争は「日本にとって好ましくなく、世界の潮流は日本にとって有利なものではない」と指摘しているにすぎなかった。また天皇は日本国民に、「堪え難きを堪え、忍び難きを忍び」という、その後数カ月にわたって数えきれないほど言及されることになった言葉を述べた。偉大なる家族として団結し続けることが重要であり、また「神国日本の無敵」への断固たる信念ゆえに、天皇はむせび泣く国民に、「世界の進歩と運命」に歩調を合わせながら、伝統的な主体性を維持し、国家再建に奉仕する、あらゆる努力が必要だと述べた。(27)これらの言葉は、国家が完全に敗北したと理解する支配者の言葉とは考えられないものだった。

実際、七四〇〇万人の日本国民のうち、三〇〇万人近くが死亡した。天皇の名の下で遂行された戦

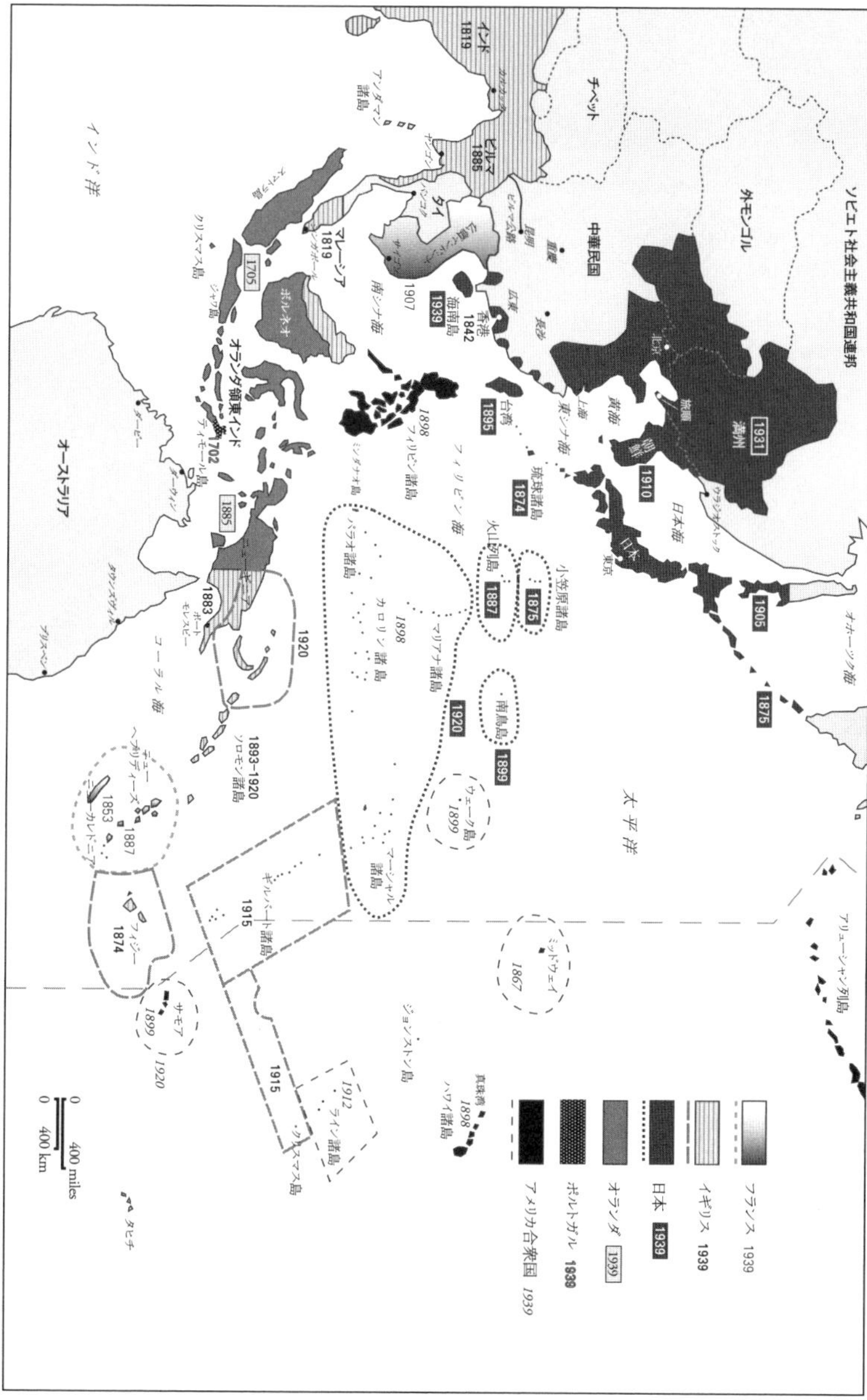

1939年9月の東アジアと太平洋における日本の領土

争の結果、さらに多くの人々がひどく負傷し、病に苦しみ、国家は荒廃した。日本帝国陸海軍は撃破され、広島と長崎を含む六六もの日本の主要都市が空襲を受けた。東京では六五パーセントの家屋が消失した。約九〇〇万人もの忠実な臣民が住処を失った。戦争において、日本は国家資産の三分の一を失い、またその収入の三分の一から二分の一を喪失した。農村の生活水準は、戦前レベルの六五パーセントまで落ち込み、他方、都市の生活水準は戦前レベルの三五パーセントとなった。[28]

日本の無条件降伏は、軍隊を武装解除する一方で、天皇裕仁のもと、皇室が存続すると認められた点で、ドイツに対する最後通牒とは異なる形式となった。敗戦国が首尾よく、現行の国家権力の中枢部の保全を要求することは、無条件降伏としてはありえない話だった。日本政府は、「上記の宣言が、主権統治者として天皇陛下の特権を損なういかなる要求にも譲歩しないという理解とともに」ポツダム宣言を受諾したのであった。[29]

その結果、アメリカ合衆国は天皇と日本政府に、連合国の最高司令官に従うよう命じた。しかし、「ダグラス・マッカーサーが最高権威であり、天皇がもはや独立して政策を決定し日本の運命を導くことは不可能になった」ことが明示されたと同時に、天皇は、日本政府と日本軍の署名に権限を与えて確定することが求められた。天皇自身が降伏文書に調印したのではなかった。日本政府は、「日本国天皇の命により、かつ天皇に代わって」ポツダム宣言を受託したのであった。[30]さらに、英語の降伏文書では、天皇と日本政府は、連合国最高司令官に「服従しなければならない」と記されているものの、日本語の翻訳では、天皇と日本政府は連合国最高司令官の「制限条項の下におかれる」と読める。これは、英語よりも日本語において従属の程度が軽減されていることを意味する。アメリカの社会学者ロビン・ワグナー・パシフィシによれば、この翻訳は、軍隊が面目を保ち、また日本政府が連合国に提示された降伏条件の内容を受け入れることを可能にした。「降伏」という用語を用いるよりもむしろ、日本人は、「抵抗を停止する」という婉曲表現を好んだのだった。(31)

マッカーサーは、昭和天皇が自身の完璧な代弁者になるだろうとすばやく認めると、日本人の望みを叶えた。加えて、天皇には日本の戦争指導責任を負わせられることはなかった。極東国際軍事裁判議長でオーストラリア人判事ウィリアム・ウェッブの見解によれば、最も重要な被告人である天皇を訴追から排除することは、根本的に妥協した手続きにほかならなかった。しかし、アメリカ合衆国は、ヴェルサイユの教訓から学んでいた。つまり、敗北した国に、必要以上に屈辱を与えるべきではなかったのである。

日本では、米軍が、マッカーサーが完全に支配した占領軍の下で本州全域を統治した。唯一ソ連の存在したのは、ソ連が手放すことを拒否した、一九四五年に占領した千島列島だけだった。マッカーサーは、アメリカの路線に従って全面的に日本政府を作り直した。一九四六年には、マッカーサーが起草を促した新憲法が作られ、日本の歴史上、初めて臣民ではなく、市民が創出された。マッカーサー自身が嫌っていたトルーマンに対抗して大統領選に出馬することを射程におきながら、女性参政権、代議制民主主義、共産党を含む政党の組織化など包括的な変革を導入した。新憲法において最も論争的な条項の一つは、日本の軍事力の海外派兵はこれを回避する、というものである。驚くべくもないが、日本は、一九四〇〜一九五〇年代に経済的に困窮していた。マッカーサーは、日本経済を回復させるため、アメリカによって管理された官僚資本主義システムを確立した。アメリカ合衆国は、必要とされた食料を供給したが、しかし消費者が求める物資は、実際には無法な闇市行為を通じて供給された。

連合国が要求した日本の民主化は、日本国民に喜んで迎え入れられた。それまでの戦争において多数の国家の事例が示しているように、敗戦は新たに国家を再建する機会を提供するものであり、日本人は、国家再建を開始する新たな船出を歓迎したのだった。ジョン・ダワーは、一九世紀の思想家であるジョン・ステュアート・ミルの、「戦禍で国家が荒廃しようとも、復興に関する限り、荒廃は問題にならない」という趣旨の、見事な一文を引用している。すなわち問題は、破壊の程度がどのくらいかということよりもむしろ、人的資源がどの程度、生き残ったかということなのだ。[32] 第二次世界大戦における日本の失敗とは、国家の集団的目標を破棄しなかったことだった。戦後日本の官僚組織は、富裕な地主による農村抑圧を廃し、強力な労働運動を組織し、教育カリキュラムを拡大する、土地・労働・教育改革を導入する占領当局を支援した。

敗北と占領軍に対する日本人の態度は、さまざまだった。国土の大規模な荒廃によって、日本の軍事力を海外で使用することに対し、燃え盛るような反対が広く行き渡った。日本人のほとんどは、非軍事国家化という考えを受け入れた。一九六〇年代の日米安保条約批准の際に、学生たちの暴動が発生した。一九七二年九月、日本の首相であった田中角栄は、日中関係を正常化へと導いた。日本は、過去の戦争が原因で中国の人々に与えた「深刻なダメージ」に自責の念を示し、一九五一年に台湾との間で締結した講和条約を破棄した。その代わり中国は、戦争賠償金要求を取り下げた。総理大臣村山富市が、第二次世界大戦時に日本軍が引き起こした戦争犯罪について、「お詫び」の声明を発したのは一九九五年のことである。日本のナショナリストによる教科書を修正する試みや、南京事件という日本の残虐行為をめぐる論争の継続は、中国やその他の国々で憂慮を引き起こしている。日本の歴代の首相は、戦死した兵士を追悼する靖国神社の参拝を実行し続けている。太平洋で戦死した兵士の親族は、沈没船や戦跡から遺骨を発見するためにアジア各地を訪問し、死者を弔っている。近年、日本ではナショナリズムとミリタリズムの復活の兆しが見受けられるのではないだろうか。

それにもかかわらず、戦後の日本政府のすべては、その外交政策の基盤としてアメリカ合衆国との密接な関係に頼り、専守防衛戦略ゆえに日米安全保障条約に依存してきた。一九五一年の講和条約に署名した後、米軍は一九五二年に日本本土の公式な占領を終わらせ、日本の主権が回復した。占領が終わる際、東京湾にマッカーサーの巨像を設置することが提案されたが、しかし、幸運なことにそれは具体化しなかった。日本は、表向きには主権を取り戻したかもしれないが、しかし米軍は決して日本を去ることはなかった。米軍は、いくつもの大規模な空軍・海軍基地を維持しており（佐世保、横田、厚木、沖縄など）、これらの基地は朝鮮戦争の間、米軍にとって計り知れないほど高い価値があることを証明した。ソ連海軍による不凍港の獲得を拒否し、米軍がソ連領空の偵察を可能にする大規模な軍事作戦とともに、沖縄と硫黄島は、一九七〇年代まで引き続き占領下にあった。日本側の不満にもかかわらず、アメリカは、沖縄に基地群を維持し続けている。

一九八〇年代、世論やメディアが集中的に日本を経済的な敵であると名指ししたように、アメリカ合衆国で反日感情が復活した。日本人は、電化製品を含めたいくつかの産業において独占的立場を獲得したのである。日本人は米国企業や米国株式を購入し、日本のほうが、産業的に先進的であるアメリカ合衆国の恐れを広めることになった。

一九七〇年代初頭は、アジアにおいて重大な意味をもった。第二次世界大戦終結から四半世紀後、敗戦国日本は、この地域で最も活力のある経済大国となった。中国共産党は、長期にわたる犠牲の多い内戦についに勝利し（一九四八～一九四九年）、一九七一年一〇月に国際連合は、中国国民党政府（台湾政府）の追放を決議し、中華人民共和国の加盟を承認した。一九六〇年代半ばに始まった、「走資派（実権派）」*との闘争を意図した毛沢東が進めた容赦ない文化大革命は終了したが、しかし台湾は、共産中国とアメリカ合衆国の間の火種であり続けた。アメリカ合衆国と同盟諸国は、南ヴェトナムに傀儡政権を構築するために一〇年にわたって遂行した、多くの犠牲を生み出した非効率的な戦闘の後、一九七三年一月に北ヴェトナムと屈辱的な休戦協定を結ぶことを強いられた。朝鮮半島は、韓国に依然米軍が駐留したまま、分裂した状態が続いている。日本は、アメリカ合衆国の経済的支援に支えられ、アジア地域で圧倒的な経済大国となった。

第二次世界大戦後のアジアにおける展開は、この地域の国々の多様性を大いに反映していた。中国では、国民党と中国共産党の間の、長期にわたって荒れ狂った内戦状況が急激に変化した。第二次世界大戦時の対日戦勝同盟国の一員であったにもかかわらず、中華民国の指導者蔣介石は、戦争終結から四年も経たない一九四九年に、中華人民共和国を樹立した毛沢東率いる中国共産党によって本土から追われた。一九四五年に日本が降伏した直後、蔣介石は共産主義者を根こそぎにしようとしていたが、しかし戦争は国民党をひどく弱体化させていた。農村部の人々の支援とソ連による軍事支援によって強化された毛沢東軍は、資金的・外交的にはアメリカ合衆国から支援を受けていた蔣介石率いる国民党軍を撃破し、一九四九年一二月、国民党は台湾への撤退を余儀なくされたのである。蔣介石は、その後一九七五年に亡くなるまで、中華民国の大統領、国民党総統として圧政により台湾を支配した。

だが、第二次世界大戦後、戦勝国として、また二つの主要な共産主義国であったソ連と中国の良好な関係は長続きはしなかった。一九六〇年代末までに、両国の相違は、公然の対立へとエスカレートした。両国は、現実には一度たりとも緊密ではなかったが、第二次世界大戦直後、スターリンは、毛沢東が国民党を中国から放逐し、中華人民共和国を建国するのを支援した。毛沢東がモスクワを訪問した後の一九五〇年に両国は三〇年間の軍事同盟である中ソ友好同盟相互援助条約を締結した。中ソの関係は、毛沢東がアジアの状況に適応させるためにレーニン＝スターリン共産主義イデオロギーを修正しようと試みた際、ねじれてしまった。また、毛沢東政権の最初の四年から五年において、毛沢東は、情け容赦なく権力の座を強化するため、おおよそ二〇〇〇万人から五〇〇〇万人もの中国人を処刑または労働キャンプによって死にいたらしめた。

第二次世界大戦における連合国の勝利は、軍事闘争を終わらせるのではなく、アジア全域においてさらなる紛争の種をまいたのだった。ソ連軍が一九四五年八月一二日に朝鮮半島北部を占領し、九月一八日に米軍が朝鮮半島南部に上陸した。その五年後には、この分断された国家は戦争状態に陥り、西側諸国とソ連が南北それぞれに加担した。国際連合は、ソ連が安全保障理事会から立ち去ったのちに西側を支援した。北朝鮮が、韓国と休戦協定を締結することが可能になったのは、スターリンが死去した後の一九五三年七月のことだった。約三〇〇万人の住民と米兵約五万三〇〇〇人が、この短いが血なまぐさく、何の解決も生まなかった朝鮮戦争で命を落とした。

朝鮮半島における政治的軍事的緊張と、米軍による介入の恐怖は、中国とソ連の同盟関係を確実なものにした。スターリンが死去した一九五三年、新しくソ連の指導者に就任したニキータ・フルシチョフは、旅順の海軍基地を中華人民共和国に返還した。ソ連はまた、中国に対し技術支援と借款を供与した。中華人民共和国とソ連はともに、一九五四年のジュネーヴ会議においてホー・チ・ミン率い

＊「大躍進政策」の失敗により権力を喪失した毛沢東は、文化大革命の際に、権力の中枢にあった劉少奇や鄧小平を資本主義の復活を目指す実権派として批判した。

るヴェトナム民主共和国に対し、北緯一七度線における西側のインドシナ分割案を一時的に受け入れるよう説得したのである。

中国とソ連の関係は、多くの国内・国際問題をめぐって一九六〇年代に紛糾した。一九六九年、両国の緊張の高まりから、モンゴルの北東端近郊にあるウスリー川の珍宝島（ダマンスキー島）近郊において、隣国同士の四三八〇キロメートルにも及ぶ国境をめぐる一連の紛争が勃発した。この地域の境界は、一九世紀における取り決めにおいても明確化されたことはなく、国境をめぐる緊張は、時を経て高まったのである。大規模な紛争は回避されたものの、軍事衝突が核戦争の可能性という恐怖を作り出し、ソ連は、国境沿いに大規模な軍事的プレゼンスを保持した。一九六九年のこの事件の重要性は、アメリカ政府が、中国政府とのつながりを強化しようという関心を示し始めたことにも表れている。アメリカ大統領リチャード・ニクソンは、中国初代首相である周恩来と秘密裏に会見するために、一九七一年に国家安全保障顧問であるヘンリー・キッシンジャーを中国に派遣した。この会見は、一九七二年二月のリチャード・ニクソンによる中国訪問と、ニクソン＝毛沢東会談という道を開くものだった。

一九七〇年代から一九八〇年代を通じてソ連と中国の関係は緊張し続けた。完全に敵対的でなかったとしても、中ソ両国は、東南アジアと南アジアのそれぞれの同盟国を支援した。一九七六年の毛沢東の死は、三〇年にわたる凄惨で激しく動揺した歴史を終わらせた。第二次日中戦争といえる第二次世界大戦終結時、戦勝国として始まった中国の歴史の中で正統性を獲得しようとした毛沢東の支配体制は、何百万人もの数えきれないほどの中国の人々の犠牲の上に築かれたのである。

フランス領インドシナでは、米製兵器で武装したフランスが、戦前の植民地帝国を回復するために戦っていた。一九一九年のヴェルサイユ会議以来、ヴェトナム独立を唱導してきた指導者ホー・チ・ミンは、日本占領に対するインドシナ独立宣言を起草した際、アメリカ独立宣言からインスピレーションを引き出していた。しかし、トルーマン大統領は、フランスを支援すべきであると考えていた。散発的な戦いは、一九五四年のディン・ビエン・フーにおけるフランスの敗北で頂点に達した。アメリカ合衆国は、その後、ヴェトナムにおける反共主義の要塞を引き継ぎ、ホー・チ・ミンと戦った。その戦争はアメリカの理想と道徳心を試すものになったのである。

中東では、一九四七年の国際連合のパレスチナ分割案決議が取り返しのつかないほど、この地域の政治的展望を変えてしまった。その決議は、イスラエル国家を生み出しただけでなく、パレスチナのアラブ人社会を隅々まで破壊してしまったのである。

こうした展開のすべては、一九四五年に戦勝国の誰もが想定していなかったものである。一九四五年七月五日にドイツ管理委員会創設によって、ドイツを占領した国は、これを最高権限として創設した。連合国は、ドイツがその経済や軍事力を二度と回復できない農業国になるという「カルタゴ的平和」を想定していた。ドワイト・D・アイゼンハワー将軍は、ドイツ国民に対する最初の布告で宣言した。「我々は、征服者としてやってきた[33]」。

結論

第二次世界大戦終結から四半世紀後の結果を、冷静かつ現実的に評価するならば、戦勝国は自らが掲げた目標のいずれをも達成することができなかったことが明らかになる。ヨーロッパにおいて戦勝国は、「ヒトラー問題」を解決したかもしれないが、彼らは「ドイツ問題」を解決したわけではなかった。この問題は、一九九〇年代まで解決されることはなく、また一発の銃弾も発射されることはなかった。ヒトラーは一九四五年に倒されたが、四半世紀のうちにドイツは、ヨーロッパ最強の経済大国として再び登場した。ドイツは、フランスやイギリスのように核兵器を保有することはなく、またソ連に匹敵するような強力な通常兵力をもつこともなかったが、ドイツの産業はヨーロッパでは比類のないものとなった。戦勝国はまた、部分的に「ロシア問題」を解決できたかもしれないが、しかし「ソ連問題」を解決することは不可能だった。勝利は、一五〇〇年もの間、ロシアが求めてきたもの、すなわち東部国境での安全保障を与えることにはなったが、しかしソ連政府は、南部や東南部国境での安全保障を確実にする成果を得ることはできなかった。ロシアの将来は、同盟諸国によって、すぐさま「ソ連問題」へと変換された。「ソ連問題」とは、独裁的な共産主義指導者の膨張主義的な諸政策が、ヨーロッパのみならず、アジア、ラテンアメリカ、アフリカの繁栄や安定を驚かすという認識にほかならなかった。フランスとイギリスは、ソ連の東欧支配が、西欧にも及ぶのではないかという考えにさいなまれた。しかしこの脅威に対抗するため西ドイツを再武装させるというアメリカ合衆国の処方箋が、フランスに安堵を与えることはほとんどなかった。

アジア・太平洋方面における勝利の結果もまた、好ましいものではなかった。勝利は、「中国問題」を解決することにはならなかった。戦勝によって、国民党は効率性と統一性を維持し、中国を統治するという保証を与えることに成功しなかった。実際には、戦勝によって中国共産党が内戦に勝利し、ソ連と密接な関係において独裁政権を樹立することを可能にしたのである。一方で、敗北によって日本は、たしかに少なくとも数十年にわたってアジア・太平洋地域に軍事的脅威を与えることが不可能になったものの、戦後世界において勃発したイデオロギー的対立、経済戦争、朝鮮やヴェトナムなどでの軍事紛争におけるアメリカ合衆国の同盟国として、また軍事基地の提供国として日本が選択されるのにそれほど時間はかからなかった。一九七〇年代までに、日本はアジア地域における支配的な経済大国となり、征服者であったアメリカ合衆国のアジアにおける主要な貿易相手になったのである。

アングロ＝アメリカ世界、連合国、ソ連とその衛星諸国にとって、第二次世界大戦の勝利の代償は、甚大だった。いかなる点においても、第二次世界大戦の結果として生じた冷戦は、アメリカ合衆国にとって過度の恐怖と浪費を生み出した。アメリカ国務長官だったマデリン・オルブライトが、二〇〇〇年にカーネギー国際平和財団で行った演説で述べたように、「冷戦とは、容赦なく制度化された悲劇の時代だった。すべての大陸で行われた代理戦争が多数の人命を犠牲にし、ヨーロッパの中心部に有刺鉄線が張り巡らされた時代、強制労働収容所と無理強いされた告発者たちの墓標の時代、逃れようとした何千もの人々が殺害された時代、そして冷戦とは、朝鮮半島、ベルリン、キューバで暴露された恐怖の時代」だったのである[34]。

勝利の代償は、国家の財政的な浪費にほかならなかった。たとえば、一九四〇年から一九九六年まで、核兵器や核兵器開発関連計画に投じられた費用は、一九九六年ベースでほぼ五兆五〇〇〇億ドルに達していた。これは、同時期の軍事支出一八兆七〇〇〇億ドルのほぼ二九パーセントに相当する[35]。別の言い方をすると、核開発に投じた総額は、財政支出のうち、核兵器以外の国防費一三・二兆ドル、社会保障費七兆九〇〇〇億ドルを除いたどの分野よりも多いのである。この巨額の財政支出は、国民の福祉を侵食し、国内の社会改革に必要とされた資源を飲み込んでしまったのである。

最終的に、第二次世界大戦における勝利は、米英両国（そしてこれらの同盟諸国）に、ソ連と同盟を結ぶため、道徳的犠牲を強いることにもなった。スターリンとその後継者たちは、ソ連はファシズムを倒すための高貴なる聖戦に参加していると自慢げに公言した。しかし、スターリンは、暴力的にウクライナに強制された飢饉、そして追放や強制収容所送りによる二〇〇〇万人もの犠牲者を生み出した責任がある。ソ連と同盟する際、連合国は、スターリンが獲得することはなかっただろう尊敬の念を与え、独裁体制を存続することを可能にした軍事支援を供与し、さらに四五年間にわたってソ連軍がヨーロッパの半分を占領する機会をこの独裁者に与えてしまったのだった。

第二次世界大戦の勝利を達成するために払われた信じられないほどの人的・経済的犠牲が、「国家安全保障」、もしくは反共という漠然とした人騒がせなイデオロギーの名の下で、これほどまですばやく、容易に許容され、忘れ去られてしまったことは、筆者にとって奇妙なことのように思える。勝利のために払われた犠牲、たとえば家族の一員や心身の健康、安定や将来の見通しや財産などを喪失した人々は、彼らを戦争へと導いた人々――しばしばまったく同じ政治家や軍事指導層――に、自分たちの払った代償は最小限の結果であったと説明を受けた。犠牲を強いられた人々は、ほんの少し前まで生かしておけぬ敵だった人々を友人であり同盟者としてみなすべきであり、かつての敵と戦うために自分たちとともに犠牲を払った人々が、いまや自分たちとその生活様式を破壊しようと決意を固めていると信じるべきだと説得されたのだった。もしこれが第二次世界大戦の勝利がもたらした結果であるならば、他者の生命への配慮があまりにも欠如し、富の蓄積や国力増強に対する関心があまりにも重視されてきたといえるのではないだろうか。これまでに我々が信じ込まされてきたように、第二次世界大戦が良い戦争だったといえるならば、その後に我々は、悪い戦争を確実に必要としなくなるというのだろうか？

第六章　一九四五年以降の勝利の特質

「戦争は平和である。自由は隷属である。無知は力である」

ジョージ・オーウェル『1984年』

勝利は、第二次世界大戦終結後の戦争において、新しい特質を帯びてきた。主要大国による核兵器の保有は、無制限戦争、*総力戦、もしくは決定的勝利という考え方を馬鹿げたものにしてしまった。もし核兵器が東西両陣営によって使用されたなら、勝利と敗北という意味の相違を突き止めることは実際、不可能になるだろう。その結果、国家間の核戦争の可能性は小さくなり続け、新しい戦闘様式が出現した。近年の戦争は、非対称的な様相を呈している。つまり、我々の生きる二一世紀の紛争は、技術的に高度に進化した兵器を装備する国軍と、数的に少ない単純な武器をもつ少数のゲリラとの間で戦われている。一般に、反政府勢力もしくはテロリストと呼ばれる武装したゲリラは、彼らの存在そのものが影響力をもつため、できるだけ長期的に戦闘に耐えるか、もしくは生き延びなければなら

＊　イギリスの軍人で軍事戦略家のJ・F・C・フラーによる分類。フラーは、戦争には二つの類型、すなわち「制限された政治目的を伴う戦争と無制限の政治目的を伴う戦争」があるとし、「勝者にとって利益となった戦争は前者であり、後者ではない」と主張している（中村好寿訳『制限戦争指導論』原書房、二〇〇九年）。

ない。新しい戦争のあり方によって、勝利を再定義する必要が生まれているのである。[1]

勝利は、より優れた軍隊による明白な軍事的成功に付随するものではなく、当事国が戦闘継続もしくは占領が逆効果を生むと認識したときにのみ、宣言されることになる。勝利とは、いまや、現状を回復し、敵の戦争遂行能力を抑制し、価値のある資源・補給線・輸送ルートへのアクセスを獲得するもの、あるいは、「敗北した」国家が、自国民を統治し防衛する能力をもつ安定した政府を樹立する状況を創出するものとして説明されるようになった。より一般的なレベルにおいて、西側諸国は、安定し自由主義的で民主的な政権とグローバリゼーションの進展を見越し、世界中に市場経済を受け入れる国を創出するプロセスを勝利に不可欠な要素とみなしている。敗戦国をローカルな、もしくはグローバルな経済システムに統合することによって繁栄をもたらす軍事的帰結もまた勝利なのだ。

こうした考察には、多少の真実が含まれているだろうが、しかし、一九四五年以降に戦われた大規模な軍隊による、いわゆる「伝統的な戦争」が存在しなかったと考えるのは誤りだろう。朝鮮戦争、ヴェトナム戦争、一九六七年と一九七三年のアラブ＝イスラエル戦争、一九八〇年代のイラン＝イラク戦争は、軍隊同士の一連の重大な戦闘を含む、明白な紛争の事例として列挙することができる。しかし、アメリカ政府が宣言した「テロとの戦争」で実行されているような、いわゆる作戦上の「勝利」と同様、これらの戦争における勝利の意味は、非常に曖昧であった。右に挙げた戦争における明確な軍事的優勢は、長期的にも、短期的にさえも政治的勝利を導くことはなかったのである。

朝鮮戦争――否定された勝利

朝鮮戦争は、第二次世界大戦の未完の事業であり、太平洋戦争終結時に勝利した連合国の協定によって朝鮮半島が政治的に分断された結果、引き起こされた。いくつかの点において、朝鮮戦争は、第二次世界大戦を引き継いだものであり、第二次大戦と同様の激しさで行われた戦争だった。わずか三年間で、三〇〇万人もの人命が失われたが、その圧倒的多数が市民であった。[2]この戦争はまた、冷戦における最初の大規模な戦争だった。第二次世界大戦終結前に、二三〇〇万人以上の朝鮮半島の人々が、日本の植民地として、統治され、無慈悲に搾取されていた。アメリカ合衆国とソ連は、戦後に朝鮮半島が日本から独立するという戦時協定をいくつも結んだが、それらは戦争の進展によって変更された。ポツダム会談後に、米ソ両国は、朝鮮半島を分断することで合意した。第二次世界大戦終結に向け、ソ連軍は約束通り、朝鮮半島に侵攻するや、アメリカ合衆国は北緯三八度線を分断線と決定し、米軍が南部を、ソ連軍が北部を占領したのである。

一九四五年一二月、朝鮮半島における米ソ両国軍司令部は、朝鮮半島が独立を達成するまでの五年間、四カ国による信託統治体制を構築することで合意にいたった。この決定は、南北両側の朝鮮の人々を怒らせ、さらなる外国支配に反対する人々はストライキを拡大させ、また蜂起した。一九四八年に半島全体で自由選挙を行うことに失敗したのち、朝鮮半島の二つの陣営の分裂は深まった。三八度線が徐々に、二つの朝鮮の政治的境界線になりつつあった。戦争に先立つ数カ月間にわたり、朝鮮半島統合交渉は続いていたが、しかし緊張が激化した。三八度線付近での境界線を越えた小競り合いと衝突が続いた。この状況は、北朝鮮が韓国に侵攻した一九五〇年六月二五日、交戦状態へとエスカレートした。その後三年間続いた戦いは、オーストラリアを含む複数の国を巻き込みながら、血で血を洗う激しいものとなった。朝鮮戦争は、米中間での大規模戦闘へと展開した。

朝鮮半島での戦闘を終わらせた一九五三年七月の休戦から四半世紀、分断された朝鮮半島は、戦争が始まった一九五〇年当時よりもはるかに統合から遠いように見える。重武装した両陣営は、三八度線という、かつてと同じ境界線をはさんで、消えることのない敵愾心をもって対峙している。韓国の政権は、日米に支援され、また北朝鮮は中国の支援を受けた。両陣営にとっての勝利とは、戦争の回避にほかならない。この状況は、二一世紀の最初の一〇年が経ってもいまだに続いている。

ヴェトナム戦争――勝利としての敗北

アメリカ合衆国の一〇年にわたるヴェトナム戦争への軍事的関与もまた、勝利ではなく敗北の中で終了した。フランスや西側同盟諸国が「反政府勢力」と名指ししたヴェトナム共産党のナショナリストが一九五四年にフランスを敗北させた後、ジュネーヴ会議においてヴェトナムは二つの国家に分断された。一方が北緯一七度線の北ヴェトナム、他方が南ヴェトナムであった。アメリカ合衆国は、ドワイト・D・アイゼンハワー大統領が初めて言及した「ドミノ理論」に囚われ、南ヴェトナムが共産主義者の手中に陥ることを回避させようと決意し、その後一〇年の間に何万人もの兵士を投入した。ジョン・F・ケネディ大統領は個人的に、外国の軍隊が最終的に帰国し、地元の人々が残る限り、たとえ大規模な軍隊が派遣されようとも恒久的な「勝利」は、ゲリラと戦う外国の軍隊にとって不可能であると考えていた。しかし、ケネディ暗殺後、その後継者であるリンドン・B・ジョンソン大統領は、一九六四年八月のトンキン湾事件への返礼として北爆を命じ、アメリカ合衆国は戦争に突入した。米軍は、北ヴェトナム軍を打ち負かそうとした一〇年にわたる企てののち、一九七五年四月に撤退を余儀なくされたのであった。

重要な点の一つは、米軍はヴェトナムに五三万六〇〇〇人もの兵力を投入したということである。しかし紛争が進展する中で約五万八〇〇〇人の米軍兵士が戦死し、三〇万三〇〇〇人以上が負傷した。オーストラリアは五万人の兵士を派遣し、そのうち五二〇人が戦死し、二四〇〇人が負傷した。ヴェトナム人の犠牲者は、膨大な数にのぼった。北ヴェトナムでは、およそ一一七万人が死亡し、六〇万人以上が負傷、一方、南ヴェトナムでは二二〇万人が死亡し、一一七万人が負傷したのである。

アメリカ合衆国にとって勝利とは、西側諸国と密接な紐帯を維持したアメリカ的な自由民主主義体制を構築し、資本主義世界経済とつながりをもつ、安定し、統一したヴェトナムの創出を意味したのだろう。しかし、ヴェトナムは、北部ハノイに本拠地を置く共産党政府の下で、ヴェトナム社会主義共和国へと統一されることになった。新しいヴェトナム政府は、統一と経済再建を目指す際、数年間にわたって国内における政情不安を経験し、隣国カンボジアや中国からの脅威にさらされた。ヴェトナム側もまた圧倒的な勝利からはほど遠かったのである。

アラブ＝イスラエル紛争――捉えどころのない勝利

勝利のはかなさを端的に示している現代の事例は、おそらくアラブ＝イスラエル紛争である。(3) この一連の戦争は、二つの世界大戦の戦勝国によってなされた取り決めの産物である。一九四七年一一月に国際連合総会が、イギリスの委任統治下にあったパレスチナをユダヤ人国家とアラブ人国家に分割すると決定した瞬間、六〇年におよぶ敵対関係、イスラエル国家とアラブ諸国の間の、そしてイスラエル人とアラブ系パレスチナ人による八つの戦争を導くことになった。一連の武装紛争のいずれにおいても、イスラエルが敵対するアラブ諸国に対して軍事的勝利を達成し、イスラエルは勝利を宣言してきた。イスラエルは、領土を拡大し、現存したパレスチナ人の町や村を破壊して占領し（のちに返還することになる）、エジプトとヨルダンと講和条約を締結、パレスチナのアラブ系住民の移動や経済活動の権利を奪い、安全と隔離のための壁を築き、潜在的ないかなる敵よりも強力な恐るべき軍事能力を構築してきたが、イスラエルは主要な目的を達成してはいない。すなわち、イスラエル人にとっての戦争目的とは、イスラエルと周辺諸国ならびにパレスチナ人との平和的調停であり、エルサレムを分断することなく首都とし、国際的に承認された国境内部でイスラエル人が安全に暮らすことなのである。

一九四八年から二〇一〇年まで六〇年以上の間に、イスラエル人とアラブ人の間でいくつもの戦争が勃発したが、第二次世界大戦直後の東部地中海地域で着手された膨大な政治課題に関して、両者が受け入れ可能な合意に達することは不可能であったし、将来的にもそれは見込めないだろう。その地理的条件こそが対立の中心にあり、さらに宗教、民族、人種、歴史が戦争に残虐さを加えている。アラブ諸国のみならず、ソ連、アメリカ合衆国、ヨーロッパは、徐々に複雑さを増した、この無情な戦いに巻き込まれていった。イスラエルは、まさしく国家存亡を脅かす生存闘争として、この紛争を捉えている。パレスチナ人の側では、この紛争を国家承認のための当然の正義と認識している。年月を経て犠牲者が増大するにつれ、言葉遣いだけでなく敵愾心を強めながら、両者はより非妥協的になってきた。結局、暴力は暴力の連鎖を導くにすぎなかった。イスラエルの勝利は、平和を導くことはなかったのである。

武力行使は、陣営を分裂させている政治問題の解決になってはこなかった。史実に基づいたパレスチナの主権をめぐる戦いにおいて、引き下がることはできないとするすべての人々の決意を暴力こそが強固にしてきたのだった。軍隊による戦闘は、平和的に調停しようという外交官たちの、すでに存在してきた躊躇を強めたにすぎなかった。いずれの側の指導者も絶対的な条件で問題の枠組みを設定し、いずれの側のいかなる要求をも正当とは認めず、また自らも決して妥協することはなかった。戦争は、相手を属領とする大イスラエルも、また大パレスチナも作り出すことはなかったし、それは双方にとって可能なことではないのだろう。いずれの側も、その目的を達成することに成功してこなかった。戦争は、単に未解決の問題を増やしただけだったのだ。

二〇〇六年夏、軍事力の無力さを示す驚くべき事件があった。レバノンで、イスラム教シーア派の民兵組織ヒズボラは、一カ月にわたる空爆と砲撃ののちに撤退を余儀なくされたものの、ヒズボラ崩壊を試みた、はるかに優れたイスラエルの兵力を寄せ付けなかった。およそ一四〇〇人もの人的犠牲に苦しみながらも、ヒズボラは勝利を主張した。しかし、それほど多くの人命を失い、また何十億ドルに相当するレバノンの社会基盤に大規模な損傷と破壊をもたらしたことが勝利と呼べるだろうか？イスラエル人もまた、勝利を主張したが、世界から非難を受けたにすぎなかった。四年後、イスラエルの北部地域は、ますます安全ではなくなり、イスラエルによる侵攻があった場合、さらなる犠牲を払うことも厭わず、重武装し十分に訓練されたヒズボラと対峙することになったのである。二〇〇六年に起こったことは、一つの悲劇であり、災難であり、また純然たる単純な出来事だった。それは、誰もが勝利することのない、そしてレバノンに暮らす人々があまりにも高い代償を支払うことになった無駄で愚かな軍事的冒険だった。

二〇〇八年一二月から二〇〇九年一月に行われたガザ戦争は、戦略的勝利が、期待された結果を生み出すことに失敗したもう一つの事例である。二〇〇八年一二月二八日、イスラエルは、イスラエル近郊の、ハマス支配下の地域から撃ち込まれたロケット攻撃への報復として、ガザ地区に存在していたハマスの軍事的・政治的標的に対し、長期にわたって計画されてきた大規模な空爆と艦砲射撃を開始した。それは、一五〇万人が暮らすガザ地区に対する壊滅的攻撃であり、一二〇〇人のパレスチナ人――その大多数が女性と子どもたち――が殺され、一〇万人以上を難民にしたのだった。しかし勝利したイスラエルが二〇〇九年一月半ばに撤退すると、ハマスは以前にもまして強力になり、ともすれば、ガザ住民への支配力を強めることになった。

パレスチナ人とイスラエル人の間で、そしてイスラエル国家とイスラム世界・アラブ諸国との間で必要とされる持続可能な平和調停構想は、アメリカ合衆国を含むすべての当事者にとって周知のことであり、また認められている。その構想とは、イスラエルとパレスチナが平和的に共存するという、「二国家解決案」と呼ばれているものである。「ならずもの」のイスラム過激派集団が、この目標を達成するようないかなる協定も忠実に守ることを拒否することを懸念し、歴代のイスラエル政府は、軍事力の優勢こそが安全保障をもたらすという間違った信念を抱き、「二国家解決案」を無視し続けてきた。軍事力は安全をもたらさないし、もたらすことはできないにもかかわらず、である。軍事力による強制は、あらゆる陣営を脅かすような、新たな形態の好戦的過激主義を生むにすぎない。さらに、イスラエルとパレスチナ当局の間に横たわる根本的な政治課題を相変わらず解決しそこなっているという事実は、この地域におけるより広範囲に及ぶ武装闘争を引き起こす原因とみなされてきた。こうした事態に対して、勝利という言葉をどのように適用することができるというのだろうか。

アフガニスタンとイラクでの戦争――勝利の再定義

過去三〇年間、アフガニスタンで行われてきた戦争は、気が遠くなるほど紆余曲折した、興亡の運命を示してきた。一九八〇年代末、自国領土でソ連と戦った、独立系の民族集団の民兵であるムジャヒディンという抵抗勢力は、アメリカ合衆国によって供与された近代兵器の助けを借りて、ソ連の侵略を撃退した。ムジャヒディンは、首都カブールの支配をめぐって内紛に突入し、北部同盟――イラン、ソ連、インドに支援を受けた民族集団である――が、ムジャヒディン――パキスタン、サウジアラビア、そしてアメリカによる支援を受けている――の最大で最強の集団であったパシュトゥン人を敗北させた後に、国家中枢における支配権を獲得した。この政情の不安定さは、パキスタン、サウジアラビア、（そして距離は遠いが）アメリカ合衆国にとって許容できるものではなかった。一九七九年から一九八九年まで、サウジアラビアから資金を得ていた独裁者ジア・ウル・ハク将軍がパキスタン＝アフガニスタン国境地帯に新たにイスラム学校を創設し、パキスタンとサウジアラビアはそのイスラム学校の学生からなる新しいパシュトゥン軍の創設に着手した。学生主体だったがゆえに、その軍隊組織はタリバンと呼ばれた（Talib はアラビア語で学生という意味）。サウジアラビアからの多額の資金に支えられ、パキスタン軍による訓練を受け、またその特殊部隊によって強化されたタリバンは、アフガニスタン内戦を再開し、戦闘と賄賂を組み合わせて北部同盟の軍事指導者を敗北させ、一九九六年、自分たちが正当な支配者であるとしてアフガニスタン政府を乗っ取ったのである。

タリバンは、それほど長期的に自らの勝利に酔いしれることはなかった。一〇年の間に、タリバンは再び、今度は米英同盟軍という侵略軍による攻撃にさらされたのである。アフガニスタンに本拠地をおく好戦的イスラム主義集団アルカイダが実行した、三〇〇〇人以上の市民を殺害した二〇〇一年九月一一日のニューヨークとワシントンでの同時多発テロに対する報復として、一〇月七日、米英両国軍は、アフガニスタンのアルカイダとその支援者であったアフガニスタン政府、タリバンとの戦争を開始した。一九八〇年代にCIAが、ソ連に対して用いた携帯式防空ミサイルを含む兵器をムジャヒディンに供与する隠密行動を開始したことによって、アメリカ合衆国は、皮肉にも、また不覚にもアルカイダ創設に手を貸していたのだった。

五週間のうちに、タリバンは、米英同盟軍による激しい空爆から逃れパキスタン国境付近の山岳地帯へと退避し、敗北したかのように見えた。西側同盟国は、アメリカ特殊部隊に守られたハミド・カルザイを大統領に据え、支援した。カルザイは、二〇〇九年、大規模に不正が行われた選挙での激しい接戦を制し、五年間の任期を得た(4)。しかし、アフガニスタンを覆い尽くした、進行中の戦争における勝利の様相がつねに変化する中で、遁走と敗北から九年後の二〇一〇年、タリバンは帰還し、影響力のある、資金豊富な敵対勢力であり続けている。マーク・フランチェッティは、その優れた記事で、アフガニスタンにおけるソ連軍兵士と米軍兵士の両者の経験は、ぞっとするほど類似していると指摘している。経験豊かなジャーナリストであるフランチェッティは、アフガニスタン侵攻に参加したイギリス人とロシア人の二人の上級将官と意見を交わしていた。

この将官らは、ソ連軍ならびに米軍に率いられた同盟軍は、ともに一つの根本的な過ちを犯したと指摘している。両者ともに、明白かつ限定的な一つの目的をもって戦争に突入したが、しかし自ら達成することが不可能ないくつもの目標を追求するという泥沼にはまり込むことを容認してしまった。ソ連は、クーデターを実行し、情勢を安定させるために部隊を投入したが、しかしその後、アフガニスタン社会を「ソ連化」しようと試みた。アメリカ合衆国の有志同盟は、ビン・ラディンとタリバンを排除するために侵攻したが、いまやアフガニスタンを「民主化」しようと試みている。一九七九年一二月、ソ連当局は、前年にクーデターによって政権の座につき、反ソ的になったハフィズラ・アミン大統領が率いるアフガニスタンの共産主義政府を打倒する目標をもって、アフガニスタン侵攻を開始した。ソ連軍は当初、長期にわたる駐留を計画してはいなかった。エリート集団であるKGBの特殊部隊が、クーデターの実行支援のためバグラムに侵攻した。教科書通りに、彼らは大統領官邸を襲撃してアミンを殺害し、親ソ的なバーブラーク・カルマルを指導者に据えた。この体制変革は、「限定的な分遣部隊」によって実行に移されたのである。

ソ連軍の任務は、アフガニスタン情勢を安定させた後、政治顧問と諜報機関だけを残し、約六カ月のうちに撤退することとされていた。「我々は、この作戦が速やかに終了するものと考えていた」とソ連軍の元将軍ラスラン・オーシェフは回顧している。「我々は、自軍が展開したように、強力な軍隊を派遣しさえすれば、情勢が落ち着くだろうと考えていた。しかし、反対のことが起こったのだ[5]」。世俗的な社会主義政府と、怒りにかられた宗教的・部族的指導者の間で内戦が勃発し、戦争が激化しただけだった。ソ連政府は約二〇万人もの部隊を派遣し、そのうち一万五〇〇〇人が戦死するという絶望的な軍事作戦を遂行した。その九年後、ソ連は部隊を撤退させ、敗北を喫することになったのである。一九八七年、ソ連政府はカルマルと、ソ連撤退を目撃することになるムハンマド・ナジブラをすげ替えていた。ナジブラは、ソ連政府からの多額の資金援助を受けて四年間にわたり国を統治したが、資金が尽きるとタリバンがカブールの支配権を握り、ナジブラを残虐に殺害した後、一九九六年に全土を支配したのである。

歴史的な類似性は、ほかにも存在していた。ソ連は、暗殺を恐れてめったにカブールから出ることのなかった、権力基盤の弱い、不人気な大統領カルマルを支援した。自らの国で囚われの身となったカルマルは、KGBの特殊部隊に取り囲まれ護衛されていた。同様のことが、西側が支援し、護衛しているハミド・カルザイにも当てはまる。二〇一〇年末の時点においても、米英両軍は、ソ連と同様にアフガニスタンに駐留している。

アフガニスタン戦争がどのような結果を生んだのかを判断するには、あまりにも時期尚早であり、同様のことは、イラク戦争についてもいえる。しかし、二〇〇三年五月一日、米海軍戦艦エイブラハム・リンカンの艦上で、ジョージ・W・ブッシュ大統領が、イラクにおける「主要な戦闘作戦」は完了し、イラク戦争における勝利は達成されたと宣言したのは、あまりにも正確さを欠くものであったと指摘することはできる。

一九九一年、アメリカ合衆国は、残虐なイラクの独裁者サダム・フセインにクウェートから撤退するよう強制するため、四三日もの間、イラクに対して破壊的な火力を用いて決定的な軍事的勝利を達成した。ブッシュ家における最初の大統領ジョージ・H・W・ブッシュは、「新秩序」が打ち立てられたと宣言した。それは、新しいアメリカの世紀になるはずだった。しかし、一二年後の二〇〇三年、二度目の侵攻によりイラクを打ち負かす必要が生じた。米軍の圧倒的な軍事的優勢による「衝撃と畏怖」作戦が、いま一度、速やかな軍事的勝利をもたらしたものの、依然として戦略的勝利を得ることには失敗した。ブライアン・ボンドが強調したように、「決定的な軍事的勝利と不十分な政治的帰結の間の裂け目があまりにも顕著な歴史の中で、真実はめったに存在しないにちがいない。その真実とは、「勝利なき大勝利」である」[6]。イラク戦争が示しているのは、今こそ戦場から部隊を引き上げる時期だと決定するときにのみ勝利が達成できるという、ワシントンの権力の座にある人々が共有している信念にほかならない。

大義の正しさというアメリカ合衆国の信条にもかかわらず、広く認識されているように、アメリカ合衆国は、軍事的にも財政的にも政治的にも今後数年にわたってイラクとアフガニスタンを占領し続けることが難しいというのが実情である[7]。米軍は、その行動を占領とはみなしていない。アメリカは、これら二つの重要な国家を安全に西側の軌道に乗せる一方、その行動をテロとの戦争に勝利するための主要な国家安全保障戦略であると考えている。しかし、アメリカ合衆国と有志同盟が平和維持活動を行っているという主張は、厳然たる詭弁だというのも真実である。何千もの民間人が殺害されてきたし、何万人もの人々が裁判なく拘留されているのだ。

第二次世界大戦以来、つまり一九四五年に日本に対して核兵器が使用され、朝鮮戦争とヴェトナム戦争で決定的な勝利を達成できなかったというショック以来、アメリカ合衆国はゆっくりとではあるが、しかし確実に、軍事化された社会と呼べる程度にまで、軍事的能力を築き上げてきたといえる。アメリカ合衆国は、イラクやアフガニスタン以前の戦争で必要とされた大規模な徴兵制に頼る必要なく、また二つの世界大戦時に求められた産業経済の包括的な動員なくして、境界内部に潜むテロリストなどの敵に対し、迅速に軍事力を行使し、戦争を遂行することを可能にしている。アメリカ合衆国の二〇〇九年度財政において、軍事費は明らかに、朝鮮戦争時、ヴェトナム戦争期、あるいは冷戦の絶頂期における支出よりもはるかに多く、第二次世界大戦以降、最大の割合となった。その予算は、イラクやアフガニスタンにおける直接経費を除き、すべての国々の軍事費を合わせた総額よりも多いものだった。今日、米軍は、半世紀以上も前に達成した勝利を維持するために三八ヵ国に駐留する三〇万一〇〇〇人の兵員を擁している。もし、これが勝利の意義だとするならば、敗北の経費とはいかなるものになるだろうか。西ヨーロッパ諸国や現在のロシアもまた同様のプロセスを進んでいるが、しかしアメリカ合衆国には遠く及ばない。

先進的な西側経済大国の観点から主張されているような軍事化の利点とは、これらの諸国の市民の生命に、ほとんど直接的な影響のない、非対称な戦争を遂行できるということにすぎない。このような戦争は、軍需もしくは兵器関連産業の分野での高い雇用率を維持し、軍事技術の民間への応用を可能にする科学的研究開発を刺激し、さらに最も重要なことに、一般大衆にとって受け入れやすい水準まで西側先進国の犠牲のレベルを引き下げ、戦争に従事する国々の経済に直接恩恵をもたらすことなのだ。しかし、この非対称的な戦争のもう一つの側面は、劣勢な立場を強いられている人々がより強大な者たちに対して武器を取らざるをえない状況を生みだすということであり、過去とは異なり、世界最強の国々が征服し植民地化したはずの地域がもはや統制不可能になったということである。

もちろん、こうした展開や、新たに開発されたハイテク兵器の使用が、攻撃にさらされる戦闘員や非戦闘員——テロリストや反政府勢力を保護したり、隠れ場所を提供したり、あるいは支持を求められたりしている住民——にとって、戦争の特質を変容させてきたわけではない。かつての大規模戦争よりも戦闘員が戦死するケースは減少してきたかもしれないが、しかし人命の損失が、悲痛を生まないはずはない。非戦闘員は、過去の戦争と同様に苦しんでいる。犠牲となった非戦闘員の「数値」の増加は、おぞましい限りだ。

二〇世紀初頭、戦争における犠牲者の五パーセントが民間人だった。しかしその数値は第一次世界大戦時に一五パーセントに増大した。第二次世界大戦において、都市への空爆が行われたために、犠牲者に占める民間人の割合は六五パーセントに急上昇した。一九九〇年代半ばまでの間においては戦死者の七五パーセントが、二一世紀に入った最初の一〇年においては戦死者の九〇パーセントが、民間人であり、そのほとんどが女性と子どもたちである。軍の司令官たちは、現代の技術が歴史上最も精度の高い武器の生産を可能にしたと得意げに語り、最新兵器による民間人の殺害を「付随的損失」と遺憾の意を示しながら表現する。今、イラクやアフガニスタンなどの場所で行われている作戦の間にも女性や子どもたちが殺害されている。この二つの矛盾する事実がいかに調和するというのか、筆者には理解しがたい。民間人は、単純に語られるような、意図せざる付随的損失などではない。彼らの命は、勝利のために払われる代償にほかならないのだ。

民間人の殺害を引き起こす作戦行動に致命的な責任があるという批判に対し、軍の司令官たちの最初の反応は、つねに敵を批判することにとどまる。つまり、「悪魔が我々にそうさせた」という議論の言い換えである。敵は、計算された卑怯な方法で、その武器や戦闘員を民間人居住区に配置し、敵の陣営が攻撃される際に民間人が不可避的に殺害されるという結果をもたらしているのだと、これら軍の司令官たちは主張する。軍部の報道官や政治指導者によって示されるような、民間人の生命を犠牲にせざるをえないという次なる論理的根拠は、国家の存亡が危険にさらされているがゆえに、弁解の余地のない軍事行動をとらざるをえないという主張にある。言い換えれば、民間人の死は、意図しなくとも、軍事的には必要であるという意味である。たいていの場合、こうした主張はまったくのこじつけだ。国家や民族集団の存亡が、現実の脅威にさらされることはめったにない。何千もの女性や子どもたちを殺害するという軍事的・政治的な必要性は存在しない。依然として道徳的に受け入れられる行動指針が存在しているときに、政治問題の解決を図るために、武力行使が何よりも必要であると決定することこそが、問題なのだ。

南北戦争期における北軍のウィリアム・テクムセ・シャーマン将軍は、この時代に生きた人々にとって、最も効率的に家族を破滅に追いやり、家、町、村や経済基盤を破壊した軍人の一人であるが、彼は戦争の性質について、幻想を抱いてはいなかった。シャーマンはそっけなく、しかし正確に述べた。戦争とは残酷で野蛮で、純粋で単純なものだ。戦争とは、戦っている者たちにとって「最良の時間」ではありえない。戦争とは、人間の精神を堕落させ、品位を貶めるものだ。我々が、どんなに望ましくない部分を無視しても、あるいは戦争に従軍した人々を賛美しようとも、戦争は、すべての人間を貶める。偽善的にふるまったとしても、この非対称性の戦争の時代に、我々が定義する勝利が、ほとんど恒久的な恩恵をもたらすことはないという事実を、戦争は隠蔽することができる。本書で示してきたように、勝利は、敗北と同様に、定義と受容の問題である。我々は、勝利の恩恵を誇張し、勝利のために支払われる代償を無視するか、もしくは隠蔽することが可能であるように、敗北のために払われた犠牲を忘れ去ることもできる。このような考えは、国家間の、あるいは国家と国家をもたない集団との間の相違を解決する、より創造的な政治的アプローチの再考を導くものとなるだろう。

結論

本書で論じてきた数々の戦争は、勝利の恩恵に関する想定のほとんどが誇張されているか、単純に間違っていることを示している。我々が見てきたように、軍事的な勝利は、敗戦国の盲従を保証することはめったにないし、勝利は新しい戦争の勃発を抑止する働きをすることもない。戦勝国は、彼らが追求する国際的、政治的、軍事的な安定を達成することもほとんどない。権力による弾圧政治は、国際関係においては一時的なものだ。領土の調停も、ほとんど短命に終わってきた。敗北した陣営の国内の政治制度や社会的価値観を変革しようという戦勝国側の目的が、成功した事例もまためったに存在しなかった。

一般に、敗戦国の人々は感謝するよりもむしろ怒りを覚え、勝者の政治体制や社会的価値観を喜んで受容することはない。敗戦国がそれら勝者の体制や価値観を受け入れることに有効性を見出したという事例においてさえ、その受容のプロセスは、予想よりもはるかに長い時間と莫大な費用のかかる、戦勝国による長期的な軍事占領を必要とするものだ。そしてそのときでさえ、敗北した敵は、屈辱を感じているのである。過去との決別は、あまりにも早くやってくる。一九四〇年代のドイツや日本、あるいは二一世紀におけるイラクやアフガニスタンにおけるアメリカ合衆国の経験は、軍人がいかに平和をサポートする文民行政を担うことが難しいかを示している。戦後における敗戦国の再建は、経済支援による国内経済への恩恵を与えるだろうが、それは計画された費用をはるかに凌駕する。さらに、勝利の費用が予想以上にかかるだけでなく、勝利によってもたらされる戦後の経済的恩恵は、戦前の期待に見合うことはない。その古典的事例は、第二次世界大戦後の一〇年間に関して、戦勝国のフランス・イギリスと、敗戦国のドイツ・日本とを比較すれば理解できることである。言い換えるならば、戦争から一世代の後に検証するとき、戦場における大勝利が長期的な価値を生み出すことがほとんどないことがわかる。

二〇〇五年一二月、社会学者のロビン・ワグナー＝パシフィシは、「勝利の霧」という優れた論考を発表し、その中で、一般に受け入れられている勝利の意味とは何かを探究している。ワグナー＝パシフィシは、軍事戦略家と歴史ファンたちがしばしば同じように、戦争終結の際の見せしめ的な例として挙げる、南北戦争におけるアポマトックスの降伏や戦艦ミズーリ号上での日本の降伏といった事例の考察から議論を始めている。彼女は、アメリカ国家安全保障会議の文書の一つ、「イラクにおける勝利のための国家戦略」が、イラク戦争においては勝利も敗北も輪郭がはっきりしないと明確に述べていることを指摘する。「過去に行われた戦争とは異なり、イラクにおける勝利は、敵の降伏といった形式によって、または単一かつ特定の事件によって示されることはないにちがいない。つまり戦艦ミズーリやアポマトックスといった勝利の象徴は存在しないのである」[8]。さらに、この文書は相当の分量を割いて、もはや敵が敗北を受け入れるという儀式が明白に示すような勝利を期待するべきではないと、アメリカ市民を説得すべきだと提言する内容を含んでいると、ワグナー＝パシフィシは付け加えている。

国家安全保障会議が、勝利そのものに新しい意義を与えたのは明らかである。勝利は、政治上の、安全保障上の、そして経済上の道筋の「各段階」において定義し直されるだろう。そしてこれらの段階は、今度は、短期的、中期的、長期的な期間において判断される。最終的に、この文書は、「成功がいずれかの段階に達する日程については、これを明確に定めるものではない」と断言している。パシフィシは問いかけている。どのように、アメリカ人の中に「勝利」の実感を行き渡らせるのであろうか？　アメリカ市民は、勝利とはそれが認められた瞬間というよりもむしろプロセスであるという考えに、どのように反応すべきなのだろうか？　バラク・オバマ大統領やアメリカ政府高官は、すでにアメリカ合衆国を新たな現実のために備えさせようと導いている。アフガニスタンにおける戦争目的は、いまや、アフガニスタンとハミド・カルザイ大統領が率いる政府をタリバン率いる反政府勢力の攻撃から防衛するため、アフガニスタン軍の装備を急ぐものへと転化した。アメリカ合衆国と国際治安支援部隊を派遣している同盟国は、任務が完遂されたと宣言されるやいなや撤退するにちがいない。

近年まで通用した勝利についての考えを放棄するとともに、我々は、「敵」という概念が、断片化したことに気づく。「敵」はいまや「拡散し洗練された」ものと表現される。そして勝利がもはや特別な瞬間における特定の状態ではなくなったがために、敵も、もはや特定された熱心な反対者でも、あるいはそうした団体でもなくなった。その代わり、「イラクにおける勝利のための国家戦略」文書は、テロリスト、拒否派*、サダム派、反政府勢力、過激派、犯罪者、部族、宗派、シーア派の過激派、民兵、武装組織、急進派など、敵を一〇に区分したリストを作成している。

ワグナー＝パシフィシは、「敵が降伏するという考えを放棄するとき、時代遅れの儀式以上に、我々は何をあきらめなければならないのだろうか」とさらなる熟考を加えている。正式な軍隊の降伏は、戦争から平和への、交戦国から協力国への、もしくはそれに類するような状態への移行を象徴的

＊　パレスチナ独立を支持し、イスラエルとの交渉による調停を拒否する人々を指す。

に明示するものだった。戦争とは、このような象徴的な移行を必要としてきたと彼女は論じる。これらの象徴的な目印やそれに付随する承認なしで済ますことは、政治的な危険性をともなう。その危険性とは、そのように説得された市民の間に疲弊と猜疑心を生み、人々がもはや自らの観察眼を信じられなくなることを意味しているのだ。勝利も敗北も、これまで理解されてきた形式ではなくなり、戦略家たちが勝敗を宣言するときまで、勝利は我々の目の前に置き去りにされるのである。我々は勝利を再定義してきたが、自らの心に勝利が感じられたときにのみ、我々は勝利を認識することができるにすぎないのである。もし人々が勝利を確認することができなければ、どのように人々は勝利を信じることができるだろうか?

ワグナー＝パシフィシは、時間、領土、そして敵の明白な境界線が明らかに消滅したために、勝利という用語の変化以上の事態に、我々は直面せざるをえなくなると強調し、議論を締めくくっている。彼女は、戦争と呼ぶ状態に終わりがないのならば、勝利はその意味をすっかり失っているのだと警告している。

本書は、こうした状況がまさしく創出されつつあると結論づけるものである。

日本語版への補遺

本書の日本語版が出版されることを心より感謝したい。オーストラリア人の歴史家である筆者が、戦争の無益さについて日本の読者に語ることができることは、私にとってこの上ない名誉である。オーストラリアと日本の関係は、二〇世紀の初めから一巡してきたといえる。二〇世紀初頭、この二カ国は、イギリスを通じて同盟関係にあり、また第一次世界大戦においても同盟国であった。しかし、周知のように、日豪両国は、二〇世紀半ばの第二次世界大戦で敵国同士となった。大戦後には、それぞれが構築したアメリカ合衆国との密接な関係を通じて今度は再び同盟国となった。そして日豪両国の友好関係は二一世紀へと続いてきたのである。本書の翻訳は、私たち日豪両国の知的かつ学問的な絆の重要性を反映している。いわゆる勝利や敗北という結果がどうであれ、繁栄した、平和な未来のために私たちが必要としてやまない友好の絆を強固なものにするためには、戦争は、まったく無益なものなのだ。

おそらく日本の読者にとって、オーストラリア人が環太平洋の国々の近現代史について抱いてきた視点は、あまりなじみがないと思われるので、以下では、一八世紀末にオーストラリア大陸にヨーロッパ人が到達して以来、太平洋地域においてオーストラリア人がどのように自国の立場と役割を見てきたのか、簡単な歴史を記しておきたい。

オーストラリア人の大多数の世界観は、北半球に暮らす人々とは幾分異なっている。まず初めに、オーストラリア人は北側について、ぎっしりと人口が密集する地域、国々が存在していると考えている。またオーストラリア人は、北側に赤道地域と熱帯が存在していると理解している。オーストラリア人にとって南側は、凍てついた南極大陸である。またオーストラリア人は、自分たちが、あらゆる方向を巨大で空虚な海洋に囲まれていると考えている。先住民ではないオーストラリア人は、世界の中でも最も古く最も大きいが、そして空虚ではないとしても彼らにとって平坦で、異質で、恐ろしく居住することが難しい島嶼大陸において、自分たちを孤立した、幾分小さい集団であり、基本的には同質的な人々であると感じている。

他方、北半球の人々の大多数は、領土と資源の獲得をめぐって競い争いながら、民族、宗教、文化、政治、経済の構造において異なる多くの他者に囲まれていると考えている。たいていの人々は熱帯の暑さを経験することなく、また海さえ見たことがない人々もいるだろう。北半球の人々が見る海は、赤道の南の海と比較すると小規模に見える。北半球の人々が北側を見ると、そこには比較的人口比率の低い北極が存在している。それは、冬には二四時間暗く、夏には二四時間明るい、厳しい凍った地域である。北半球の人々が南側を見ると、そこは地球上で比較的人口密度の低い場所である。彼らの暮らす風景は、きわめて多様であり、気候と地理において極端な地域を網羅している。

先に指摘したヨーロッパ系オーストラリア人が抱いている、この異なる地理的世界観こそが、オーストラリアの歴史を形づくり、またその制度や国内政策、外交政策に反映されてきた。これは、とりわけオーストラリア人が戦争を理解するときに当てはまるのである。戦争は、オーストラリアの歴史の始まりから決定的な要素であり続けてきた。ヨーロッパ人の初期の定住活動から、オーストラリア人は、現実の、もしくは想像上の敵に対する自国の安全と防衛のために、「偉大で強力な友人」に関心を向けてきた。一九世紀を通じて、そして二〇世紀前半も、オーストラリア人はイギリス帝国とその海軍力に依存した。第二次世界大戦終結以降、オーストラリア人は、アメリカ合衆国を「偉大で強力な友人」とみなし、アメリカ合衆国と外交政策において歩調を合わせてきたのである。

今日ニューサウスウェールズの州都シドニーが存在している大陸東岸に、イギリス政府が刑罰植民地を建設した一八世紀末（一七八八年）、オーストラリアにおけるヨーロッパ人の歴史が始まった。この植民地建設の決定は、少なくとも部分的には、アメリカ独立宣言とアメリカ合衆国の建国という結果を生み出した、北米植民地におけるイギリスの戦争の結果なされたものだった。イギリスは、かつてイギリスの大西洋植民地に送っていた受刑者を送る新しい植民地を必要としていた。オーストラリア東岸は、空間を与えるだけでなく、北米植民者を支援しアメリカ独立を承認したフランスが、イギリスのインド植民地や香辛料や鉱物の豊富な東南アジアの島嶼に近いオーストラリアの沿岸に進出しないため必要な戦略的な位置に存在していた。オーストラリアはその始まりから、戦争の産物だったのである。しかし興味深いことに、ニューサウスウェールズ植民地の建設は、アメリカ人に対する勝利ではなく、イギリス側の敗北の結果によるものだった。

オーストラリアに到来した最初のヨーロッパ人は、北半球とその北西部に暮らす人々を意識していた。なぜなら刑罰入植地は、イギリスやヨーロッパからあまりにも遠く、彼らに食料やその他の必需品を供給するのは困難だったからである。イギリス人受刑者たちは、しばしば北大西洋捕鯨に従事するイギリスやアメリカ合衆国の船によって、ニューサウスウェールズに運ばれた。一八世紀後半のアメリカ独立戦争と一九世紀初頭の米英による一八一二年戦争によって大西洋での活動に変更を余儀なくされ、米英の商人は太平洋の島民や中国人との間で白檀、鯨油、アザラシの毛皮の貿易を開始した。商人たちはまた、イギリスの重罪人をオーストラリアの植民地に送った。そうすることによって、彼らはニューサウスウェールズに食料や植物を含む必要な供給品のほとんどをもたらしたのである。これらの海上貿易に従事する者たち、多くはマサチューセッツやナンタケットからやってきたアメリカ商船乗組員は、オーストラリア植民地の人々を生きながらえさせ、彼らの自給自足の発展を促したのである。また彼らは、中国や日本からさまざまな新しい種類の植物をオーストラリアにもたらし、その景観と生産性を大きく変革したのだった。

一九世紀を通じてオーストラリアは、イギリス帝国植民地として繁栄したものの、南太平洋の島民や「環太平洋」の国々、とりわけアメリカ合衆国と中国と交流した。オーストラリア沿岸からそれほど遠い場所ではないノーフォーク島は、反乱を起こした受刑者のための監獄島として用いられていたが、その見事な松の林は、イギリス海軍の巡洋艦によって伐採された。近隣の島民が廉価な労働力として導入されることとなった。オーストラリア人は、一八四〇年にカリフォルニアで始まったゴールドラッシュに参加し、また南北戦争の間、そしてその後もアメリカ合衆国に小麦を輸出していた。一八五〇年代にオーストラリア植民地で金鉱が発見されると、数千人の中国人がオーストラリアに入植した。

一九世紀も終わりに差しかかると、オーストラリア人も、アメリカ合衆国を含む多くのアングロサクソン国家と同様、中国人に対する非理性的な人種主義的脅威を抱くようになった。中国政府は、中国市場を外国貿易や投資に対して開放することに抵抗し、カトリックとプロテスタントのキリスト教宣教師たちは、中国人をキリスト教者に改宗させる努力をほとんど前進させることができず、不安定な状況におかれた膨大な人口を抱える中国政府を、外国の列強、とりわけイギリスは、腐敗した、非効率的な国家であるとみなしていた。他方、オーストラリア人は、追放され、失業した大量の中国人が、南下して広大なオーストラリアの大地に入植しようとしているのではないかと恐れた。

WASP（ホワイト・アングロサクソン・プロテスタント）の人種的優越という誤った理論の提唱者に煽動され、オーストラリア植民地は、アジア人の入国を禁じる法案を通過させた。依然としてイギリス王室の統治下のイギリス帝国にとどまっていたものの、植民地が統合して一九〇一年にオーストラリア自治領になったとき、この新国家が行った最初の行動の一つが、移民制限法を成立させたことだった。この法律は、英語の書き取りテストを義務づけることによって、基本的には、すべての非白人、とりわけアジア人を排除するという白豪政策を政府方針として開始するものだった。その後、第二次世界大戦の勃発にいたるまで、この政策は強化されていった。

環太平洋地域の各国に対するオーストラリア人の認識は、二〇世紀前半に劇的に変化した。一九〇〇年に起こった義和団の抵抗運動の鎮圧支援のため送られた外国軍に、オーストラリア人の少人数からなる分遣隊が加わった。また、オーストラリア人のジャーナリストで、「チャイニーズ・モリソン」として広く知られてきたジョージ・E・モリソンが、その後、二〇年にわたる東アジアの激動の時代に中国政府の影響力ある顧問となり、第一次世界大戦後のヴェルサイユ講和会議では中国政府の代表さえ務めたのだった。

日本は、一九世紀の大半を通じてオーストラリア人にとって謎の存在であり続けたが、しかし一九〇五年の日露戦争がすべてを一変させることになった。ロシアに対する勝利の後に、日本は、一九世紀を通じて勝利に満ちたヨーロッパ列強がそうしたように、帝国主義的膨張の進路を取り始め、台湾を掌握、朝鮮半島を併合し、満州における勢力圏を拡大し、中国東北部における支配力を獲得しようと模索していた。その地理的孤立ゆえに、オーストラリア人は、イギリスとの紐帯と白人性を意味する「ブリティッシュネス」という考えに固執した。一九〇五年に日本がロシアに対して勝利したことは、オーストラリアに暮らす多くの人々の目には、アジア人が人種戦争に従事しているかのように映った。日本が一九〇二年にイギリスの同盟国になったにもかかわらず、人種戦争における戦いという信念が広がり、日本はオーストラリアにとっての真の敵となったのである。それゆえ、日本はオーストラリアにとって戦略上の、また国防上の究極の焦点となったのであった。

イギリス政府は、太平洋の自治領の姿勢を無視し、日本人は当然ながら、自国民に向けられた人種差別によって攻撃されていると考えた。白豪主義的な姿勢をとることにより、オーストラリアは多くの点でアメリカ合衆国が採用していた日系人への人種差別政策に追従したのである。一八九八年の米西戦争の後のハワイ併合とフィリピン諸島の占領以来、アメリカ合衆国は、西太平洋におけるプレゼンスを増し、その帝国主義的意図を明白にした。オーストラリア人は、アメリカ合衆国の軍事的プレゼンスを歓迎したのである。

一九〇五年に日露戦争の講和の調停役を担ったセオドア・ローズヴェルト大統領は、船体が白く塗られていたがゆえに「偉大なる白艦隊」と呼ばれた米海軍大西洋艦隊の一六隻からなる小艦隊に、オーストラリアと日本を含む世界一周巡航に出るよう命じた。この使命の目的の一つは、圧倒的な米海軍力という認識を日本に印象づけようとしたことである。ロシアに勝利したのち、イギリス政府の反対にもかかわらず、豪首相アルフレッド・ディーキンは、米海軍艦隊に対しオーストラリアに寄港するよう招待した。一九〇八年、オーストラリア人は、シドニーとメルボルンで大々的な催しを行って米艦隊の寄港を歓迎し、この訪問を、太平洋で勃興する列強日本に対峙する、二つのWASP国家の密接な紐帯を示すものとみなしたのであった。

オーストラリア政府は、第一次世界大戦にイギリスの同盟国として参戦したが、もしイギリスがヨーロッパで敗北したならば、オーストラリア政府は強大化した日本のなすがままになるのではないかと考え、太平洋における日本の膨張に関心を抱くようになった。歴代のオーストラリア首相は、オーストラリアとイギリスの利害は一致するものではないと感じ始め、彼らは、もしオーストラリアが攻撃された場合、イギリスにはオーストラリアを防衛するための十分な陸軍・海軍力が存在していないと考えるようになった。

第一次世界大戦後、戦時のオーストラリアを率いた首相ウィリアム・ヒューズは、パリ講和会議においてウッドロウ・ウィルソン大統領の講和提案に反対した。彼は、ドイツ領ニューギニアの国際連盟委任統治を要求し、また国際連盟規約に人種平等条項を追加すべきだという日本政府の働きかけに対し激しい反対運動を行って日本を孤立させた。日本は、ニューギニア東部に近い南太平洋委任統治領を獲得し、これによって日豪両国は第二次世界大戦まで国境を接することになったのである。

第二次世界大戦は、経済、社会、外交政策に多くの変化を導くことによって、オーストラリアの大きな転換点となった。オーストラリアは、イギリスとその同盟とともにヨーロッパ戦線や北アフリカで戦い、一九四一年一二月以降は、アメリカ合衆国とイギリスとともに太平洋で戦った。外交・軍事政策に関していえば、オーストラリアはその軸をイギリスからアメリカ合衆国へと転換させた。オーストラリア首相ジョン・カーティンは、「いかなる躊躇もなく私は強調する。オーストラリアは、イギリス連合王国との伝統的な絆、あるいは血統上のつながりに関するいかなる痛みからも自由に、アメリカ合衆国に関心を抱いている」と、一九四一年一二月の『メルボルン・ヘラルド』紙に掲載された論考に記している。カーティンのこの主張は、オーストラリアのアメリカ合衆国との強力な同盟関係と協調の始まりを示すものであるとみなされている。

第二次世界大戦はまた、多様性に富む国際主義的なオーストラリア社会の発展を促した。第二次世界大戦後、歴代のオーストラリア政府は、多様な民族からなる移民プログラムを通じて白豪政策を転換し始めた。ロバート・ゴードン・メンジースとハロルド・ホルトの各政権は、一九四九年から一九六六年の間に転換を促進し、一九七五年、労働党のゴフ・ホイットラム政権はついに、人種に基づく移民選抜を違法とする「人種差別禁止法」を成立させたのである。

第二次世界大戦以降、オーストラリアは、とりわけアメリカ合衆国と緊密な関係を構築してきた。太平洋における安全保障のために、一九五一年、オーストラリアとアメリカ合衆国は、ニュージーランドとともに、太平洋安全保障条約（ANZUS）を締結、条約は翌四月に発効し、オーストラリアは、不幸な結果に終わった朝鮮戦争に部隊を派遣することになったのである。

一九五四年までに、インドシナからフランスが離脱し、北ヴェトナムに共産党政権が樹立されると、オーストラリアは、彼らが「一枚岩的な」共産主義とみなした状況の、さらなる拡大に対し最も深刻な恐れを抱いた。オーストラリア政府は、さらにアメリカ合衆国との関係を強化し、一九五四年、ニュージーランド、イギリス、フランス、フィリピン、タイ、パキスタン、アメリカ合衆国とともに、防衛条約である東南アジア条約機構（SEATO）に調印した。SEATOは、アジアにおけるNATOに相当するものと想定されていたが、しかしNATOと同等レベルには決して到達しなかった。しかしながら、SEATOとANZUSの下で、アメリカ合衆国の同盟国の一つとして義務を果たし、アメリカ合衆国との関係を強化したいという期待をもって、オーストラリアは、長く、残虐で実りのないヴェトナム戦争に巻き込まれることになり、一九六二年から一九七二年の間に、約六万人のオーストラリア兵がヴェトナムに派遣されたのだった。

オーストラリアはまた、長期に及んだ中国内戦において、毛沢東軍が一九四九年に勝利し、それにより強まったアメリカ合衆国の戦後中国に対する疑念を共有した。それゆえ、オーストラリアと中華人民共和国の正式な外交関係は、一九七二年になってやっと労働党ゴフ・ホイットラム政権で修復されることになったのである。それと同時にオーストラリアは、台湾の中華民国政府との関係の重要度を引き下げた。オーストラリアは、いずれも公的な場で正統な中国政府であると主張している中華人民共和国と、中華民国の双方の主権を外交的に認めることはないという「一つの中国」政策を承認してきた。しかしながら、オーストラリア政府は、すでに合意に達しているような台湾の国際組織への参加に反対することはない。

中国が西大西洋アジア地域において主要な政治的・経済的大国として登場してきたと同時に米中関係の緊張が高まったため、オーストラリアは、この二カ国の間の調停者としての中道政策を模索している。オーストラリアは、アメリカ合衆国との安全保障条約上の取り決めとともに、中国との経済的関係の強化ゆえに、「ミドル・パワー」国家の一翼を担っているのである。

今日、中国は、鉄鉱石、石炭、液化ガスなどのオーストラリアの豊富な資源を必要としているため、オーストラリア最大の貿易相手国となった。さらに、一九八九年以来、オーストラリアは、高等教育を求める中国人学生にとっての巨大なマーケットになっている。二〇一一年の終わりまでに、おおよそ一五万人の中国人学生が、オーストラリアの高等教育機関で学んでいるが、この数字は、全留学生の二五パーセントに相当する。外交関係を回復してから四〇年間、中国の繁栄はオーストラリア経済に必要不可欠であると認識しながらも、オーストラリア人は、地域問題における中国の強硬姿勢や、中国国内の政治的な制限や人権問題、また太平洋地域における文化的影響力の膨張については幾分疑問視している。オーストラリア人は、中国とのより強固な政治的・経済的関係を模索し、またこの両国が相互尊重と相互の利益に基づいて協力することを求めている。

移民によって形づくられてきたオーストラリア人は、その短い歴史を通じてそうしてきたように、自らが不確かで混沌とした世界で生きていると理解している。しかしながら、筆者は、オーストラリアの将来は、太平洋の両側の、そして環太平洋地域にある国々すべての間で促進される恒久的な友好関係にかかっていると確信している。

訳者あとがき

本書は Ian J. Bickerton, *The Illusion of Victory: The True Cost of War*（Melbourne University Press, 2011）の全訳である。本書のオリジナルの題に関して、直訳の「勝利の幻想」ではイメージがわきにくく、具体的な内容を示す必要があると感じたため、著者の了解を得て「勝者なき戦争」とした。また副題については、一九世紀以降にヨーロッパで行われた戦争の多くがヨーロッパ以外の地域に波及してきたことを踏まえて、「世界戦争の二〇〇年」とした。

著者は、ニューサウスウェールズ大学のイアン・ビッカートン名誉教授である。ここでは親しみを込めて、ビッカートン先生とお呼びしたい。訳者がビッカートン先生と知り合ったのは、アメリカ海軍大学校のケネス・J・ヘイガン教授との共著『アメリカと戦争 1775-2007――「意図せざる結果」の歴史』（大月書店、二〇一〇年）を翻訳出版する機会に恵まれたからである。本書を出版すると連絡を受けたのは、二〇一一年の東日本大震災の直後のことだった。日本に暮らす我々を心配して連絡してくださった際に、戦争と平和についての彼自身の考え、オーストラリア人研究者としての見解をまとめた本書を、日本の読者に紹介することは可能だろうかというビッカートン先生の意向をうかがった。東日本大震災のその衝撃の大きさに直面し、「世界の中の日本」を考えざるをえない状況の中で、さまざまな角度から、多様な視点から世界を理解することの重要性を実感した。ビッカートン先生は、オーストラリア人が世界をどのように見つめてきたのか、近代以降の世界の中で、自分たちがアイデンティティをどのように構築してきたのか、太平洋国家としてどのように日本と向き合ってきたのかを語られた。そうしたビッカートン先生の「史観」に関しては、本書「日本語版への補遺」でまとめられているので参照していただければ幸いである。

次に内容について簡単に紹介したい。本書は、一八一五年以降の世界史を独自の観点から描き出したものである。つまり、勝利がもたらすものとはいったい何であるのか、戦争における勝利の後に締結された講和条約や、そこに含まれる戦勝国に有利な「報酬」には戦争を行うだけの価値があるのだろうか。それとも、実際に、戦争終結から四半世紀後（著者のいう一世代後の人々の目から見た場合）、勝利の報酬といえるものは、長期的に見れば、いつのまにか失われ、痕跡さえ見出すことが難しくなるのではないか、それゆえ戦争を行う意味はなく戦争以外の手段でこそ、問題解決を図るべきではないか、という観点である。著者が指摘しているように、そうした仮説は歴史研究にそぐわないという意見もあるだろう。しかしながら、勝利によって得たはずの見返りや報酬が、戦争終結から四半世紀後には失われ、むしろ新しい戦争の火種となってゆくという議論に考えさせられた。また、中東の歴史を専門とする著者の独自性が、本書の章構成に十分に示されていると感じた。

ここで、『アメリカと戦争 1775–2007』と本書との関係を整理しておきたい。二〇一〇年に翻訳出版した『アメリカと戦争 1775–2007』は、クラウゼヴィッツが『戦争論』の中で述べた、「戦争とは他の手段をもってする政治の継続である」という主張を批判的に捉え、むしろクラウゼヴィッツ自身が「戦争の霧」と呼んだものを描き出そうとするものであった。本書は、『アメリカと戦争 1775-

2007』の議論をさらに発展させ、戦争における勝利を四半世紀後に見た場合、勝利で得たはずの見返りはほとんど消滅するか、意味をなさなくなってしまうという点を強調するものである。本書の重要な論点は、勝利のために払われる代償――兵士や民間人の生命――は、あまりにも軽視されてきたし、失われた命が講和条約において検討されることもないという主張に示されている。本書に通底しているのは、戦争は人々の生命を犠牲にするほどの価値はないという批判的見解なのだ。こうした観点から過去に起こった戦争を見つめ直し、改めて平和とは何かを考察することが、本書の意図である。

本書は、第一章でナポレオン戦争の戦後処理、第二章でクリミア戦争、第三章で日露戦争、第四章で第一次世界大戦、第五章で第二次世界大戦、第六章で一九四五年以降の戦争に焦点を当てている。これまでの研究ではあまり重視されてこなかったと本書が指摘するクリミア戦争や日露戦争の世界史的な意義を重視し、それぞれ独立した章として扱っている点に興味を引かれ、翻訳を進めることにした。著者が述べるように、平和を生み出すはずの講和条約を吟味することによって、戦勝国が想定していたはずの平和とは何だったのかを考える必要がある、というのも、講和条約こそが、戦後の平和を規定しているからである。しかしながら、本書で強調されているように、一八一五年のウィーン体制の成立以降、講和条約で設定されていたはずの問題解決案のほとんどが、戦争終結後に無視されるか、挑戦を受けるようになり、新たな戦争への道筋を作り出してきた。こうした事実は、我々にエマニュエル・カントが執筆した『永遠平和のために』(一七九五年。宇都宮芳明訳、岩波文庫、一九八五年)の議論を想起させる。カントは、「将来の戦争の種をひそかに保留して締結された平和条約は、決して平和条約とみなされてはならない」としている。また、「いかなる国家も、他国との戦争において、将来の平和時における相互間の信頼を不可能にしてしまうような行為をしてはならない」と論じている。しかし歴史上、結ばれた講和条約を見直してみれば、戦争の種を孕んだ平和条約に満ちているといえるのではないだろうか。また、勝利を獲得するために相互間の信頼を不可能にしてしまうような行為、極限的にいうならば「敵対行為は殲滅戦」にいたってしまうような戦争が多く行われてきたのではなかっただろうか。戦争と戦後処理、そして講和条約を吟味し、それから四半世紀後に起こったことを考察すると、勝利は報酬や見返りをもたらすというよりもむしろ、代償こそを多く生み出してきたことがわかる。それゆえ著者は、戦争とは愚行であると強調するのである。

現代の平和論にも大きな影響を与えたカントの『永遠平和のために』ではあるが、しかしこれは戦争責任に関して議論しているわけではない。それに対し、本書は戦争責任がどのような経緯で生み出されるのかについて興味深い考察を行っている。つまり、戦争を開始する「巨悪」は、自らが決して戦争で命を落とすことはない国家の指導者であると。こうした人々によって開始された戦争行為が奪ってゆくのは、これら指導者の命ではない。攻撃によって命を落とす人々を「付随的損失」と呼ぶ傾向を厳しく批判する著者は、「依然として道徳的に受け入れられる行動指針が存在しているときに、政治問題の解決を図るために、武力行使が何よりも必要であると決定することこそが、問題なのだ」と主張する。終戦七〇周年目の日本の読者にこうした著者の見解を紹介し、戦争と平和を再考するきっかけとなることを心より願っている。

最後に、本書の翻訳について補足したい。訳者が必要と思える箇所に訳注を付けた。翻訳にあたっては、日本における西洋史の多くの文献や研究蓄積を参照した。これらの研究蓄積なく、本書の翻訳はありえなかった。しかし、訳者の力不足ゆえ、翻訳に至らない点が多々あろうこと、また、翻訳までにかなりの時間がかかってしまったことについては、あらかじめお詫びしたい。それはひとえに訳者の責任である。末尾ながら、翻訳作業の問い合わせに丁寧に対応してくれたビッカートン先生、未熟な翻訳を丁寧にチェックし、出版まで訳者を根気強く支えてくださった大月書店編集部の西浩孝氏、装丁の桂川潤氏、そして、職場の同僚で、キプリングの詩の訳出に難儀しているときに、素晴らしい訳をつけてくださった高山宏先生、古代中国の典礼について教えてくださった佐藤実先生に心より感謝したい。

二〇一五年四月

訳　者

訳者
高田馨里（たかだ かおり）
東京生まれ。明治大学大学院文学研究科史学専攻博士後期課程単位取得退学。博士（史学）。現在，大妻女子大学比較文化学部准教授。著書に，『オープンスカイ・ディプロマシー――アメリカ軍事民間航空外交 1938～1946年』（有志舎，2011年）ほか。訳書に，ケネス・J・ヘイガン／イアン・J・ビッカートン『アメリカと戦争 1775-2007――「意図せざる結果」の歴史』（大月書店，2010年）など。

装丁　桂川 潤

勝者なき戦争――世界戦争の二〇〇年

2015年5月20日　第1刷発行

定価はカバーに表示してあります

訳　者　高田馨里
発行者　中川　進

〒113-0033 東京都文京区本郷2-11-9

発行所　株式会社　大月書店

印　刷　太平印刷社
製　本　ブロケード

電話（代表）03-3813-4651 FAX 03-3813-4656 振替00130-7-16387
http://www.otsukishoten.co.jp/

ISBN978-4-272-53043-4　C0022　Printed in Japan

原　注

序章　勝利の仮面

（1） Bond, *The Pursuit of Victory*, p. 61.
（2） Richard Hart Sinnreich, 'History and the Making of Peace', in Murray and Lacey（eds）, *The Making of Peace*, p. 359 から引用。
（3） クラウゼヴィッツの勝利への考え方に関しては，Martel, *Victory in War*, pp. 33–34 を参照。
（4） Fred Anderson, 'The Peace of Paris', in Murray and Lacey（eds）, *The Making of Peace*, p. ix.
（5） Martel, *Victory in War*, p. 24 から引用。
（6） Howard, 'When Are Wars Decisive?', p. 132.
（7） Holsti, *Peace and War*, pp. 22–24.
（8） Sinnreich, 'History and the Making of Peace', in Murray and Lacey（eds）, *The Making of Peace*, pp. 336–337.
（9） Colin Gray, 'Mission Improbable, Fear, Culture, and Interest: Peace-Making 1943–1949', in Murray and Lacey（eds）, *The Making of Peace*, p. 288.
（10） Mandel, 'Reassessing Victory in Warfare', pp. 461–495.
（11） Bond, *The Pursuit of Victory*, pp. 201–202.
（12） Thomas G. Mahnken, 'A Squandered Opportunity? The Decision to End the Gulf War', in Bacevich and Inbar（eds）, *The Gulf War of 1991 Reconsidered*, pp. 122–123.
（13） B. H. Liddell Hart, *Strategy: The indirect Approach*. Martel, *Victory in War*, p. 325から引用。マーテルは別の箇所でもリデル・ハートを引用している。
（14） Smith, *The Utility of Force*, p. 8.
（15） Richard Hart Sinnreich, 'Conclusion: History and the Making Of Peace' in Murray and Lacey（eds）, *The Making of Peace*, pp. 356–368 を参照。
（16） C.S. Lewis, *The Screwtape Letters*, p. 6.
（17） ナポレオン戦争は，フランス軍が占領した多くの土地でナポレオンが改革を導入したという点で，一般的な戦争のパターンに対して，例外的であるとみなせるかもしれない。敗北したにもかかわらず，ナポレオンの導入した重要な諸改革は生き残った。ナポレオンの教育改革，ユダヤ人の解放，そしてナポレオン法典は，たとえば戦勝国や敗戦国の多くで長期にわたり維持されたのである。
（18） Judt, *Postwar*, p. 154.

第 1 章　勝利と敗北 1815–1840

（1） 第 1 章の執筆にあたって，以下の文献を参照した。Palmer and Colton, *A History of the Modern World*; Grant and Temperley, *Europe in the Nineteenth and Twentieth Centuries*; David Thomson, *Europe since Napoleon*. また，1830年革命と1848年革命については，簡潔で優れた以下の概説書を参照した。Lyons, *Post-Revolutionary Europe, 1815–1856*.
（2） Black, *War in the Nineteenth Century*, p. 7.
（3） Palmer and Colton, *A History of the Modern World*, p. 391.

（4）Ibid., p. 372.
（5）Ibid., p. 390.
（6）Ibid ., p. 404.
（7）Lyons, *Post Revolutionary Europe, 1815–56.* とくに pp. 6–8, chap. 1 を参照。
（8）Israel, *Major Peace Treaties of Modern History.*
（9）Richard Hart Sinnreich, 'In Search of Military Repose: The Congress of Vienna and the Making of the Peace', in Murray and Lacey（eds）, *The Makig of Peace*, pp. 136, 138–139 を参照。
（10）Palmer and Colton, *A History of the Modern World*, p. 455.
（11）Edwards, *Notes on European History*, Vol. IV, p. 17.
（12）Thomson, *Europe since Napoleon*, p. 204.

第2章　クリミア戦争とその結果 1856–1881

（1）Grant and Temperley, *Europe in the Nineteenth and Twentieth Centuries*, p. 281から引用。本章でも，19世紀のヨーロッパ史に関する標準的な概説書を参照した。
（2）Ibid., p. 214.
（3）Palmer and Colton, *A History of the Modern World*, p. 513.
（4）Greville, *Memoirs*, p. 218.
（5）Addington, *Potterns of War since the Eighteenth Century*, pp. 60–62.
（6）Thomson, *Europe since Napoleon*, pp. 302–305.
（7）Dominic Lieven, 'The Crimean War: Not the Last Crusade', *Open Democracy*, 24 November 2010.
（8）普仏戦争に関しては，Grant and Temperley, *Europe in the Nineteenth and Twentieth Centuries*, pp. 271–281を参照。
（9）Ibid., pp. 303–305.
（10）William Harbutt Dawson, 'Forward Policy and Reaction 1874–1885', in Ward and Gooch（eds）, *The Cambridge History of British Foreign Policy*, vol. III, p. 143.

第3章　日露戦争の遺産 1905–1930

（1）Palmer and Colton, *A History of the Modern World*, pp. 646–647.
（2）Randall, *There Are No Victors Here* を参照。
（3）Ibid., and Trani, *The Treaty of Portsmouth.*
（4）Matsumura's *Baron Kaneko and the Russo-Japanese War* を参照。
（5）Marquand, 'Treaty of Portsmouth Now Seen as Global Turning Point'.
（6）Bradley, *The Imperial Cruise* はタフト外交について詳細に論じている。
（7）Esthus, 'Taft-Katsura Agreement, Reality or Myth?'
（8）Trani, *The Treaty of Portsmouth*, pp. 29, 31.
（9）Bix, *Hirohito and the Making of Modern Japan*, p. 25.
（10）Dower, *Embracing Defeat*, p. 290.

第4章　第一次世界大戦勝利のわずかな報酬 1919–1939

（1）Marcus Jones, '*Vae victoribus*: Bismarck's quest for peace in the Franco-Prussian War, 1870–1871' in Murray and Lacey（eds）, *The Making of Peace*, p. 177 から引用。

（2）第一次世界大戦の見通しとそれに続く出来事に関する議論については，Hobsbawm, *The Age of Empire*, 1875–1914, pp. 302–327 を参照。
（3）この数値は，20世紀の世界人口が過去のどの世紀と比較してもはるかに多いという点において，ひょっとすると誤解を招く可能性がある。なぜなら，18世紀以来，「啓蒙された」ヨーロッパ人は，北米とオーストラリアで先住民を殺害し，アジアやアフリカに暮らす人々を虐殺してきたのだ。
（4）Williamson Murray, 'Versailles: The Peace without a Chance', in Murray and Lacey (eds), *The Making of Peace*, p. 210.
（5）Ibid., p. 211.
（6）Ibid., p. 212.
（7）Siracusa, *Diplomacy*, p. 54.
（8）Bond, *The Pursuit of Victory*, p. 122.
（9）Holsti, *Peace and War*, pp. 213–216.
（10）Ibid., p. 177.
（11）R. Henig, *Versailles and After: 1919–1933*, London, Routledge, 1995, p. 52, see also Anthony Adamthwaite, *France and the Coming of the Second World War, 1938–39*, London, 1977, p. 17, and Margaret MacMillan, Paris 1919, for more on Foch's views about Germany and the Germans.
（12）House, *Diaries*, 29 June 1919, (microfilm).
（13）Lowry, *Armistice 1918*, p. 23.
（14）Bond, *The Pursuit of Victory*, p. 118.
（15）Strachan, *The First World War*, p. 261.
（16）Palmer and Colton, *A History of the Modern World*, p. 694.
（17）Strachan, *The First World War*, p. 324.
（18）Bond, *The Pursuit of Victory*, p. 117.
（19）Barnett, *The Collapse of British Power*, p. 392.
（20）Judt, *Postwar*, p. 4.
（21）Barnett, *The Collapse of British Power*, p. 316.
（22）Ibid., p. 319.
（23）Davies, *Europe*, p. 926.
（24）John Gooch 'Building Buffers and Filling Vacuums: Great Britain and the Middle East, 1914–1922', in Murray and Lacey (eds), *The Making of Peace*, p. 259 から引用。
（25）Buruma, *The Wages of Guilt*, p. 8.
（26）MacMillan, *Paris 1919*, p. 336 から引用。

第 5 章　無条件降伏——第二次世界大戦の帰結 1945–1970

（1）Mussolini, *Fascism Doctrine and Institutions*, pp. 7–42.
（2）USA, Dept of State, 'Notes for FDR Press Conference, Casablanca, 24 February 1943', *The Conferences at Washington, 1941–1942, and Casablanca*, 1943, p. 837.
（3）O'Connor, *Diplomacy for Victory, FDR and Unconditional Surrender*, p. 60.
（4）Armstrong, *Unconditional Surrender*, p. 18.
（5）Chase, 'Unconditional Surrender Reconsidered', p. 260 から引用。
（6）USA, Dept of State, 'Transcript of Press Conference, 24 February 1943', *The Conferences at*

Washington, 1941–1942, and Casablanca, 1943, p. 727.

(7) Weigley, *The American Way of War*, p. 149.

(8) Wagner-Pacifici, *The Art of Surrender*, p. 88 から引用。

(9) Fleming, *The New Dealers' War* を参照。

(10) Barnet, *The Alliance*, p. 18.

(11)「アメリカ合衆国，ソヴィエト社会主義共和国連邦，グレートブリテンおよび北アイルランド連合王国，フランス共和国暫定政府は，ドイツ政府，ドイツ軍最高司令部，諸邦・自由都市・地方自治体の政府や機関が有していたすべての権限を含む，ドイツに関する最高権限を引き継ぐものとする。以上に宣言された目的をもって，以上の占領当局ならびに占領国の権力掌握はドイツの併合に影響を与えることはない」。US Department of State, Treaties and Other International Acts Series, No. 1520.

(12) Potsdam Agreement, 1.3.1.

(13) 東プロイセン，シレジア，西プロイセン，ポメラニアの3分の2，ブランデンブルクなどを含む新しい国境の東側領土は，ドイツ第2位の重化学工業地帯であるシレジア高地を除き，ほとんどが農村地帯であった。シュテッティン，ケーニヒスベルク，ブレスラウ，エルビンク，ダンツィヒなど，大小の都市においてドイツ人住民は追い立てられ，これらの都市はドイツから奪取されることになった。

(14) 1951年12月，リビアはリビア連合王国として独立を宣言した。国際連合での投票を経て，1950年12月にエリトリアはエチオピアと連合を結成し，1993年5月24日にエチオピアから完全独立を果たした。イギリスが占領したイタリア領ソマリランドは，1949年までイギリスの統治下におかれ，その他の地域は国際連合によってイタリア信託統治領とされた。イタリアとイギリスがそれぞれ統治していたソマリランドは1960年7月1日に統合して独立，ソマリア民主共和国となった。

(15) USA, Dept of State, 'Communique released 1 December, 1943', *Conferences at Cairo and Tehran*, 1943, p. 449.

(16) 反ファシスト・イタリア政府は，終戦の数週間前の1945年7月14日に正式に対日宣戦布告を行ったにもかかわらず，いずれにも招待されなかった。

(17) サンフランシスコ講和条約締結国は，アルゼンチン，オーストラリア，ベルギー，ボリビア，ブラジル，カンボジア，カナダ，スリランカ，チリ，コロンビア，コスタリカ，キューバ，ドミニカ共和国，エクアドル，エジプト，エルサルバドル，エチオピア，フランス，ギリシア，グアテマラ，ハイチ，ホンデュラス，インドネシア，イラン，イラク，ラオス，レバノン，リベリア，ルクセンブルク大公国，メキシコ，オランダ，ニュージーランド，ニカラグア，ノルウェー，パキスタン，パナマ，ペルー，フィリピン共和国，サウジアラビア，シリア，トルコ，南アフリカ共和国，イギリス，アメリカ合衆国，ウルグアイ，ベネズエラ，ヴェトナム，そして日本である。フィリピンは，日比両国が賠償条約に署名した1956年7月16日にサンフランシスコ講和条約に調印した。インドネシアは，サンフランシスコ講和条約を批准していない。その代わりに，インドネシアは，1958年1月20日に日本と2カ国間の賠償協定ならびに講和条約を締結した。かつて日中講和条約として公式に知られていた個別的な「日華条約」が，日本と中華民国の間で1952年4月28日に署名された。

(18) 奄美諸島は1953年12月25日に，また小笠原諸島は1968年4月に日本に返還された。

(19) ポール・ファッセルは著書『誰にも書けなかった戦争の現実』において，参戦する

にあたってイギリス人とアメリカ人が示した無邪気な熱狂や，戦争自体の経験がいかに受け入れやすいものへと体系的に改変されたのかについて，数えきれないほどの事例を詳しく論じている。真実の戦争とは悲劇的であるが，しかし戦争に参加していない人々にとって戦争の意味は理解しがたいものであるとファッセルは論じている。戦争を戦った人々の苦しみは忘れ去られてしまうのだ。p. 268.

(20) Judt, *Postwar*, p. 5. 終戦直後のヨーロッパの状況については，Chamberlin, *America's Second Crusade* も参照。

(21) Weinberg, *Visions of Victory*, pp. 221–233.

(22) Colin Gray, 'Mission Improbable, Fear, Culture and Interest: Peace-making 1943–49', in Murray and Lacey (eds), *The Making of Peace*, pp. 275–276.

(23) Judt, *Postwar*, p. 149.

(24) Howard, *The Lessons of History*, p. 134.

(25) Halliday, '1968: The Global Legacy'.

(26) 降伏文書は，日本帝国，アメリカ合衆国，中華民国（現在，一般に中国として知られている国家と混同すべきではない），イギリス，ソ連邦，オーストラリア，カナダ，フランス暫定政府，オランダ，ニュージーランドとの間で調印された。

(27) Dower, *Embracing Defeat*, p. 36.

(28) Ibid., pp. 45–54.

(29) Wagner-Pacifici, *The Art of Surrender*, p. 68.

(30) Ibid. , p. 84.

(31) Ibid., p. 21.

(32) Dower 'Don't Expect Democracy This Time: Japan and Iraq'.

(33) Barnet, *The Alliallce*, p. 20.

(34) ロシアについて，マデリン・オルブライト国務長官が2000年９月16日に首都ワシントンにあるカーネギー国際平和研究所で行った演説である。H-Diplo/ISSF, 'Roundtable on Norman A. Graebner, Richard Dean Burns, and Joseph M.Siracusa. *American and the Cold War, 1941–1991: A Realist Interpretation.* 2 vols. Santa Barbara, CA: Praeger, 2010', *H-Diplo/Roundtable Vol. 1, No. 6, December 2010*, pp. 37–38 を参照。

(35) *Atomic Audit: The Cost and Consequences of U.S. Nuclear Weapons since 1940* (Brookings Institution: Washington, D.C. 1998). Ibid.

第６章　1945年以降の勝利の特質

(１) Angstrom and Duyvesteyn (eds), *Understanding Victory and Defeat in Contemporary War.* 本書では何人かの研究者がこの問題を詳細に論じている。

(２) Ferguson, *The War of the World*, p. 595.

(３) これらの戦争とその結果については，Bickerton, *The Arab-Israeli Conflict* を参照。

(４) イラクとアフガニスタンにおける戦争については，Filkins, *The Forever War* を参照。

(５) Franchetti, 'Can the West Avoid Russia's Fate in Afghanistan?'.

(６) Bond, *The Pursuit of Victory*, p. 197.

(７) Hagan and Bickerton, *Unintended Consequences*, briefly outlines the unintended consequences of US policy in the wars in Iraq and Afghanistan.

(８) Wagner-Pacifici, 'The Fog of Victory'.

参考文献

19世紀と20世紀の歴史をまとめるにあたっては，パルマーとコルトンの共著，グラントとテンパレーの共著，トムソン，ホブズボームの著書が，とりわけ有益であった。これらの名著は，まるで物語のように読め，戦争と平和についての十分な議論と優れた考察を示している。現代史に関しては，マレーとレイシーの共著とマーテルの著作がきわめて重要である。さらに，筆者は以下のリストに連ねた著作や論文から得た重要な知識を活用した。

引用文献

Adamthwaile, Anthony, *France and the coming of the Second World War, 1938–39*, Routledge, London, 1977.

Addington, Larry H., *Patterns of War since the Eighteenth Century*, Indiana University Press, Bloomington, Indiana, 1984.

Angstrom,Jan, and Duyvesteyn, Isabelle（eds）, *Understanding Victory and Defeat in Contemporary War*, Routledge, New York, 2007.

Armstrong, Anne, *Unconditional Surrender: The Impact of the Casablanca Policy upon World War II*, Rutgers University Press, New Brunswick, New Jersey, 1961.

Bacevich, Andrew J., and Inbar, Ephraim（eds）, *The Gulf War of 1991 Reconsidered*, Frank Cass, Portland, Oregon, 2003.

Barnet, Richard J., *The Alliance—America, Europe, Japan: Makers of the Postwar World*, Simon & Schuster, New York, 1983.

Barnett, Correlli, *The Collapse of British Power*, Pan, London, 2002.

Bickerton, Ian J., *The Arab-Israeli Conflict: A History*, Reaktion, London, 2009.

Bix, Herbert P., *Hirohito and the Making of Modern Japan*, HarperCollins, New York, 2001.〔吉田裕監訳『昭和天皇』上・下，講談社，2002年〕

Black, Jeremy, *War in the Nineteenth Century*, Polity, Cambridge, UK, 2009.

Bond, Brian, *The Pursuit of Victory: From Napoleon to Saddam Hussein*, Oxford University Press, Oxford, 1996.〔川村康之監訳『戦史に学ぶ勝利の追求——ナポレオンからサダム・フセインまで』東洋書林，2000年〕

Bradley, James, *The Imperial Cruise: A Secret History of Empire and War*, Little, Brown & Co., New York, 2009.

Buruma, Ian, *The Wages of Guilt: Memories of War in Germany and Japan*, 2 nd edn, Atlantic Books, London, 2009.〔石井信平訳『戦争の記憶——日本人とドイツ人』筑摩書房，2003年〕

Chamberlin, William H., *America's Second Crusade*, Regnery, Chicago, 1950.

Chase, John L., 'Unconditional Surrender Reconsidered,' *Political Science Quarterly*, vol. 70, no. 2, 1955.

Davies, Norman, *Europe: A History*, Oxford University Press, Oxford, 1996.

Dower, John, 'Don't Expect Democracy This Time: Japan and Iraq', *Boston Review*, February/March 2003.

——— , *Embracing Defeat: Japan in the Wake of World War II*, W.W. Norton & Co., New York, 1999.〔三浦陽一・高杉忠明・田代泰子訳『敗北を抱きしめて——第二次大戦後の日本人』上・下，岩波書店，2004年，増補版〕

Edwards, William, *Notes on European History*, vol. V, Rivingtons, London, 1930.

Esthus, Raymond, 'Taft-Katsura Agreement, Reality or Myth?' *Journal of Modern History*, vol. 31, no. 1, March 1959, pp. 46–51.

Ferguson, Niall, *The War of the World*, Allen Lane, London, 2006.〔仙名紀訳『憎悪の世紀』上・下，早川書房，2007年〕

Filkins, Dexter, *The Forever War*, Alfred A. Knopf, New York, New York, 2009.〔有沢善樹訳『そして戦争は終わらない——「テロとの戦い」の現場から』日本放送協会出版，2009年〕

Fleming, Thomas, *The New Dealers' War: FDR and the War within World War II*, Basic Books, New York, 2001.

Franchetti, Mark, 'Can the West Avoid Russia's Fate in Afghanistan?' *Sunday Times*（London）, 3 January 2010.

Fussell, Paul, *Wartime: Understanding and Behavior in the Second World War*, Oxford University Press, New York, 1990.〔宮崎尊訳『誰にも書けなかった戦争の現実』草思社，1997年〕

Galbraith, Peter W., *The End of Iraq: How American Incompetence Created a War without End*, Simon & Schuster, New York, New York, 2006.

Grant, A. J., and Temperley, Harold, *Europe in the Nineteenth and Twentieth Centuries (1789–1950)*, 6th edn, Longmans, London, 1961.

Greville, Charles, *Memoirs 1814–1860*, vol. VII, Macmillan, London, 1938.

Hagan, Kenneth, and Bickerton, Ian J., *Unintended Consequences: The United States at War*, Reaktion, London, 2007.〔高田馨里訳『アメリカと戦争1775–2007——「意図せざる結果」の歴史』大月書店，2010年〕

Halliday, Fred, '1968: The Global Legacy,' *Open Democracy*, 11 June 2008, http://www.opendemocracy.net

Hawley, Ellis W., *The Great War and the Search for a Modern Order: A History of the American People and Their Institutions, 1917–1933*, St Martin's Press, New York, New York, 1979.

H-Diplo/ISSF, 'Roundtable on Norman A. Graebner, Richard Dean Burns, and Joseph M. Siracusa. *America and the Cold War, 1941–1991: A Realist Interpretation*. 2 vols. Santa Barbara, CA: Praeger, 2010'，*H-Diplo/Roundtable Vol. 1, No. 6, December 2010.*

Henig, Ruth, *Versailles and After: 1919–33*, Routledge, London, 1995.

Hobsbawm, Eric, *The Age of Empire, 1875–1914*, Pantheon Books, New York,1987.〔野口建彦・長尾史郎・野口照子訳『帝国の時代——1875–1914』1・2，みすず書房，1998年〕

———, *Age of Extremes: The Short Twentieth Century, 1914–1991*, Abacus, London, 1995.〔河合秀和訳『20世紀の歴史——極端な時代』上・下，三省堂，1996年〕

Holsti, Kalevi J., *Peace and War: Armed Conflicts and International Order, 1648–1989*, Cambridge University Press, Cambridge, UK, 1991.

House, Edward M., *Diaries*, Vol. 7, Edward Mandell House Papers（MS466）, Manuscripts and Archives, Yale University Library, 29 June 1919, New Haven, Connecticut（microfilm）.

Howard, Michael, *The Lessons of History*, Yale University Press, New Haven, Connecticut, 1991.

——— 'When Are Wars Decisive?,' *Survival International Journal of Strategic Studies*, vol. 41, no. 1,

Spring 1999.
Israel, Fred L.（ed. ）, *Major Peace Treaties of Modern History*, Chelsea House in association with McGraw-Hill, New York, New York, 1967.
Judt,Tony, *Postwar: A History of Europe since 1945*, Heinemann, London, 2007.
Lewis, C S., *Screwtape Letters*, Geoffrey Bles, London, 1961.
Liddell Hart, B. H., *Strategy: The Indirect Approach*, Praeger, New York, 1954.〔市川良一訳『戦略論——間接的アプローチ』上・下，原書房，2010年〕
Lowry, Bullitt, *Armistice 1918*, Kent State University Press, Kent, Ohio, 1996.
Lyons, Martyn, *Post-Revolutionary Europe, 1815–1856*, Palgrave Macmillan, Basingstoke, UK, 2006.
MacMillan, Margaret, *Paris 1919: Six Months That Changed the World*, Random House, New York, New York, 2003.
Mandel, Robert, 'Reassessing Victory in Warfare,' *Armed Forces & Society*, vol. 33, no. 4, July 2007, pp. 461–495.
Marquand, Robert, 'Treaty of Portsmouth Now Seen as Global Turning Point', *Christian Science Monitor*, 20 December 2005.
Martel, William C., *Victory in War: Foundations of Modern Military Policy*, Cambridge University Press, Cambridge, UK, 2007.
Matsumura, Masayoshi, *Baron Kaneko and the Russo-Japanese War (1904–05): A Study in the Public Diplomacy of Japan*, trans. Ian Ruxton, Lulu.com, Raleigh, North Carolina, 2009.〔松村正義『日露戦争と金子堅太郎——広報外交の研究』新有堂，1980年〕
Murray, Williamson, and Lacey, Jim（eds）, *The Making of Peace: Rulers States, and the Aftermath of War*, Cambridge University Press, Cambridge, UK, 2009.
Mussolini, Benito, *Fascism: Doctrine and Institutions*, trans. Giovanni Gentile, Ardita Publishers, Rome, 1935.
Neilson, Keith, *Britain, Soviet Russia and the Collapse of the Versailles Order*, Cambridge University Press, Cambridge, UK, 2009.
O'Connor, Raymond, *Diplomacy for Victory, FDR and Unconditional Surrender*, Norton, New York, 1971.
Palmer, R. R., and Colton, Joel, *A History of the Modern World*, 6 th edn, Knopf, New York, 1984.
Ponting, Clive, *The Crimean War: The Truth Behind the Myth*, Chatto & Windus, London, 2005.
Randall, Peter E., *There Are No Victors Here: A Local Perspective on the Treaty of Portsmouth*, P. E. Randall for the Society, Portsmouth, New Hampshire, 2002.
Siracusa, Joseph M., *Diplomacy: A Very Short Introduction*, Oxford, Oxford University Press, 2010.
Smith, Rupert, *The Utility of Force: The Art of War in the Modern World*, Knopf, New York, 2007.〔山口昇監修，佐藤友紀訳『軍事力の効用——新時代「戦争論」』原書房，2014年〕
Stoessinger, John G., *Why Nations Go To War*, 9th edn, Thomson/Wadsworth, Belmont, California, 2005.
Strachan, Hew, *The First World War: A New Illustrated History*, Simon & Schuster, London, 2003.
Sun Tzu, *The Art of War*, special edn, El Paso Norte Press, El Paso, Texas, 2005.
Thomson, David, *Europe since Napoleon*, 2 nd edn, Alfred A Knopf, New York, 1977.
Trani, Eugene P., *The Treaty of Portsmouth: An Adventure in American Diplomacy*, University of Kentucky Press, Lexington, Kentucky, 1969.

United States of America, Department of State, *Conferences at Cairo and Tehran, 1943*, US Government Printer, Washington, DC, 1961.

United States of America, Department of State, *The Conferences at Washington, 1941–1942*, and Casablanca, 1943, US Department of State, Washington, DC, 1968.

Von Clausewitz, Carl, *On War*, Penguin, London, 1982.〔篠田英雄訳『戦争論』上・中・下，岩波書店，1968年〕

Wagner-Pacifici, Robin, *The Art of Surrender: Decomposing Sovereignty at Conflict's End*, University of Chicago Press, Chicago, Illinois, 2005.

——— 'The Fog of Victory', *Philadelphia Inquirer*; 29 December 2005.

Ward, Adolphus W., and Gooch George P. (eds), *The Cambridge History of British Foreign Policy 1783–1919*, Cambridge University Press, Cambridge, UK, 1922–23.

Weigley, Russell F., *The American Way of War: A History of United States Military Strategy and Policy*, Indiana University Press, Bloomington, Indiana, 1977.

Weinberg, Gerhard L., *Visions of Victory: The Hopes of Eight World Leaders*, Cambridge University Press, Cambridge, UK, 2005.

索　引

ア　行

カ 行

サ　行

タ 行

ナ 行

ハ　行

マ　行

ヤ　行

ラ　行

ワ 行